医療・福祉サービス、マネジメント

渡辺孝雄　服部 治　小島理市
編著

Health and Social Care Services Management

同文舘出版

はしがき

　本書は，医療・福祉について学習する方々，また，福祉産業に携わっている方々に社会保障制度の中心である医療，福祉，介護，生活経済（年金）の今日の課題と，それらの問題解決について，現場で役立つ具体的な管理技法や法令・規制を取り上げて構成されている。

　戦後生まれの団塊の世代が，いよいよ2025年には全員75歳を超えていく超高齢社会となる。現役が減少するなか，高齢者の医療・福祉・介護，そして生活を支えていくには，どのように対応すべきか，昼夜，医療・福祉に携わっている人たちの苦労は計り知れないものがある。

　日本の経済を支えてきた自動車，電機等主製造業の23％は海外移転し，しかも産業構造が情報技術やサービス産業にシフトした。すでに終身雇用制度は崩れ，非正規社員が急増している。他方，かつて世界の上位にあった労働生産性は21位に凋落した。労働人口の著しい減少にともない，国家の医療・福祉・介護等，広い分野で問題を抱えるようになった。

　高齢者の増加，親の介護で離職，高齢者の一人住い，家庭不和，母子保育等を巡り，医療・福祉サービスの普遍化，一体化，重点化に向けて，福祉の仕組みの再編成と強化が求められている。

　わが国の社会保障制度は，戦後70年にわたり，実施，検討，改正を繰り返し，ようやく体制を整えるところまできた。その成り立ちを社会経済と歴史をあわせて振り返り，医療・福祉を一層深く理解しなければいけない時期になったといえる。いま，国の社会保障国民会議は"1970年代モデル"から"21世紀型2025日本モデル"への飛躍を提唱している。超高齢化に対応すべく進行中である「包括ケア」を柱に推進する医療・福祉・介護サービスは社会保障の中心であるが，膨張する財政負担は限界にきている。情報・医薬等先進技術の研究，導入，専門技能の人材育成，安定した資金の投資，地域連携のネットワ

(2)

ーキング，供給システムの刷新で，生産性向上を図ることが広く期待されるところである。

2000年介護保険制度が発足してから既に16年を超え，利用者数は予想を上回って増加し改正を重ねてきた。その現場から浮上する問題点や課題を，現場の運営責任者（ケアマネジャー，看護・リハビリ管理者）が報告している。人手不足で，ケアの現場の運営が困難を極めるなかでも，介護アシスト・ロボットが開発され，医療機器の認可を得て，世界中に輸出されていると報告されているが，介護の現場も自動化，ロボット，テレ・ワークで大きく変わりつつあり，この面では明るいケアサービスが予見される。

高齢者の自立を支援するため，住み慣れた地区で，「地域包括ケア」のネットワーキングを推進して，医療・福祉・介護を地域コミュニティの連携と連帯で進めることになった。したがって，業務の効率化，品質保証，情報ネットワークの重要性が問われる。本書では，こうした観点からも論述を進めている。

さらに，利用者・患者本位の質の高いケアサービスをどのように保証し，どのように効果的に提供していくか，その方法や具体的管理などについて指摘している。また高齢者施設管理，福祉用具の製造・リース，異職種・医療・福祉の諸機関の連携の在り方などについて具体的に述べてもいる。

地域包括ケアを推進して医療・福祉・介護について，地域の連携を進めるとき，利用者，患者本位のサービスを効率的に，的確に提供していくためには，医療・福祉機関の強力で適正なチーム・リーダーシップ，異なる職種間のコミュニケーション，またその運営組織の在り方が問題となる。本書では，地域コミュニティのNPO，NPM（新公共経営）等についても触れている。高齢者が尊厳を持って，自分にふさわしいライフスタイルで自立した生活を送る際の第1の要件は，アンチ・エイジングの生活を送ることであり，保健・栄養管理を実践することが大切となる。

現在，ビジネスチャンスを求めて，多数の企業が進出しつつある。地域包括ケアの運営の中心となっている，英国の開業している地区の総合診療医（GP），米国の家庭医等について，20年をかけた実査から先進国の医療・福祉が復興した事例の報告も本書には掲載されている。

どの章からお読みいただいても，医療福祉サービスに役立つものと思う。

また巻末には，約2,000項目の重要用語を索引として収録した。この索引を利用して，専門用語に習熟して学習の効果を上げていただければ幸いである。

11年前から高齢社会の福祉産業問題を共同研鑽しその成果を『福祉産業マネジメント』に纏め出版してきた。今回さらに超高齢化問題に関し重点的充実を図った。本書の発刊に当たり，続けて同文舘出版取締役編集局長　市川良之氏には，熱意あふれる配慮とご支援を賜わったことを感謝する。

今日の医療・福祉サービスマネジメントの現状を分析して，超高齢化社会への対応体制について積極的な情報や提言・視点が本書には織り込まれている。一人でも多くの読者諸賢のお役に立てれば，編者としてこれに過ぎる喜びはない。

2016年初秋

編著者　渡辺孝雄
　　　　服部　治
　　　　小島理市

医療・福祉サービスマネジメント◆目次

はしがき　　(1)

第 1 章　社会保障の役割 ———— 3

1. 超高齢社会：90歳代を生きる ……………………… 3
2. 社会保障制度の構築とその役割 …………………… 4
3. 社会保障制度の沿革 ………………………………… 10
4. 社会保障と税の一体改革 …………………………… 15
5. 政府介入から民活・市場主義へ …………………… 19
　　―英・米の社会保障の変遷―

第 2 章　地域医療・福祉経営とリーダーシップ ― 23

1. 地域密着型サービスの特性 ………………………… 23
2. リーダーシップの2つのスタイル ………………… 25
3. 組織内におけるリーダーシップ …………………… 26

第 3 章　介護保険制度 ———— 35
　　　　　―改正の概要と課題―

1. 介護の普遍化と介護保険制度 ……………………… 35
2. 介護サービスの動向 ………………………………… 37
3. 認知症対策 …………………………………………… 43
4. 介護保険制度の問題点 ……………………………… 44
5. 介護保険事業の経営 ………………………………… 50

第4章 多様な医療・福祉事業者の参入 —— 55

1. グローバル化の背景と新たな課題 …………………………… *55*
2. 「社会福祉法」改正の変遷とその要点 ………………………… *57*
3. 介護保険に基づく社会福祉事業 ………………………………… *62*
4. 社会福祉事業の経営主体 ………………………………………… *62*
5. 介護保険に基づく社会福祉事業サービスの周辺領域事業 …… *65*
6. 英国にみる医療・福祉事業の成功例 …………………………… *66*
7. 今後の課題 ………………………………………………………… *71*
　—社会福祉事業「経営」とNPM—

第5章 アンチエイジングとライフスタイル —— 75
　—超高齢社会の問題解決のヒント—

1. 自立・自律をめざすライフスタイル …………………………… *75*
2. アンチエイジングとは何か ……………………………………… *77*
3. アンチエイジングのメカニズム ………………………………… *78*
4. アンチエイジングの具体的対策 ………………………………… *80*

第6章 高齢者の住いと年金 —— 93

1. 高齢者の住いの問題 ……………………………………………… *93*
2. 高齢者向け施設の種類 …………………………………………… *95*
3. 有料高齢者向け施設（有料老人ホーム）の動向 ……………… *99*
4. 米国の高齢者施設はノーマライゼーション …………………… *104*
5. 高齢者と年金 ……………………………………………………… *108*

第7章　最新の高齢者サービス ── 115

1. 福祉機器 …………………………………………………………… *115*
2. 医療ケア …………………………………………………………… *118*
3. 住宅設備 …………………………………………………………… *120*
4. 食事・栄養管理 …………………………………………………… *121*
5. 余暇活動 …………………………………………………………… *122*
6. 生活リスクの管理 ………………………………………………… *124*
7. 介護保険外サービス ……………………………………………… *126*

第8章　多職種協働とヘルスコミュニケーション ── 129

1. ヘルスコミュニケーションとは ………………………………… *129*
2. 多職種協働に不可欠なコミュニティ能力 ……………………… *130*
3. 組織変容の4段階モデル ………………………………………… *131*
4. 多職種協働を効果的に進めるための6つの質問 ……………… *138*
5. むすび ……………………………………………………………… *141*

第9章　高生産性・良質サービスの基本：適正コスト情報 ── 143

1. コストの定義と範囲 ……………………………………………… *143*
2. 効果的コスト測定の方法 ………………………………………… *145*
3. コスト情報の活用 ………………………………………………… *147*
4. コスト情報を活用するための課題 ……………………………… *154*

第10章 地域包括ケア時代の品質保証 ── 159

1. 品質向上運動と品質管理 …………………………………… *159*
2. コア・コンピタンス経営 …………………………………… *164*

〈ケーススタディ〉
地域包括ケアにおける医療と介護のケア融合の事例 ── 169

1. 介護保険制度における看護小規模多機能型居宅介護の位置づけ … *169*
2. 看護小規模多機能型居宅介護事業の事例 ………………… *172*
3. 看護小規模多機能型居宅介護事業所の課題と将来展望 ……… *175*

第11章 福祉マネジメントにおける人的資源管理の実践 ── 181

1. 人的資源管理（HRM）の体系 …………………………… *182*
2. いま求められる福祉分野の強い現場力 ………………… *185*
3. 安心・信頼・満足への適応体制 ………………………… *186*
4. 職場マネジメントにおける共感性 ……………………… *186*
5. 目標管理の導入と運用の着目点 ………………………… *188*
6. TQCとナレッジマネジメント …………………………… *191*

第12章 医療・福祉，NPOの社会的責任 ── 195

1. NGO・NPOの仕組みと役割 ……………………………… *195*
2. 福祉国家から福祉社会へ ………………………………… *199*
3. NGO・NPOと福祉活動 …………………………………… *201*
4. 地域福祉サービスと共同生産 …………………………… *203*
5. 経済学における協同組合論の系譜 ……………………… *205*

6. NPO 非営利団体の社会的責任(CSR)について ……………… *208*

第 13 章 これからの福祉マネジメントの構築 ―― *213*

1. 未来の福祉ビジョン ……………………………………………… *213*
2. 社会保障制度と財政問題 ………………………………………… *214*
3. 社会保障制度の戦略的組織とシステムの見直し ……………… *214*
4. 医療費,医療制度の将来問題について ………………………… *215*
5. 社会保障と税の一体改革について ……………………………… *219*
6. 社会保障と再分配機能 …………………………………………… *221*
  ―格差の解消に向けて―

和文索引　　225

欧文索引　　244

執筆者紹介　　246

医療・福祉サービスマネジメント

第1章

社会保障の役割

1. 超高齢社会：90歳代を生きる

　定年55歳といわれた時代の人生設計やライフスタイルのまま，人生90歳の超高齢社会を生きる結果，人生に幸福感を持てない人もいる。しかしながら現代は，社会規範重視の画一的な人生でない。複数の仕事の選択や変更も可能な多様な生き方ができる時代でもある。

　そこで，高齢者が幸福に生活を送るために必要なことを，以下の3点にまとめる。

　① 超高齢社会を展望する人生設計

　医療・介護や年金等の見直しに併せ，社会，経済，文化等広範囲に関連する問題についての対応が必要になった。2007年から人口減少社会となり，総合競争力は世界22位，労働生産性が世界21位と下位に凋落した。この危機感を皆がもって，福祉・介護や子供の育成等を支援したいという参加意欲を持つことが求められる。

　② 社会と経済の仕組み・慣行の刷新が重要

　人材育成への認識，労働慣習の改善，健康意識向上など社会経済全般にわたるシステムの全面的見直しが求められる。高齢者が孤独に落ち込まないで，人との連帯を強くし，共通課題の問題解決に向けて協働することが重要である。

　③ 加齢への先入観を捨てる（老年学研究）

　高齢者の加齢による体力の低下は一部認められるが，その豊富な経験や知恵

等，精神面，心理面を含め多面的な研究が進んでいる。人生90年の時代に，如何に高齢者の持てるパワーを発揮してもらうか，研究も進み大きな成果を上げている。学際的専門家が連携して大学，学会等で老年学（ジェロントロジー）の調査・研究をしている。

老年学は行動科学，社会学，比較人類学，臨床心理学，医学，歯科学，建築学，総合工学，電子工学，建築デザイン学，応用化学，美術，災害安全，栄養，抗酸化還元学などを総動員する多面的科学的研究である。

これらの研究成果で，米国では，高齢者を年令で差別することを法律で禁止（年齢差別禁止法），就労の機会は広い。本人の意思で，社会にとっても優秀な人材を確保できるというメリットがある。わが国においても，性・年齢による能力差をつけない公正人事，同一労働同一賃金の原則を実践すべきである。

すなわち豊富な経験，円熟した問題解決力などをフルに生かし，共通の価値観を持ってコミュニティーに参加する社会が望まれる。

昨今，ライフ・ワーク・バランスということがいわれる。65歳以上は体調不良を訴えたり，自覚症状がある有訴者の割合が高い。一方では，国民の約5割[1]が病気と付き合いながら，自らを普通以上に健康であるという意識を持って働いている。したがって，高齢者の働き方を多様化（Diversification）するという考えが大切である。心身が虚弱であっても質の高い生活を送るためには，なるべく持てる力を回復維持するという健康管理が必要となる。保健，服薬など医療サービス・リハビリを受けながら，日常生活を維持することが必須となっているのである。

2. 社会保障制度の構築とその役割

(1) 原点となった社会保障制度に関する「1950年勧告」[2]

国民の病気や失業，事故等で困窮した人を支援し援助する社会的な仕組みは，

社会保障制度と呼ばれる。戦後の戦禍の荒廃した中で漸く復興の声が聞かれるようになった頃、社会保障制度審議会は、憲法25条の"国民は健康で文化的な最低限度の生活を営む権利を有する"という理念を具現化する社会保障制度の構築の基本的構造ともいうべき指針を示し、その制度化と早期の実現を政府に求めた。

1947年新憲法が制定され、その前文に国民主権の原理が明示された。"その権力は、国民の代表者がこれを行使し、その福祉は国民が享受する"、さらに個人の尊重とともに生命・自由及び幸福追求の国民の権利について、立法その他、国政上、最大限の尊重を必要とする旨が規定されている（13条）。その上で、法の下における平等（14条）、各種の自由権、家族における両性の平等などが示された。さらに、国民の社会的権利ともいうべきものが、規定されている。

上記の第25条では"すべての国民は、健康で文化的な最低限度の生活を営む権利を有する"とされ、25条2項に"国はすべての生活部門について、社会福祉、社会保障及び公衆衛生の向上及び増進に努めなければならない"としている。この25条を具体的な施策とするために1949年に内閣の諮問機関として設置された社会保障制度審議会（会長 土光敏夫氏）は1950年10月、「社会保障制度に関する勧告」を行った。

そこでは、「社会保障制度とは疾病、負傷、分娩、廃疾、死亡、高齢化、失業、多子、その他、困窮の原因に対して、保険的方法または、公の直接の負担において経済保障の途を講じ、生活困窮に陥った者に対しては、国家扶助によって最低限度の生活を保障するとともに、公衆衛生および社会福祉の向上を図り、もってすべての国民が、文化的社会の成員たるに値する生活を営むことができるようにすること」と謳われている。そして、生活保障の責任は国にあるとしている。国が社会保障の責務を担うので国民もこれに応えて、社会連帯の精神にたって、その能力に応じてその制度の運用と維持のため社会的に必要な義務を履行しなければならなないと説いている。この勧告による社会保障制度は社会保険、国家扶助、社会福祉、医療・公衆衛生の4部門で構成されている。この制度は、経済の繁栄、国民生活の向上、最低賃金制、雇用安定等の政策を必要とするとしている。また広義の社会保障として戦争犠牲者対策、恩給

およびに社会保障関連として住宅政策や雇用政策もとり上げている。

(2) 社会保障制度の基本体系

　社会保障は自助，互助，共助，公助の個人と社会のネットワークを作ることである。そして現在・将来の諸々のリスクに対応する国民の生活を護る公的な仕組みをつくり，安心や安定した生活を図るものである。

　社会保障制度は，①社会保険，②社会福祉，③公的扶助，④保健医療・公衆衛生，そして広義では⑤戦争犠牲者の対策と⑥恩給が含まれる。2016年の給付総額は，110億を超えている。

　①　社会保険

　社会保険は原則，強制加入，法律で被用者（勤労者）の事業主が保険料の一部を負担する保険制度である。また，医療・介護は原則，現物給付である。すなわち，医療・介護は，費用の一部負担を払えば受けられる。しかし医療は，2008年に高齢者医療保険制度が導入され，一定の所得のある人は3割負担となった。また高額療養費制度で自己負担の上限を決め，利用の負担軽減を図っている。しかし，1割負担でも重度の治療で負担がかさみ医療が利用できない人がいる。救急搬送は先進国では，相応の負担であるが，わが国は無料。正常分娩は保険診療でないが，有料であり医療保険の給付はない。

　ドイツでは介護給付を80％が現金で受け取っている。すなわち，現物主義（診療・介護）ではない。わが国では，家族が，重度の介護をしても給付はない。独の介護保険は現金給付が選択できる。また，自己負担は一律，10％であるが，支払い能力に応じて累進負担の保険料を徴求する制度も現金給付と併せて検討されるべき課題でないかと思う。

　社会保険には，年金保険，医療保険，介護保険，雇用保険，労働者災害補償保険がある。

　年金保険は老齢，障害，死亡等に伴う所得の減少を補填し，高齢者，障害者と遺族の生活を経済面から保障する制度である。保険料は，所得に応じ保険料率が決められている。保険料の半分は，原則，事業所が負担する。利用する時は，医療機関や介護事業所へ窓口負担の1割ないし3割を支払えばよい。

「1人は万人の為，万人は1人の為」という標語は，リスクを分散する保険の仕組みを説明している。したがって，数万の保険会員がなければ成立しない事が頷ける。

② 社会福祉

高齢者，障害者等が円滑に社会生活を営めるよう様々なサービスが必要である。在宅サービス，施設サービス，児童福祉サービスの提供等がある。老人福祉，児童福祉，身体障害者福祉，知的障害者福祉，精神障害者福祉，母子家庭福祉等，各々に法律があって，行政が「措置制度」という制度で決めたサービスを提供していたが，殆んど今は適正化された。

③ 公的扶助

収入や経済力が低く生活が困難になった場合，国民が最低限度の生活ができないとき，その不足分が公費（税）で賄われるのが生活保護制度である。健康で文化的最低限度の生活を保障し，リスクから身を守るセーフテイ・ネットといえる。

④ 保健医療・公衆衛生

感染症・伝染病の予防，保健・医療，環境汚染，医薬品の薬害，農産物の農薬，環境衛生に至る広範囲の安全対策が重視されている。

(3) 社会保障制度の仕組み

社会保険は，法律で原則，被用者（勤労者）の事業主が保険料の一部を負担する。医療，介護は原則，現物給付である。すなわち，治療や介護の一部負担を払って受給するドイツの介護保険の例では，約80％が現金で介護給付金の給付を受けている。わが国ではすべて現物給付（医療・介護ケア）で，家族が重度の在宅ケアをしても給付はない。

医療は，高齢者医療保険制度が2008年より導入され，一定の所得のある人は負担料1割のところ3割負担することとなった。1割に対し3割の負担が適正かという指摘もある。

介護保険料についても，所得に応じて保険料を負担する制度が導入された。介護サービスを受けるときは原則，1割負担である。すなわち応益主義である。

すなわち所得に応じて累進で保険料を負担し，また累進で利用料の一部を支払う制度にすれば，重篤で治療や介護費用のかさむ人たちは，医療や介護を受けやすくなる。社会保障は，所得移転効果もあるといわれたが，現在その機能は失われてきた。一部負担金も払えないため，医療や介護の利用をやめる人が出ている。高額療養費制度で，自己負担の上限を決めて利用者の負担軽減をはかっているが，利用できない人がいるとすれば，社会保障の所得移転効果[3]は期待できないといえる。

(4) 2000年代の社会保障の動き

　障害のある方，一定のハンデイキャプを負う人等には，安心して生活できるように様々なサービスが提供される。利用の費用は，負担能力に応じた利用料のほか公費「税」で賄われる。このように，負担能力に応じての負担を応能主義とよぶ。福祉サービスには，施設サービス，相談・支援サービス，在宅サービス等がある。老人福祉，児童福祉，身体障害者福祉，知的障害者福祉，精神障害者福祉，母子家庭等に対してそれぞれ法律がある。措置制度ではサービスは行政が決め，身体障害者，知的障害者，精神障害者へのサービスを提供してきた。

　老人福祉法によるサービスは2000年以降，介護保険制度に統合され，利用者が原則サービスを選択して契約で決められることとなった。また，老人保健法は，高齢者医療保険制度に統合された（2008年施行）。

(5) 社会保障制度の給付と負担の関係

　近年，スウェーデンのような高福祉・高負担が，社会保障制度の理想であるかという問題が論議されている。国民所得に占める，租税と社会保障費の負担（年金保険料，医療保険料等および事業主負担）の割合を国民負担率とよぶ。

　例えば米国のような低福祉型，あるいは，高福祉：高負担型（例，スウェーデン，フランス）等，国民負担率をみると，その国の社会保障のビジョンやそれの具現化した在り方がわかる。いずれにしろ，どのような社会保障制度を目指すのか国のビジョンを明確にすることが必須である。わが国は，社会保障制

度のメニューがそろってきた段階である。

　日本の場合，国の財政で多額の負担をする医療の国民皆保険制度，国民皆年金制度を実施している。しかし，保険外の医薬品・医療等への支出も相当の額に達している。社会保障制度を，単純に先進諸国と比較することは的確でない。

　各国の租税負担と社会保障負担の割合を比較すると，わが国では国民の負担が，主な先進国のなかで米国に続き低いことが分かる。国民負担率[4]は，租税負担率に社会保障負担率を加えたものである。

　社会保障費の内訳を領域別にみると，日本は，年金，医療の割合が高く，介護，社会福祉，育児・保育（少子化対策），公的扶助，公衆衛生等のウエイトが低いといえる。

　高福祉・高負担型のスウェーデン，フランスの一人当たり国民所得は，わが国を上回る。また労働生産性，社会・労働付加給も，わが国を上回っている。高い消費税（20～25％），さらに保険料を負担しているが，それが，福祉，教育，保育に回されて，雇用を支え，働く人のモラールが充実し，安心して働き，経済競争力が維持されている面がある。

(6) 社会保障制度の機能を社会経済の視点から考察

　国民の平均寿命が延び，医療・介護を必要とする人が増えた。また，独り暮らしの老人，高齢世帯が増えたが，家族介護力は弱い。共働きが増えた一方，就労したいのに保育園の不足が問題となっている。このような状況で，年金，医療，介護，子育て等の社会の仕組みを整備しなければ，安心して平和に過ごせないし活力ある社会も成り立たない。社会保障制度は，社会経済の発達した近代国家にとって絶対に必要なシステムである。高齢者・女性が働きやすくなり，医療や介護等のサービスが利用しやすくなれば，北欧のごとく，充実した福祉と文化の豊かな国づくりが可能になる。ただし，北欧のごとく高い消費税は参考にできない。原料を輸入して技術加工した製品を輸出するとき，労働コストが上昇すれば，国際競争力は低下，産業の空洞化[5]を再度進めることになる。社会保障費の約40％程度を公費「税」で賄っているが，国・自治体の債務残高は，GDPの2倍を超える千兆円に達している。

社会保障は社会経済の活性化の潤滑油のようなものであって，前向きに考えるべきである。わが国の場合，社会保障関連の事務経費が少なくない。社会保障費の保険料を負担する人々の期待に応えて，少子化・高齢化が進む中で成果を見込めるサービスの投入を図るべきである。国民経済にとって生産性の向上が見込めるよう，医療・介護のサービスの効率化とサービスの質の向上が必須である。

3. 社会保障制度の沿革

(1) 戦後の復興期（1945年以降）

　社会保障制度は1945年終戦，主要都市が焦土と化した中で緊急に必要とされた栄養改善，結核・チフス等の伝染病予防，結核予防法（1951年制定〜2007年廃止），公衆衛生等の視点から始まった。

　1950年，国の社会保障制度審議会が社会保障制度に関する勧告を行った。憲法25条は文化的最低限度の生活の保障は国にあるとしている憲法前文の国民主権の宣言や第13条の国民の幸福追求権などの規定をベースに，社会福祉の市民生活に関連する法律が次のごとく整備された。労働基準法（47年），厚生年金保険法（54年），そして福祉の基本的問題を規定する社会福祉事業法（51年）等，重要法案である。

　終戦から，基幹産業（鉄鋼・重工業・石炭等）の重点的な傾斜生産で，経済は59年岩戸景気に始まり高度成長を遂げた。60年代の経済成長率・生産性上昇は経済史上の新記録となった。景気は上昇が続き，GNPも米国に次いで，世界の2位に達した。

　1960年代，福祉6法が整備された。すなわち，老人福祉法（63年），母子福祉法（64年），身体障害者福祉法（49年），（旧）精神薄弱者福祉法（60年）（知的障害者福祉法に法律名変更98年），児童福祉法（48年）等に生活保護法（旧46年，現50年）を加えて福祉6法と呼んでいる。このように，福祉サービスの

対象は大きく拡大した。

　福祉のあり方が，60年頃から変質してくる。従来の福祉は，救貧的福祉活動が主であった。しかし社会経済の高度情報化に取り残された高齢者の生活維持，養育，母子家庭の保育，親の介護等，経済的問題に限定されない福祉・生活ニーズが多くなってきた。

(2) 高齢化社会，老人医療の無料化

　1970年以降，わが国は高齢化社会に入る。また，少子化・育児問題などの福祉のあり方が問題とされる。70年代，出生率[6]は顕著に低下し，この趨勢が続けば，今世紀末には，生産労働人口は急減，国家と国民の安全が懸念されるようになった。

　63年に，老人福祉法が制定された。生活保護法による金銭給付の制度はあったが，高齢者福祉に関する画期的法律である。

　73年に，老人医療費の公費負担により医療の無料化が制度化された。この結果，老人の受診は増加し，病院は診療・入院病棟の大拡張を行った[7]。のちに，医療費急増の要因となる。

　また，社会的入院[8]が増え，国民医療費は大きく膨張を続ける要因となった。

　経済は，国の基幹産業の力強い推進で，いざなぎ景気といわれる高度成長を遂げ，64年には新幹線が開通。65年東京オリンピック開催，また，国民生活では3Cが身近になり経済は上昇機運であった。

(3) オイル・ショック以降の社会保障制度（1970～80年代）

　1973年中東戦争が勃発，原油は4倍に高騰，石油輸入が途絶え，電力，諸製造業，農産品，運輸等，全産業がダメージを受けた。消費物資は枯渇，市民は買占めに殺到した。経済は低迷しゼロ成長となり，税収は急減したが一担，膨張した国の支出は抑制できず，財政は逼迫，75年特例赤字国債を発行した。国は財政政策を360度変換し危機脱出を図った。

　社会保障政策は所得移転効果をもたらすといわれるが，格差の拡大が問題となってきた。社会保障・福祉は量から質への転換を図り，併せて福祉サービス

の重点化・普遍化・一般化，そして効率化を図ることが求められた。73年は福祉元年といわれている。

福祉の施策も全面的に転換を迫られた。72年に高額療養費制度が創設され，重患の医療費の軽減が図られる。さらに政府管掌保険の国庫補助の定率化がなされ，82年には，「老人保健法」が制定される（当初70歳以上，2002年から75歳以上適用，老人医療自己負担導入）。老人医療費の適正化が問題になり，国は重点的に予防保健を図ることとなる。

(4) バブル経済の混乱と社会保障・福祉（85年代の社会保障・福祉）

1985年，第1次医療法改正に伴い地域医療計画が策定される。人口当たり病床数，長期間入院等の国際比較では，過大な入院治療が指摘される。この年，病床数は149万床を超え，地区別の適正病床数を目指して規制が実施される。さらに92年には，168万床余りに達した。そのため，戦後，急増した病院の医療施設（病床数）の規制が始まる。

86年，全国民で公平に年金を支える全国民共通の基礎年金制度が導入される。さらに89年，国民年金法改正に伴い完全物価スライド制が実施され，併せて消費税3％が初めて導入される。

(5) 戦後構築の社会福祉の再編成

1989年，バブル経済は破綻，株式市場は大暴落[9]，大銀行，証券会社の経営行きづまり等，社会・経済不安の増幅により社会保障制度についての関心が高まる。そして要介護高齢者の増加，生活介護の問題が国民の社会問題になる。

さらに高齢者保健福祉計画（ゴールドプラン）が策定され，90年には，老人福祉法など8法が改正され，戦後構築された社会福祉を再編成し福祉8法[10]となる。

92年，老人訪問看護制度が発足する。病医院から出張する在宅ケアの制度[11]として画期的制度であった。また同年に，「第2次医療法」が改正され，医療は医師，薬剤師，看護師が担当すると法定された。また急性期，回復期，慢性期，など機能分化が示される。

(6) ノーマライゼーションの理念の導入

1993年に「障害者基本法」が制定された（70年制定の「心身障害者対策基本法」を改正）。デンマークより導入したノーマライゼーションの理念に基づき，誘導用点字歩道，バリアフリーの建物，ノンステップバス，低い自販器等が具現化され展開される。さらに94年，今後の子育て支援のための施策の基本的方向（エンゼルプラン）が公示される。

95年，「高齢社会対策基本法」が制定され，人生80歳時代に相応しい就業のあり方等，社会の一員として尊敬されるような自立と連携がはかられた安定的な地域社会の実現を目指すことが提唱される。さらに，「精神保健及び精神障害者福祉に関する法律」が公布・施行（精神保健法の改正）され，障害者プラン（ノーマライゼーション7カ年戦略）が策定される。

97年，「介護保険法」が制定され（2000年施行），同年，機能分化の促進，広告PRの規制緩和等を規定した「第3次医療法」の改正がなされた。さらに厚生省の中央社会福祉審議会〈2000年廃止〉は，社会福祉基礎構造改革を中間答申する。98年には，高齢者保健福祉推進10カ年戦略（ゴールドプラン21）が，策定される。

(7) 超高齢化社会の社会保障制度の整備（利用者本位への対応）

2000年，社会福祉基礎構造改革とされる「社会福祉事業法」が改正され（「社会福祉法」に改称），21世紀に向け公正で効率的な社会保障の再構築が図られる。さらに同年，介護保険がスタートし，「第4次医療法」が改正される[12]。

01年には，サービス付き高齢者向け住宅事業等を新設した，高齢者居住の安定に関する法律が公布される。

02年，県市町村の健康増進計画の策定，飲食店での受動喫煙の防止義務等，国民健康づくりの法的整備が図られ「健康増進法」が公布される（2003施行）。

同年には「消費者契約法」制定，および成年後見制度がスタートし，不公正広告・販売等，高齢者・障害者の生活を保護する制度が法定される。

04年，年金関連の一部改正が行われ，マクロ経済スライド[13]の仕組みが導

入される。国民年金は月額で16,900円に，厚生年金保険料は時間をかけて標準報酬の15.58％を18.3％に引上げを決定する。05年には，「高齢者虐待の予防，高齢者養護者に対する支援等に関する法律」が成立（高齢者虐待防止法），さらに「個人情報保護に関する法律」が施行される。さらに，「介護保険法」が改正され，①介護予防に重点化，②施設ケアの居住費の負担が制度化される。

06年には，介護最大手企業であるコムスン（全国事業所）が経営破綻する。

同年には，ライフスタイルの多様化，多様な価値観に対応して良質な住居を提供し，低所得者，高齢者，子育て家庭の居住の安定化を目指す「住生活基本法」，そしてさらに「障害者自立支援法」（応能主義から応益主義へ転換するも2009廃止）が制定される。あわせて患者へ情報提供，機能分化，役割分担を明確にして連携促進等を促す「第5次医療法改正」がなされる。

08年看護必要度を基準に職員配置，生産性の考え方（急性期：患者7人に1看護師配置）が議論される。

(8) 社会保障制度への転換（21世紀型2025日本モデル）

2008年「後期高齢者医療保険制度」（2006年法定）が施行される。老人保健制度を発展的に解消して「高齢者医療確保法」（高齢者の医療の確保に関する法律）に全面的に改正施行される。

12年，「社会保障と税の一体改革を目指す法律」が施行され，将来の社会保障の給付と負担のバランスが見直される。なお，成立した法律や法案としては以下のものがあげられる。

①「消費税引き上げに関する税制抜本改革法」，②子育て，子供支援に関する2法案，③年金関連2法案，④「社会保障制度改革推進法」が成立。

また，施策としては以下のもがあげられる。

①年金の給付と負担の公平化，②公務員にも厚生年金を適用するという被用者年金の一元化，③消費税の8％の引上げ，④マクロ経済スライド，⑤短時間労働者への健康保険の適用，⑥在職老齢年金の見直し，⑦支給開始年齢の見直し，⑧標準報酬の上限の見直し。

(9) ノーマライゼーションの理念の具現化

2011年に「障害者虐待防止法」(障害者の虐待防止,障害者の養護者に対する支援等に関する法律) が制定,同年「障害者の日常生活及び社会生活を総合的に支援する為の法律」と名称が変更 (サービス利用計画等の策定の対象者の範囲が全面的に拡大) される。さらに,「障害者総合支援法」(略称) が,応能負担主義を基本にスタートする。また,地域包括ケアシステムの重点的推進を目指し,「介護保険法」が改正される。

13年,「障害者の雇用の促進等に関する法律の一部改正」(16年4月一部公布)

14年,消費税を8%に上げ,年金,医療,介護,子育て等,福祉財源の安定化を図る。同年,「介護保険制度」が改正され,地域密着型サービス (看護小規模多機能型居宅介護等) が創設され,さらに,13年に公布された「障害を理由とする差別の解消の促進に関する法律」が16年4月1日より施行された。

なお,16年現在,介護保険料は,5,514円 (全国平均) と創業時 (2,911円) の1.9倍に増加し,さらに2025年には8,165円となる見込みである。

4. 社会保障と税の一体改革

経済は低迷し,2008年米リーマン投資銀行の破綻,国際経済・金融の波乱の中で,わが国経済は冬の時代に入った。その社会情勢への適応を迫られ,年金・医療・福祉等,社会保障の問題がクローズアップされてきた。

(1) 成立の背景

戦後,社会保障の基本的枠組みは,1970年頃までにほぼ整備されたが,その後,社会経済は大きく変貌する。

21世紀に入ると製造業の23%が海外に移転して経済は空洞化し,産業構造はIT技術・情報通信,金融,流通にシフトした。国の経済はグローバル化し,GDPは米国に次いで世界の2位まで拡大した。しかし,高度成長の柱であった人を生かす日本的雇用慣行 (終身雇用,年功序列) が崩れ,非正規社員が約

40％に急増した。非正規の職員のキャリア形成の支援も重要課題となった。また人口が大都市に集中，地域コミユニテイの基盤も崩壊した。2014年の労働生産性は，先進国の21位と下位に凋落した。少子化，高齢世帯が急増，わが国の社会保障関連支出の公費負担は約4割で14年は115兆，25年には149兆円（12年の給付をベースに推計）に膨らむ見込みである。国民が不安のない生活を送るには，少子化，医療，介護，年金，福祉の各分野の改革が必須となっている。

(2) 消費税率改定による社会保障の財源確保

社会保障と税の一体改革大綱は，2012年2月閣議で決定された。

「社会保障制度改革法」に基づいて設置された社会保障国民会議（会長清家篤氏）は，08年11月，社会保障の機能強化のための改革を提言した。その要旨では，意欲のある人々が働き続けられ，全ての世代が相互に支えあう全世代型の社会保障を目指すことが強調されている。その後，長期間に亘り十分の検討が行われて，12年社会保障・税一体改革関連の消費税引き上げに関する税制抜本改革法，子供，子育て支援関連の3法案，年金関連2法案，社会保障制度改革推進法等が成立した。

社会保障の財源確保と財政健全化を図る「税制抜本改革法」に沿って，消費税増収については，年金，高齢者医療，介護，子育て，そして現役の医療を加えた経費に当てることが法定された。社会経済情勢に対応した，社会保障制度の構築および財源についての検討が各方面で始まった。そして，社会保障の機能強化のための改革"1970年代モデル"から，"21世紀型2025日本モデル"への飛躍を提言した。その重点は，給付は高齢者を中心に，現役世代を含めた全ての人々に，全世代対応型の社会保障の構築を図ることにある。

年金，医療，介護，福祉の領域では，子育ては特に重点化し効率化を進めつつ制度の充実を図る。社会保障の財源としては，消費税が14年4月より8％へ上げられた。さらに将来，10％が予定されている。そして，この消費税が社会保障の財源に充当されることとなる。

(3) 具体的な施策

具体的な施策として，以下の4点があげられる。

① 少子化対策，子育て関連，待機児童解消プランの実施
② 医療の重点施策
　▶地域医療連携の構想・ビジョンの策定
　▶病床の機能の分化・連携の推進（急性期，回復・慢性期の機能分化を進める）（医療・福祉相互の連携・協働の緊密化）
　▶医療の病床機能報告制度の創設
　▶医療保険制度等の財政基盤の安定化：国民健康保険の保険者・運営等のあり方の改革（なお，保険者は通常，県市町村）
　▶医療保険の保険料にかかわる国民負担の公平化
　▶後期高齢者支援金の全面総報酬制の導入
　▶医療保険の医療給付の対象となる療養範囲の適正化
③ 70〜74歳の患者負担
　▶高額療養費の見直し，自己負担について一定の歯止めを設ける仕組みを設ける。
　▶応能負担とする考えから70歳未満の所得区分を細分して，負担限度を設ける。
　▶難病対策の推進：対象となる疾病の拡大，認定基準の見直し
　▶地域の医師・看護師等の確保，勤務環境・業務の改善，実施体制の見直し
④ 介護に関する施策

地域包括ケアシステムの効果的推進を図る。具体的には，ⓐ介護サービスの供給体制の整備，ⓑ予防給付の見直し，ⓒ低所得者の介護保険料の軽減を行う。すなわち，住み慣れた地域で生活できるよう医療，介護，予防，住まい，生活支援を一体的に提供する。

⑤ 公的年金制度（成立した年金関連法案の着実な実施）
　▶短時間労働者に対する厚生年金，健康保険の適用を拡大する。
　▶多様性に応じて一人ひとりの状況を踏まえた年金受給のあり方を検討し

調整を図る。
▶高所得者の年金給付のあり方，年金課税のあり方を検討，的確に推進，実施する。
▶中・長期的に受益と負担の均衡のとれた，持続可能な社会保障制度を確立するための検討を行う。
▶基礎年金の国庫負担について，2009年以降"2分の1"を確保，2014年度以降は，消費税の活用により恒久的に2分の1が実現される。
▶2014年4月から，厚生年金や健康保険における産休期間中の保険料が免除される。
▶遺族基礎年金の父子家庭への支給が開始される。

　障害のある人，高齢者の持てる能力を発揮して，生きることができる環境と機会を提供することは，高齢社会の活力を維持するために必要である。
　社会保障は安心した幸福な生活の基盤である。そして，全ての人が継続的に健康増進を図ることのできる環境づくりのため，心身の保健と予防，栄養管理などの取組みをしていくことが幸福な人生を送る基本である。高齢者がこのように，幸福を実現するため地域医療・福祉資源のネットワーキングで，総合的支援を受けることが重要である。
　要介護者の増加に対応して，医療の役割・機能分化，医療・介護の連携・ネットワーキングによる包括的ケアを提供する方策が必要である。ただし，医療，介護，福祉等の諸資源が管理情報不足，地域偏在等のため効果的に活用されなければ，その生産性は上がらない。社会保障制度の内容や仕組みについて，継続してPRを行い，国民の理解を深めることが重要である。第4章で後述する英国の医療・福祉改革の成功例等を参考に，常に見直しを行うことが求められる。
　高齢化が進む中で成果を見込めるサービスの投入を図るべきである。国民経済にとって生産性の向上が見込めるよう，医療・介護のサービスの効率化とサービスの質の向上が必須である。

5. 政府介入から民活・市場主義へ
——英・米の社会保障の変遷——

　英国，米国では，戦後の低成長の中，財政危機をいかに克服するか，そして，増加を続ける社会保障費の財源をいかに捻出するか議論されてきた。その経緯を以下にまとめる。

(1) 政府介入（大きな政府）から市場主義（小さな政府）へ

　1970〜1980年，経済は長期に亘り低迷し，財政逼迫のため，政府は歳出を思い切って抑制し"大きな政府"から"小さい政府"へ方向転換を迫られた。ケインズ[14]の「市場は不完全でありそれを財政支出で補完することによって，失業も解消し，安定成長が図れる」として，政府による，市場・経済への積極介入を重視するケインズ主義を踏襲してきたが，"小さな政府"を主張する"新保守主義"への転換が図られた。

　1979年就任のサッチャー元英国首相[15]は公企業（基幹産業等）の民営化，大規模な規制緩和を実施，市場改革を断行した。また，1981年米国レーガン大統領[16]が就任し，市場の機能を高く評価して，自助努力と自己責任を前提に，低福祉・低負担の"小さな政府"に転換する改革を進めた。

　この市場主義の思想的背景には，フリードマン[17]やハイエク[18]の新保守主義の理論があった。この1980年代の，市場主義者の改革は，先進諸国の行政改革モデルとして強い影響を与えた。わが国では，81年第2次臨時行政改革[19]がスタートする。80年代頃から各国で推進された規制緩和は，国の過度の介入で本来の機能を失った市場メカニズムの回復を目的としていた。市場メカニズム[20]によって資源の配分が，効率的に的確に行われるためには，①適正な情報の発信と活用，②競争の場で公正取引，③サービスの同質性が必要条件であり，そのための監視が必要であった。

(2) 市場主義（小さな政府）を超えて"第3の道"へ

　1980年代の市場主義改革で資源の効果的配分が行われ一応経済は活性化したが，所得格差と不平等が拡大し，環境・地域コミュニテイ，医療・福祉，および教育等は後退した。米国の経済学者ガルブレイス[21]は，「市場が完全競争で資源配分が公正に行われる保証はない。不完全競争であるから，雇用，経済の安定化と，不均衡是正のため政府の介入が必要である」とし，不公平をなくす賢明なる社会活動，すなわち，失業対策，福祉給付，公共建設等の政府活動の重要性を説き，高福祉・高負担はやむを得ないとした。1997年～98年東南アジア，ロシアの通貨危機は，市場が暴走した例であり，市場経済が万能でなく，政府の最小限度の管理，規制，経済介入，ガイドラインが必要であることを示した。

　21世紀に入り，英国元首相ブレア[22]は，市場主義の古い理念を超え新しい"第3の道"改革を進めた。その目指す目標は，欧州の先進社会民主主義が適応を図る新しい社会経済の仕組みである。ブレアは平等な社会の実現を目途に医療・福祉を重視し，次の医療改革を重点的施策として，"NHSプラン"[23] 10年計画を2001年から推進した。その要旨は，①医療資源への投資，②医療の質の向上，国立医療技術評価機構NICE[24]による治療ガイドラインの設定，③医療専門職の役割の拡大，薬剤師・専門看護師へ権限の委譲，④患者の決定権・要望を尊重，⑤医療機関の新規参入の促進，⑥家庭医（登録）を制度化して地域医療のシステム化，⑦費用対効果を重視，Value for Moneyをモットーに医療資源を活用，⑧教育訓練により雇用機会を改善できるとして，研修手当支給，新技術研究の受講制度等の開設等，画期的改革を推進した。

(3) 社会経済のグローバル化の展開と社会保障

　小さな政府の市場主義（新保守主義思想）でもなく，大きな政府のケインズ主義でもない第3の道は両者の中間帯にあって多くの選択の道がある。この考えがわが国の，社会保障制度の構築に大きな影響をもたらした。

〔注〕
1) 「国民生活意識基礎調査」(1992年) による。
2) 1950年に総理府社会保障制度審議会により行われた勧告。
3) 高所得者が社会コストを負担し，所得の一部を低所得者に移転することをいう。
4) (国民負担率) ＝ (租税負担率) ＋ (社会保障負担率)
(潜在的国民負担率) ＝ (国民負担率) ＋ (財政赤字)対(国民所得比)＊
＊財政赤字の国の実質的な負担率を示す。国民負担率は，日本43.4 (50.8)，米31.1 (40.2)，英46.7 (57.8)，仏65.7 (72.6)，独52.2 (52.2)，スウェーデン56.1 (57.5) である。( ) は潜在負担率。租税負担率は，各国財政状態を精査しないと正確には分からない。日本の場合，財政赤字が大きく，潜在負担率は，独・英国と同水準であるといえる。なお日本の数値は2015年見通し，その他は2012年OECD年報「ANNUAL REPORT」より。
5) 2014年7月時の製造業海外生産比率は22.9％である (「経済産業省調査」による)
6) 1989年の合計特殊出生率1.57。人口維持のため2.07以上が望まれる。2005年の合計特殊出生率は1.26と最低を記録した。
7) 病院建築数の逐年状況は，以下の通りである。なお病床数のピークは，1992年で，1,686,696床，病院数は1990年で10,096である。

一般病院	1965〜69年 174	1970〜74年 147	1975〜79年 189	1980〜84年 250	1985〜90年 247
精神病院	1965〜69年 31	1970~74年 27	1975~79年 26	1980〜84年 28	1985〜90年 18

8) 病気は治癒しても，家族介護が出来ない等の理由で入院を続けることをいう。
9) ダウ平均は12月末38,957円が，2003年4月28日7,603円に暴落した。国内の銀行，著名な企業が続々破綻した。
10) 福祉8法は老人福祉法，児童福祉法，身体障害者福祉法，知的障害者福祉法，母子および寡婦福祉法，社会福祉事業法，老人保健法，社会福祉・医療事業団法をさす。
11) 健康保険制度として既に訪問看護が活躍していた。81年にDMインシュリン注射，86年HOT在宅酸素療法，85年CAPD在宅腎透析，85年IVH中心静脈栄養法等が認められるようになる。
12) 新病床区分で機能分化，情報提供の促進等が規定される。
13) 賃金や物価の上昇に応じた年金額の伸びを，毎年1％程度に抑えるしくみ。少子化で，保険料を支払う人が減っても将来世代の年金を維持する狙いで2004年度導入された。物価が下がる，デフレ時は実施しないルールで，15年度に1度，実施された。
14) ケインズ，J. M. (1883〜1946) は，イギリスの経済学者で公共投資を重視した『雇用・利子および貨幣の一般理論』(1936) は，多くの国の経済政策に影響を与えた。日本の戦後の経済復興の政策は，ケインズ理論に基づき公共投資を積極的に行った側面が大きい。
15) サッチャー (1925〜2013) は，経済低迷・財政破綻の英国の再起のため主要産業の民営化，経済の規制緩和を断行した。首相在位は1975年〜2000年の長期にわたり，新自由主義的経済の源流となった。
16) レーガン，D. W. (1911〜2004) は，フリードマンの提唱する小さい政府かつサプライサイド・エコノミックスの政策をとった。その考えは，①供給は自ら需要を作る②

経済の原動は企業家精神③インフレの要因は過重な税であり，規制緩和，減税で貯蓄を増やすべきとした。
17) フリードマン，M.（1912～2006）は，通貨政策重視の経済学者でシカゴ学派の重鎮，ノーベル経済学賞を受賞，著書『選択の自由』（1979）等多数。
18) ハイエク，F. A.（1899～1992）は，反ケインズ主義で新保守主義の理論を構築した貨幣・景気論の学者，ノーベル経済学賞を受賞，著書『隷従の途』（1940），『自由の条件』（1960），サッチャー，レーガンの思想的な柱となった。
19) 第2次臨時行政改革は1984年までに，赤字国債をゼロ，鉄道，電信，専売を民営化，米穀，医療保険，鉄道等の画期的改革推進を答申した。
20) アダム・スミスは，「市場の自由競争と自動調節機能を信奉する信念を敷衍して，政府は，経済に介入すべきでない」と自由放任を主張する。著書『国富論』（1678）。自由放任と競争による予定的調和を重視した。
21) ガルブレイス，J. K.（1908～2006）は，制度学派で独占経済に対し福祉を重視した。ノーベル経済学賞を受賞。著書『豊かな社会』（1958），『不確実性の時代』（1977）。
22) ブレアの思想は，ニューレーバー（新しい労働主義）とよばれ，創意と努力を重ね社会正義を実現することを唱えた。
23) 1948年，英国，医療を無償で提供する理念をもって，医療機関を国営化，国民医療サービス（NHS :National Health Service）を始めた。NHSはその後，組織の一部変更があったが，医療は社会保障の一環として原則，無料で提供されている。
24) NICE（National Institute for Health and Clinical Excellence）とは，医療の費用対効果の測定と評価を意味する。

〔主要参考文献〕

川口清史［1999］『ヨーロッパの福祉ミックスと非営利・協同組織』大月書店。
佐和隆光［2000］『市場主義の終焉』岩波書店。
渡邉孝雄［2013］『医療・福祉サービスの経営戦略Ⅱ』じほう社。
Andersen, G. E., *Social Foundation of Postindustrial Economics*, Oxford University Press, 1999.（渡邊雅男・渡邊景子訳［2000］『ポスト工業経済の社会的基礎』桜井書店。）

（渡辺　孝雄）

第2章

地域医療・福祉経営とリーダーシップ
―地域社会の中でのリーダーシップは「気配り」「思いやり」が有効―

　本章では，単一組織体のマネジメント論としてのリーダーシップとは異なり，多種多様な人材の集合体組織の運営およびその周辺に存在する多種類の関連団体との緊密な連携を「業」として展開する組織体間のリーダーシップについて解説する。一般企業の概念からすれば，プロジェクトチームを独立企業体に移行させ，地域の医療・福祉サービス施設とコンソーシアムを組むような取組みにおけるリーダーシップとも表現できる。また，重要なことなので，単一組織体のマネジメント論としてのリーダーシップも追加しておくこととする。

1.　地域密着型サービスの特性

　地域密着型サービスの詳細は，他の章に譲り（第3章4.および第10章「ケーススタディ」を参照），ここでは，リーダーシップに関わる部分の骨子のみに絞って解説する。
　1）　改定・介護保険制度における地域密着型サービスとは，小規模組織を核とする。
　地域密着型サービスの特徴は，いずれも小規模・少人数の組織体である。具体的には，各サービスの形態や機能のあり方により，以下の8種類に分類され，いずれも少人数のスタッフで運用される。
　▶定期巡回・随時対応型訪問介護看護
　▶夜間対応型訪問看護

▶小規模多機能型居宅介護
▶地域密着型特定施設入居者生活介護
▶認知症対応型通所介護（認知症デイサービス）
▶認知症対応型共同生活介護（グループホーム）
▶地域密着型介護老人福祉施設入所者介護
▶看護小規模多機能型居宅介護（複合型サービス）

2）　小規模組織に相応しいマネジメントの特長をあげると以下の通りであり，この特長を縦横無尽に活用することが大切である。

① 周囲の環境の変化に合わせて，方針変更が早くでき，対応が素早い。
時代の変化や流行にも素早く対応できる。素早さこそが武器である。

② 1対1のキメ細かいサービスに適している。マンパワーがないので多数の利用者を扱えないが，ケアの多様なニーズに対するサービスを丁寧に提供できる。キメ細かさ・丁寧さの中にこそ，組織の創造性（イノベーション）や売りを演出できる。

③ チームワークやコミュニケーションのスキルが品質を決める。
意思疎通の速さ・良さや組織内の人間的信頼関係の構築が，チームワーク[1]およびコミュニケーションの質を高め，良質な組織風土をつくる。スタッフの笑顔はコミュニケーションの入り口で，福祉サービスの基本である。

④ 小規模であるからこそ，経営戦略やマネジメント能力が必要とされる。
ドラッカー（P. F. Drucker）は，かつて小規模組織にマネメント不要論を唱える経営者達に向かって，組織力や資本力の強みが出せない小規模だからこそ，経営戦略が必要であると力説した。長期経営計画やマーケティング戦略を持つシッカリ者の集団を目指すことが求められる。

さらに地域密着型サービスにおけるスタッフは，各人が専門家のベテランの集団になる特徴をもつ。このことから，専門分野ではこのベテラン集団に権限を委譲し，全スタッフがベテラン専門家に敬意をもって傾聴を励行することが大切である。

2. リーダーシップの2つのスタイル

(1) 地域福祉サービス事業体のリーダーシップ

　病院や介護福祉施設等の経営組織は，いずれも前述した地域密着型サービスより規模が大きく，リーダーシップを発揮するどころか翻弄されかねない。そこで小なりと言えどもリーダーシップを発揮するには，「戦略」[2)]が必要である。

　それでは，地域福祉事業体組織で求められるリーダーの要件を以下に述べる。

① 福祉事業体等の責任者が，周辺サービス業者と連携する担当者となる。そして，折衝中に即座に意思決定できる者が，代表者の役割を受けもつべきである。

② 地域のチームワークのコーディネーターとして機能する。そして，地域全体のケアサービスに関する情報を理解し，自施設の果たすべき役割・対応を把握するとともに，自施設のサポートできる能力を明確にして，地域チームワークに参加する。

③ 利用者ニーズに関する情報を発信する。

　中・小学校区域といえども，利用者ニーズのよりキメ細かい変化をメール等で，地域の各サービス業者に情報を発信する。モザイク状の情報を集めれば，2次医療圏全体のニーズ像が見えてくる。他の福祉事業者にその地区の市場分析のヒントを与えることができるので，これら情報のやりとりは重要である。

④ 地域全体に対する社会的責任（CSR：Corporate Social Responsibility）を遂行する。地域の警察（交番），消防署，自治会・社会福祉協議会・農協等とよく連携する。そして，外部からの見学・来訪者および地震・火災・停電，盗難事件等の不測の事態に対処する。自施設には人的余裕はないので，管理者が専任的に担当することで他のスタッフも安心して働ける。

(2) 利用者に対するリーダーシップ

施設の職員（スタッフ）のリーダーとしての役割として，以下2つが考えられる。

① 調理・清掃・配膳・下膳等，施設の作業，あるいは趣味（音楽，園芸，裁縫等），スポーツ（軽いストレッチ，散歩等），イベント等を行うグループを施設内に設け，利用者の自発的参加を促す。

② 利用者のトラブルを防止・解決する。例えば，利用者の俳廻・いさかい・退出・体調悪化等の発見や，処置（前後策）および信頼関係構築が不得手な利用者へ対応する。組織風土の明るさを維持することや，スタッフの作業効率向上のためにも重要な課題である。少人数グループの場合，これらの影響が大きい。

3. 組織内におけるリーダーシップ

(1) 長期的なマネジメント：リーダーシップの7つのステップ

スタッフはベテラン専門職としてのキャリアをすでに持っているので，まず管理者が長期的なリーダーシップに対する見識をもつことが重要である。ここでは，オブライエン（V. O'Brien）の「リーダーシップの7つのステップ」[3]に関する見解を紹介する。

① 前向きな労働環境を築き，組織の価値観を確立し，事業のポリシー，コンセプト，目標，価値観と矛盾のない業績評価基準を打ち立てることで，高い長期目標を設定する。目標やガイドラインの備わった前向きな労働環境をつくることにより，管理者は組織に方向性を与え，その企業文化のもとでスタッフの行動を左右する。

② どんなプロセスで戦略を開発・検討・実施するかを判断し，戦略上の方針を設定する。管理者はビジネスの日常的な現場を理解すると同時に，新しいビジネスのビジョンとなるような大担で革新的なアイデアを提案

しなければならない。

③ ハード資源（資金，プラント，設備等）とソフト資源（人間，テクノロジー等）に対する統合された知識をベースに持ち，資源を活用する。管理者は，これら資源の動員・分配に責任を持たねばならない。
④ スタッフがやりがいのある業務を行い，自らの技術を活かし，正当な報酬を得られるように配慮し，組織全体としてのマネジメントの質を上げていく。
⑤ 競争の激しい環境において，成功の基盤となるような組織構造を設計する。つまり，機能分担や指示系統，複数の機能にまたがる関係，評価・管理・方針の役割分担を確定する。
⑥ 調整とプラニングを通して，日々の組織運営に影響を与え，優れた成果を産み出す。
⑦ 行動・戦略の基礎となる根本原則をたえず問い直し，幅広い視野を維持する。「なぜ」「もしこうだったら」「何が必要か」と常に自問する。

　上記リーダーシップの7つのステップは，今日の激動する経営環境への適応行動にも準用できる。
　また，事業倫理との関係を直視したものではないが，ステップに表明された事柄は，経営意思に即応した管理者の行動規範を織り込んだものであり，その点において日常活動における業務の推進，福祉事業の実践に当たって心がけるべき内容と理解することができる。とりわけ，⑦において表明された自問の対応姿勢は，事業活動をベースとしたリーダーシップの発揮となり，その範囲は福祉事業活動にとどまらず幅広い視野に立った社会的責任の遂行に連動したものと受け止め，会議においてスタッフにも質問を連発し思考回路を定着させることが肝要である。

(2) 職場活動の改善・活性化

　職場には，それを構成する要素として3つの領域が指摘されている。人〈メンバーの行動能力〉，仕組み〈目標，制度，指導・指示等〉，組織風土・文化

〈コミュニケーション，慣行，人間関係等〉で，この3要素を互いに有効に組み合わせながら組織の力を向上させることも主要な課題である。行動基準や仕組みはベテラン専門職が順次用意すると推測されるが，風土・文化はリーダーの本音の姿勢に強く影響される。この3要素の状況と成果の診断は客観的，定期的にスタッフ全員で評価し，各自が認識すべきである（図表2-1参照）。

すなわち，人・仕組み・組織風土の総合力でスパイラルアップさせることが重要である。

① 人材の活性化

ボランティアの労働環境を整える。すなわち，スタッフの人的資源への配慮も重要であるが，ボランティアは，その地域の人脈や情報源として重要である。ボランティアを重要な人的資源と考えていることが分かってもらえる態度・行動を，リーダーを含め全スタッフがとる必要がある。態度では傾聴[4]を基本とするコーチング・スキル[5]を活用する。また，TQCを導入するが時間管理は厳しくしない。ボランティアが盗難の疑いをかけられないよう明確な行動ルールを明示して，理不尽な誤解から身を守ってあげる。

図表2-1　職場活動の活性化の度合いを診断するモデル

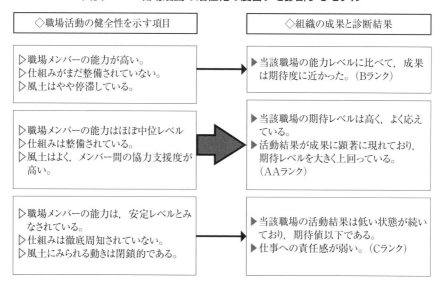

② 仕組み

　福祉サービスはスキル以外の分野でも担当者しか知らない暗黙知[6]が多く，職人集団に陥りやすい。小集団と言えども，諸規定（就業規則・人事評価規程・職務権限規程・資産管理規定・会議体規程・出張旅費規程等）を用意して，見える化（マニュアル化・パソコン入力）を図る。リスクマネジメントに対するルール化も加える。

③ 組織風土

　マッキンゼーの7つの戦略[7]では，中核部分に当たる共通の価値観として経営理念と組織風土を位置づけている。良い風土はスタッフが前向きで，協調性が高くて，しかもアイデア・創造性が豊かである。明るく，笑顔あふれ，気軽に相談できる。柔らかな風土は，外部の人にはすぐその良し悪しの判別ができるので，ボランティアに確認することはよい方法である。ただし，本音を忌憚なく言える人間関係を築いておくことが前提条件といえる。リーダーの後ろ姿が風土に現れるので，元気，前向き，めげない姿勢，誠実が途切れない努力が必要である。

(3) スタッフの「能力」に応じてとるリーダーシップの4スタイル

　ハーシー（P. Hersey）とブランチャード（K. H. Blanchard）は，部下の仕事の能力を，単純に経験年数からみて4段階に概略できると考え，またその能力に対してリーダーシップも単純に率先垂範ではなく4パターンは最低用意すべきであるという理論を唱えた。

　部下が多い場合，面会した瞬間に能力を想起できないが，図表2-2の能力判定基準は経験年数を示しているので，日常観察をしていれば区分が正確にできるようになる。また，リーダーシップにおける指導内容のレベルを測るのに2つの指導（知識・情報面の支援，行動面で支援）の強弱を組み合わせるのは，結構複雑である。「5」が強い指導になり最低が「2」で，数値の低い項目ほど，例外的な場面に指導を絞っていく。「スタイル」は2つの指導を合わせて，簡単に表現した場合で内容を想起するのに役立つ。

図表 2-2　部下の能力に応じた 4 つの対応スタイル

部下の能力		リーダーシップの 指導内容のレベル		リーダーシップの スタイル
ネーミング	能力判定基準	知識・情報 の支援	共に行動 で支援	
初級	入社 3 年以下	5	2～3	教示的
中堅	入社 3 年～5 年以下	4	3～5	説得的
ベテラン	5 年以上の熟練	3	5～3	参加的
主任レベル	管理職候補・管理職研修中	2	3～2	委任的

（出所）Hersey and Blanchard（邦訳 [1978]）を参考に筆者作成。

(4) 管理職に就くリーダーの必須要件

　福祉サービス事業におけるスタッフは，ほぼ全員がベテラン専門職で，旧職場で主任以上の管理職や補佐を経験している。あえて苦言を呈するならば，名人の域に達する専門職，トップの代理ができる力量や誰もが尊敬できる人格の陶冶には及ばない場合があると考察する。

　そこで管理責任者のスタッフへの処遇もデリケートな点が多いので，提案として，全員が A. マズローの「自己実現」の学習することを提案する。欲求発展 5 段階説の最上位にある「自己実現の欲求」は社会や人の為に自己をささげ，自己の成長に幸福を見い出すもので，④にある「自我の欲求」をセルフコントロールする。この「自我の欲求」は，自己中心的なスタイルで，⑤の自己実現の無償の愛とは大きなギャップがある。管理職には大きなエネルギーを生むべ

図表 2-3　マズロー「欲求発展 5 段階説」

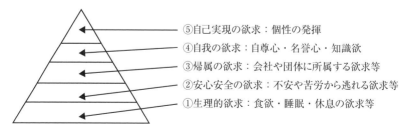

く,「自我の欲求」の拡大を奨励する組織風土の歴史があるが,自我をセルフコントロールするには自己の学習と修練だけでは解決できない側面もある。

〔注〕
1) チームワークを上手く推進するためのスタッフの課題は下記の点で,スタッフの導入教育で徹底しておく必要がある。

図表　チームワーク強化のための必須課題

	チームの課題	スタッフの課題
1.	仕事のバトンタッチゾーンに注意を集中させる	タイムリーなバトンタッチ
		自己責任の完遂
		他メンバーの仕事がやり易くなるかを配慮して仕事を渡す
		他のメンバーへの手助けをする余裕をつくりだす
2.	共通の目標の設定	チームの目標を設定する
		チームの共通目標を個人目標に分解して設定する
		リーダーはメンバーとの信頼関係を作る努力を継続的にする
3.	自分の役割の明確化	自分の役割の明確化（チーム目標達成のために）
		チームの利益を優先（個人プレーの排除）
		情報の共有化（チームに必要な情報を自分で抱えない）
		情報収集（チームに必要な情報を自ら探し,全員に伝える）
		失敗の対策（失敗を即時報告し,原因と対策を立案）
		チーム全体での問題解決（問題に気付いた人が提案する）
4.	異なる意見のまとめ	自分の意見をもって会議に臨み,積極的に発言する
		納得できない意見・方針には反対する理由を明言する
		折衷案は不採用,目標達成に相応しい案だけを採用する
		自分の意見が不採用でも,チーム全体の方針を受け入れる
5.	禁止事項	ルールを無視する
		他メンバーの納得なしに,自分の意見の正当性を過度に主張する
		ルールの急激な変更
		自分の役割の不認識
		権限だけ振りかざして,責任を取らない
		役割を無視しての越権行為

（出所）　佐藤［2003］35頁より改変。

2) いかなる戦略においても,その骨子は2つである。すなわち,「選択と集中」である。「マッキンゼーの7S」は戦略を網羅的に示しているが,7つのうち自組織の戦略で「弱い項目」「強い項目」をどれか見つけ,優先順位をつけてその1点に「資源」（人・モノ・カネ・情報・技術）を「集中」させることである。またマーケティング戦略が重要で,2次医療圏内部のエリア別の高齢者数やライフスタイルを把握して,ターゲットエリアを決めておく必要がある。

3) O'brien［1996］。
4) 福祉サービスでは，利用者の声にひたすら「耳を傾ける」傾聴をスキルの基本にすべきである。「傾聴」で利用者の遠い過去の生活体験等を十分聴きとりをすると，過去の元気であった時代の記憶が脳に刺激し，認知症の改善や予防に役立っていることが報告されている（六車［2013］・ジネストほか（邦訳）［2014］）。
5) Coachingとは米国のゴールドラッシュ時代，東部から西部に向かう幌馬車（Coach）に由来し，「目的地に連れていく」という意味。プロ野球のコーチと同義で，彼らは監督との間に立つ「黒子」として，チームの勝利に導くため，試合当日だけでなく，訓練中の指導，健康チェック等をサポートしている。中間管理職の大きな役割である。このスキルには，「傾聴」「承認」「要約」「フィードバック」のスキルを適宜応用することが謳われているが，傾聴が原点である。
6) 野中郁次郎が『知識創造企業』で提唱した。企業や組織の職員の個々には，仕事のノウハウ「知恵」が埋もれていて，「暗黙知」と言える。医療・福祉サービスでも先輩がノウハウを持っていながら，教えられないで「経験でカバーしなさい」と放り出されている。野中はそれらを「見える化」して「形式知」（システムやマニュアル化や教本や情報）にする繰り返し，すなわちスパイラルアップの過程でイノベーションが生まれるとしている。
7) マッキンゼーの7S（セブンスター）と呼ばれ，7項目の英文の頭文字がSで始まるところから命名された。①shared value「共通の価値観」（経営理念・風土），②structure「機構」（組織・会議体），③systems「システム」（組織のルールで諸規程・通達・マニュアル・教本など），④style「スタイル」（組織行動やコンプライアンス），⑤staff「人的資源に関する戦略」（雇用・採用・育成・移動など），⑥skills「スキル」（予実管理や外部環境の変化を戦略にするスキルなど），⑦strategy「戦略」（狭義の戦略・通常励行しているマーケティングやコスト削減やCSR）。これらは，①を中心に相互に関連しあっている。

〔主要参考文献〕

厚生労働省『平成14年介護サービス施設・事業所調査』WAM-NET。
佐藤 純［2003］『コンピテンシー・ディクショナリー』（財）日本生産性本部。
ジネスト，イヴ＆ロゼット・マレスコッティ（本田美和子訳）［2014］『ユマニチュード入門』医学書院。
杉山孝博［1989］『ぼけなんかこわくない―ボケの法則』リヨンブック。
杉山孝博［2007］『認知症の理解と援助』（社）認知症の人と家族の会。
杉山孝博［2013］『認知症をよく理解するための9大原則・50症状と対応策』法研。
野中郁次郎・竹内弘高（梅本勝博訳）［2011］『知識創造企業』東洋経済新報社。
播磨早苗［2008］『目からウロコのコーチング―なぜあの人には部下が付いてくるのか？―』PHP文庫。
ヘンリーキムジーハウス・フィルサンダール・キャレンキムジーハウス［2012］『コーチング・バイブル―本質的変化を呼び起こすコミュニケーション―』CTIジャパン。
六車由美［2013］『驚きの介護民俗学』医学書院。
マズロー，A.（小口忠彦訳）［2007］『人間性の心理学―モチベーションとパソナリティー（改訂新版）』産業能率大学出版部。
渡辺孝雄・小島理市・佐藤美香子［2010］『医療の生産性向上と組織行動』診断と治療社。

Hersey, P. and K. H. Blanchard [1977] *Management of Organization Behavior*, 3rd., ed.（山本成二・水野基・成田攻訳［1978］『行動科学の展開―人的資源の活用―』（財）日本生産性本部。
O'Brien, V. [1996] *The fast forward MBA in business.*（奥村昭博監訳，吉川明希訳［2009］『MBAの経営』日本経済新聞社。）
Peters, T. and R. H. Waterman, Jr. [1982] *In Search of Excellence : Lessons from America's Best-Run Companies.*（大前研一訳［1983］『エクセレントカンパニー：超優良企業の条件』講談社。）

(小島　理市)

第3章

介護保険制度
―改正の概要と課題―

1. 介護の普遍化と介護保険制度

　介護保険制度は，利用者自身が介護サービスを選択できる等，行政による措置時代にはなかった様々な便益をもたらした。まさに，公共福祉の内在制約説に立脚した介護の普遍化を目指すものである。

(1) 介護保険制度

　介護保険制度は，制度を運営・管理する保険者と介護保険に加入してサービスを受給できる被保険者からなる。保険者は，全国の市町村および特別区（東京都23区）と，複数の市町村が共同体で保険者となる広域連合がある。被保険者は，40歳以上が加入する強制保険で，65歳以上が第1号被保険者，40～65歳未満が第2号被保険者となる。

　要介護度は，要支援1から要介護5までの7段階で予防から介護まで守備範囲は広い。介護サービスは現物給付のみで，要介護度に応じて区分支給限度基準額が決められている。利用分の1割（2割）は自己負担[1]で，区分支給限度基準額を超えた分は全額自己負担となる。

(2) 要介護認定とサービス提供

　要介護認定は，自治体の認定調査員よる訪問調査と主治医意見書をもとに，一次判定（コンピュータ判定）と二次判定（介護認定審査会）が行われ決定す

る。その後，ケアプランの立案，介護事業者との契約が行われサービス提供が開始される。主治医意見書は，訪問調査の基本調査項目とほぼ同一内容で，医学的見地および診療を通じての継続的な観察等の視点から訪問調査のデータを補う目的で使用されている。

なお，第2号被保険者の介護認定は特定疾病[2]を有する者に限定されている。

(3) 介護保険の運営方式

介護保険は加入者が保険料を拠出し，一定の負担でサービスを受給できる社会保険方式で運用されている。その理由は，以下の通りである。

① 自ら保険料を拠出することで，自立・自助の重要性を醸成できる。
② サービスの受給に応じて負担割合が変わるため財政の規律性が保たれやすい。
③ 保険料拠出の見返りに給付を受けるため，利用者の権利性を維持できる。
④ サービス提供主体と財源が異なるため，民間参入などの規制緩和が図れる。
⑤ 他の社会保障制度も社会保険方式が採用されており受け入れやすい。

公的サービスの提供方式としては，社会保険方式以外にも政府が租税財源を基にしてサービスを提供する公費による税方式がある。

税方式では国が財源を基に直接サービスを提供するため，"福祉における措置制度"のように，福祉サービスの利用はハードルの高いものとなる。

一方，社会保険方式は保険料を納めた全ての人が，サービスを受給できる権利を得る。それには，全国どこでも公平なサービスを提供できる体制の整備が前提となる。なお社会保険方式とは言ってもその財源は，介護保険料が50％で，残り50％（国25％，都道府県12.5％，市区町村12.5％）は公費である。

(4) ドイツの介護保険

ドイツの場合，保険者は疾病金庫[3]と民間介護保険加入者である。被保険者は公的医療保険加入者で，保険料は定率制で15歳以上の就労者が負担する。

サービス受給は全ての年齢層の要介護者が対象で，現物給付と現金給付を選

択できる。また，在宅介護を推進するために，家族等に対する給付も行われている。

給付は定額制で自己負担はないが，定額分を超えた料金は自己負担となる。財源は100％保険料である。

要介護度は3段階であり，日本の要介護度3以上に相当する。介護認定は，医学的・経済性に適った給付を行うために，疾病金庫が州単位で設置しているメディカル・サービス（Medizinischer Dienstder Kassen：MDK）の医師が，介護金庫中央組織のガイドラインに沿って行っている。

また，日本のようにケアマネジャーによるケアプラン作成という制度はなく，ケアプラン作成に要する費用も保険給付の対象である。

2. 介護サービスの動向

介護保険制度改正は，創設以来すでに3回行われており，様々な施策が展開されている（図表3-1参照）。

また，介護報酬は，介護事業者が要介護者に対して提供した介護サービスの対価として市区町村から介護事業者に支払われる報酬（介護給付費）であり，3年に1回の頻度で改定される（図表3-2参照）。

介護報酬の構造は，基本報酬と加算の2階層となっており，加算は介護サービスの質の向上に対する評価として基本報酬に積み上げられる。一方，質の低下につながる行為が認められた場合は，減算措置が行われる。

介護保険の給付サービスは，居宅サービス，施設サービス，地域密着型サービスに大別される（図表3-3参照）。

居宅サービスは，自宅に居ながら利用できる介護サービスで，訪問系，通所系，入所系がある。施設サービスは，自宅での介護が困難な要介護者を対象に，施設に入所して受ける介護サービスである。地域密着型サービスは，2006年の介護保険法改正で創設されたサービスである。在宅介護の推進等を踏まえ，利用者ニーズにきめ細かな対応ができるよう，おおよそ中学校区を単位として整

図表 3-1　介護保険制度改正

年	制度改正内容	備考
2006年	介護予防の創設	要支援を要支援1・2へ　地域支援事業の創設
	地域密着型サービスの創設	指定権限は市町村
	地域包括支援センターの創設	
	介護施設の居住費と食費の徴収	
2012年	訪問介護・通所介護	機能改善志向
	地域包括ケアシステム構築	在宅重視
	地域密着型サービスの追加	定期巡回・随時対応訪問介護看護，複合型サービス
	介護職員による一部医療行為解禁	
2015年	介護予防訪問介護	17年を目途に，市町村の総合支援事業へ移行
	訪問介護	17年を目途に，要介護1・2の生活援助サービスを給付外へ
	訪問看護	医療機関と訪問看護ステーションの報酬格差是正
	訪問リハビリテーション	社会参加支援を重視（リハビリ卒業）
	介護予防通所介護	17年を目途に，市町村の総合支援事業へ移行
	通所介護（デイサービス）	中重度者ケア体制加算（重度者の受入），認知症重視
	通所介護（小規模）	地域密着型サービスへ移行
	通所リハビリ（デイケア）	早期リハ（短期集中個別），早期終了（生活行為向上）
	居宅介護支援	ケアマネ資格・研修見直し，地域ケア会議法定化
		18年から指定権限が市町村に委譲
	特別養護老人ホーム	対象者要介護3以上，看取り強化
	介護老人保健施設	在宅復帰強化
	介護療養型医療施設	17年廃止予定→新たな体系へ
	小規模多機能型居宅介護	定員拡大（条件あり）
	看護小規模多機能居宅介護	複合型サービスから名称を変更，定員拡大（条件あり）
	利用者負担の変更	応能負担へ

図表 3-2 介護報酬改定の改定率

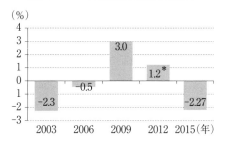

＊2012 年は，介護職員処遇改善加算＋2%を除くと-0.8%。

図表 3-3 介護保険で利用できるサービス

分類		介護給付	予防給付
居宅	訪問系	訪問介護 訪問看護 訪問入浴介護 訪問リハビリテーション 居宅療養管理指導	介護予防訪問介護[1)] 介護予防訪問看護 介護予防訪問入浴介護 介護予防訪問リハビリテーション 介護予防居宅療養管理指導
	通所系	通所介護 通所リハビリテーション	介護予防通所介護 介護予防通所リハビリテーション
	入所系	短期入所生活介護 短期入所療養介護 特定施設入居者生活介護	介護予防短期入所生活介護 介護予防短期入所療養介護 介護予防特定施設入居者生活介護
	その他	居宅介護支援 福祉用具貸与 特定福祉用具販売 住宅改修	介護予防支援 介護予防福祉用具貸与 特定介護予防福祉用具販売 住宅改修
施設		介護老人福祉施設 介護老人保健施設 介護療養型医療施設	
地域密着型		定期巡回・随時対応型介護看護 夜間対応型訪問介護 認知症対応型通所介護 小規模多機能型居宅介護 看護小規模多機能型居宅介護 認知症対応型共同生活介護 地域密着型特定施設入居者生活介護 地域密着型介護老人福祉施設入居者生活介護 地域密着型通所介護[2)]	介護予防認知症対応型通所介護 介護予防小規模多機能型居宅介護 介護予防認知症対応型共同生活介護 介護予防地域密着型通所介護[2)]

注 1) 2017 年より地域支援事業に移行。
  2) 2016 年より施行。

(1) 訪問介護

2015年度の介護保険制度改正で，要支援1・2の介護予防訪問介護は，17年を目途に予防給付から外れ，市町村が行う地域支援事業の新しい総合事業に移行される。さらに，要介護1，2の軽度者に対する生活援助サービスを給付対象外とすることも検討されている。この変更は，膨らみ続ける社会保障費の抑制策として，「訪問介護を家政婦代わりにしている」「買い物の一部に必要とする物以外が含まれている」といった，本来の目的である自立支援とのズレが懸念されてのことである。

(2) 訪問看護

訪問看護の事業所数は，2003年に5,000施設を超えて以降，停滞していたが，11年の地域包括ケアシステムを受けて増加に転じ，15年現在，稼働施設数は8,241施設である（図表3-4参照）。

図表3-4　訪問看護の事業所数と稼働率

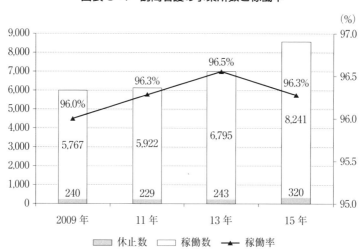

訪問看護の約6割は，5人未満の小規模事業所であり，常に登録施設の5%程度は休止状態にある。

(3) 通所介護

「重度者の受け入れ」「認知症の対応」が重点課題である。競合が激しいこのサービスは，機能訓練型デイサービスとして差別化を図り，利用者を確保している事例も多い。また，定員18人以下の小規模型は，2016年から地域密着型サービスに移行となった。さらに，訪問介護を地域支援事業といった予算の範囲内で実施する枠組みへの移行も検討されている。

(4) 訪問・通所リハビリテーション

病・医院からの退院または要介護認定日から，早期のリハビリテーション実施が求められている。また，漠然とリハビリを続けるのではなく，通所介護や地域支援事業への移行を促し，いわゆるリハビリからの卒業が重視されている。リハビリテーションのアウトカムとして，社会参加を推進することが通所介護等で行われている機能訓練との差別化になる。

(5) 特定施設入居者生活介護施設（介護付きホーム）[4]

2000年代前半，特定施設入居者生活介護の主流は介護付き有料老人ホームであったが，06年以降は介護財政の圧迫を理由に開設が規制されている。これに代わり急増したのが，規制対象外の住宅型有料老人ホームや11年に創設されたサービス付き高齢者向け住宅である。

15年度の介護保険制度改正で，サービス付き高齢者向け住宅も，住所地特例[5]の対象となった。

(6) 福祉用具貸与

指定事業者が，利用者の心身状況，希望およびその生活環境等をふまえ，適切な福祉用具を貸与（レンタル）するサービスである。貸与の対象となる福祉用具は13種類あるが，2015年度より要介護度に応じて貸与できる福祉用具が

図表3-5　貸与可能な福祉用具

> ① 車いす
> ② 車いす付属品（クッション，電動補助装置等）
> ③ 特殊寝台
> ④ 特殊寝台付属品（マットレス，サイドレール，介護用ベルト等）
> ⑤ 床ずれ防止装置
> ⑥ 体位変換器（起き上がり補助装置を含む）
> ⑦ 手すり（取付け工事不要なもの）
> ⑧ スロープ（取付け工事不要なもの）
> ⑨ 歩行器
> ⑩ 歩行補助つえ（松葉，多点つえ等）
> ⑪ 認知症老人徘徊感知機器
> ⑫ 移動用リフト（吊り具を除く）
> ⑬ 自動排泄処理装置（交換可能部品を除く）

制限された。要支援1・2および要介護1は，⑦～⑩，⑬は要介護4・5のみが貸与対象である（図表3-5参照）。さらなる制限も検討されている。

(7) 介護老人福祉施設（特別養護老人ホーム）

特別養護老人ホーム（以下，特養と略す）の施設数は，2014年10月1日現在7,249である。開設主体は地方公共団体や社会福祉法人に限定されていることから，92.5％が社会福祉法人である。

03年度以降，すべての新設・増床において原則ユニット型の個室となる等アメニティーの改善が図られている。また，05年の介護保険法改正では，地域密着型サービスとして，小規模なサテライト型の特養の開設も可能となった。

介護保険の拠出が最も大きいこのサービスは，次のような経営課題を抱えている。

① 入所要件が「要介護3以上（認知症においては，日常生活自立度Ⅲ以上）」に厳格化された。これによって待機者が減少傾向にある。
② 利用者の医療ニーズが高まることが予想され，医療行為（喀痰吸引や経管栄養）に対応できる介護職の養成，看取り介護の充実，膀胱カテーテルの対応，経口栄養を含めた栄養管理など，質の高い介護体制の構築が急務

③ 介護報酬の減額等による収益性の悪化。新規設備投資や正規職員採用などの抑制策が行われている。
④ 居住費や食費の全額負担や，有料老人ホームの増加による低価格競争の影響で有料老人ホームとの価格差が縮まった。
⑤ 11年12月の介護給付分科会（厚労省）において，特養1施設あたり平均3億728万円の内部留保が指摘され，事業主体の中核をなす社会福祉法人の在り方が問われている。

(8) 介護療養型医療施設

療養病床をめぐっては，以前から治療の必要性が低い社会的入院が問題視されている。政府は社会保障費の抑制策として療養病床を有する病院と療養病床を有する診療所を，18年3月末をもって廃止するとしている。

転換先として老人保健施設に加え，医療から介護までを提供する垂直統合モデルである医療内包型と医療外付型の2つの新しい施設類型を含む再編案が示された。

(9) 小規模多機能型居宅介護・看護小規模多機能型居宅介護

小規模多機能型居宅介護は，施設への通いを主に，短期間の宿泊や居宅への訪問を組み合せ，家庭的な環境と住民との交流の下で日常生活上の支援や機能訓練を提供する。また，看護小規模多機能型居宅介護は，訪問看護と小規模多機能型居宅介護を組み合わせた複合型サービスである（詳細は第10章の〈ケーススタディ〉を参照）。

3. 認知症対策

2025年には，認知症者は約700万人に達し，65歳以上の5人に1人は認知症になるとされている。認知症対策としては，12年9月の認知症施策推進5カ

年計画（オレンジプラン）に続き，15年1月に認知症施策推進総合戦略（新オレンジプラン）が策定された。

認知症施策推進総合戦略では，17年度までに認知症サポーターの養成を800万人，認知症サポート医養成研修受講者を5,000人とし，認知症カフェ等の設置を地域の実情に応じて設置することが盛り込まれた。

また，地域支援事業の枠内で認知症初期集中支援チームおよび認知症地域支援推進員を18年までに全市町村に配置することが定められた。

認知症初期集中支援チーム[6)]は，これまでも認知症初期集中支援事業のモデル事業として行われており，認知症専門医・保健師・介護福祉士等が専門チームを組み，認知症のいる居宅を訪問し，地域の認知症高齢者の把握を行うとともに，早い段階から医療・介護の介入体制を構築する狙いがある。

認知症地域支援推進員は，認知症地域支援推進員設置事業として保健師・看護師等によって地域支援事業の枠内で市町村の任意事業として行われている。今後は，医療・介護の連携，地域の認知症施策や事業の企画調整といった役割が期待されている。

4. 介護保険制度の問題点

(1) 高齢者に分かりにくい制度

介護保険制度は，定期的に改正される制度であるため，高齢者にとってこの制度を理解することは難しい。また，介護支援専門員をケアマネジャーと呼ぶなど，用語に統一性がないことも理解を難しくしている。

介護を必要としても，サービスの使い方がわからない高齢者も多く，全てケアマネジャー任せになっていることもある。

(2) 要介護認定の地域格差

厚労省は，2014年度のデータから，第1号被保険者に占める要介護認定を受

けた人の割合である要介護認定率が，都道府県で最大1.6倍の差があることを明らかにした。認定率が高かったのは大阪府22.4％，和歌山県20.7％，京都府19.7％，長崎県19.6％で，低かったのは山梨県14.2％，茨城県15.2％，長野県と静岡県が同率で15.3％，栃木県15.6％の順で全体として西高東低の傾向を示している。地域格差の原因は，高齢者人口や疾病などの自然要因を除くと，要支援から要介護1の比較的軽度な要介護者の割合が高いことが指摘されている。また，該当者の発現率ではなく，生活援助等の在宅サービスの利用意向が要介護者を生み出しているといった報告もある。

(3) 保険料格差，サービス格差

　要介護認定率の地域格差は，被保険者の保険料や受給サービスの地域格差に結びつく。また，保険料は介護保険サービスの整備や施設サービスの利用の状況によって規定される。すなわち，保険料が高い市町村ほど，介護サービスが充実し，かつ施設サービスの利用が多い傾向にある。

　一方で，介護サービスの整備が不十分で，必要なサービスを受けられない地域もある。地域によってサービス提供に大きな隔たりがあるようでは，保険あって介護サービスなしの地域は浮かばれない。

(4) 介護認定度に連動する自己負担

　医療費は，基本診療料に検査・処置・投薬などの特掲診療料が加算される出来高払い制が基本である。疾患の種類や重症度に関係なく，検査や処置などの種類や数量によって医療費が決定される。

　一方，介護費は，介護度が高くなると介護報酬も連動して高くなる。医療費で言えば基本報酬の引上げに相当する。介護事業者に対して中重度者の受け入れるインセンティブとはなるが，利用者にとってはサービス内容が同じ場合，負担が増えることになる。

(5) ケアプランと介護支援専門員（ケアマネジャー）の質

　高齢者が介護サービスを利用する際に，複雑な手続きをケアマネジャー（以

下，ケアマネ）不在で行うことは現実的ではない。ゆえにケアマネの質の向上が求められる。ケアマネの質については，以下の事項が指摘されている。
① 自身が所属する事業者に優位なケアプランを作成している。
② 本来必要のない介護サービスをケアプランに組み込み，自社に誘導している。
③ 充分なアセスメントを行わずに利用者の希望だけを優先させている。
④ 利用者の理解を得ずに事業者と介護サービス契約を行ったりしている。
⑤ ケアマネ本来の仕事をせずに保険請求だけを行っている者もいる。
⑥ 月1回の利用者への訪問や担当者会議の開催などの本来業務を行っていない。

これを受けて，厚生労働省は2015年度の制度改正において，①特定事業者への集中を防ぐための特定事業所集中減算の要件の見直し，②ケアマネの質の向上のための介護支援専門員実務研修受講試験の厳格化や主任介護支援専門員更新研修の創設，③管理体制強化のための指定権限の市町村への委譲（2018年度より）等を行った。

また，18年改正に向けて居宅介護支援の利用者負担の導入が議論さているが，利用者の権利意識が大きくなり，都合の良いケアプランの作成が強要されるとの懸念もある。アセスメントの精度ついては，全人的心身状態を評価する米国MDS（Minimum Data Set）[7]に学ぶ点は多い。

(6) 介護職員の不足

介護職員数は，2000年の介護保険制度導入時の54.9万人から13年の170.8万人と3倍以上に増加した。さらに，25年には最大250万人の需要が見込まれている。しかし，13年度の介護労働実態調査（介護労働安全センター）によれば，全事業所の約60％で不足感を感じている。

厚労省は介護人材確保について，①離職した介護職員を介護現場に呼び戻す，②新規参入促進，③現場で働く介護人材の定着を促進する，という方策を示している。

介護福祉士の登録者数は，21万人（2000年）から119万人（2013年）まで

増加したが、その従事率は55.5%と少ない（図表3-6参照）。その原因の1つが離職率の高さにあり、ここ数年16〜17%台で推移している。また、離職者のうち約7割は入職後3年以内の者である。

離職理由で多いのは、「賃金が低い」「雇用が不安定」「仕事がきつい（身体的・精神的）」「社会的評価が低い」「休暇が取りにくい」等で、"仕事の割には給与が低い"というイメージが定着している。潜在的な介護福祉士の再就職推進と離職防止対策が急務である。

人材確保には賃金引上げが最も効果的であるが、介護報酬の引下げによって、介護事業所の経営は悪化傾向にあり、処遇改善も限界に達している。多くの事業所は、非正規職員に大きく依存することで人件費の削減を図っている。非正社員の割合は、訪問系で78.4%、施設等で41.4%に昇る。12年には、介護報酬として介護職員処遇改善加算が設けられたが、介護職の専門性や資質の向上を図るキャリアパス制度による社会的評価の向上や賃金体系等の見える化等の対策を同時に進めることが重要である。

その他に下記のような対策も考えられる。

① 介護職場は、女性職員が多いことが特徴である（介護職員で73.0%、訪

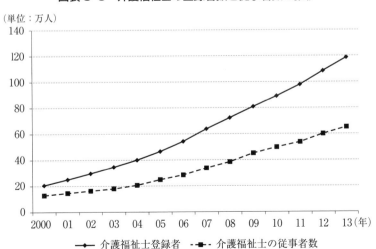

図表3-6　介護福祉士の登録者数と従事者数の推移

問介護員88.6％が女性）ため，保育所の整備や介護負担を軽減する介護ロボットの活用は，離職防止・定着促進，生産性向上として期待できる。

② 人口流出地域では，合同就職説明会，職場体験，Ⅰターン，Ｕターン，Ｊターン等の対策を行っている自治体もある。ある自治体では，介護の場で働くことを条件に，ひとり親世帯に対して家賃や養育費の補助や給与を保障して移住者を募っている。

③ 2008年から開始されたEPA（経済連携協定）[8]による外国人介護人材の活用もある。現在，働く場所は施設に限定されているが，訪問介護でも雇用を認める方向性で議論が進められている。

④ ドイツの介護保険のように，在宅介護における現金給付や介護者に対して年金と労災保険の給付を行う（一定の条件あり）など家庭内の人材活用もある。

今後，労働人口の減少が進み，他産業分野の雇用環境の動向によっては，介護従事者の確保難や人手不足が顕著になろう。介護職が職業としての選択肢となり得るよう，介護職への理解促進とイメージアップを推進し，介護の社会的評価の向上につながる複合的な取組みが必要となる。

(7) 民間企業の参入と営利主義がもたらす問題

介護保険制度では，居宅サービスや地域密着型サービスにおいて民間企業やNPO法人等の参入が認められている。

民営化によって，介護サービスをビジネスチャンスと捉えた企業が多数参入し，介護ビジネスという言葉も生まれた。2015年現在，居宅系サービスの訪問介護64.4％，訪問看護40.3％，通所介護58.4％，特定施設入居者生活介護67.6％，地域密着型サービス約46％が営利企業となっている。

介護サービス事業者の急増に伴って，架空請求，水増し請求，虚偽の指定等の不正行為も増加している。14年に指定取消・効力の停止処分があった事業者は214件で71％が営利法人であった（図表3-7参照）。

民営化＝不正行為とはならないが，「営利優先」「規模の利益」を求めた急速な事業展開に対して，理念の欠如，無理な経営，人員不足，管理体制の不備な

図表 3-7　指定取消・効力の停止処分のあった介護保険施設・事業所内訳（法人種類別）

(2014 年度)

	営利法人	社会福祉法人	特定非営利活動法人	医療法人	その他	合計
指定取消	71	3	13	0	7	94
全部停止	27	4	4	0	0	35
一部停止	55	15	1	14	0	85
合　計	153	22	18	14	7	214

どが生じた結果である。福祉サービスの質の向上には，福祉サービス第三者評価[9]の受審も有効である。

(8) 保険料未納者の増加

2014 年，65 歳以上の第 1 号被保険者の滞納者は，初めて 1 万人を超えた。介護保険料は 3 年毎に改定され，当初の 2.5 倍に上昇した。負担に応じられない低年金者等の増加が一因とされている。

(9) 財源不足

2015 年 4 月時点で，第 1 号被保険者は 3302 万人に達している。要介護認定者数（要支援を含む）は，第 1 号被保険者が 593 万人，第 2 号被保険者は 14 万人で合計 607 万人（2000 年比：2.37 倍）となった。実に全高齢者の 15.4％（6.5 人に 1 人），75 歳以上では 27.6％（3.6 人に 1 人）は要介護者である。

このうちサービス受給者数は 511 万人（2000 年比：3.4 倍）である。

サービス受給内訳で見ると，15 年 4 月時点で居宅サービス 382 万人，施設サービス 90 万人，地域密着型サービス 39 万人であり，特に居宅サービスの伸びが著しい（図表 3-8 参照）。

介護保険の総費用も 2015 年で 10.1 兆円（2000 年比：2.8 倍）を超え，毎年 10％以上の伸びを示している（図表 3-9 参照）。

第 1 号被保険者の保険料負担は，当初の全国平均月額 2,911 円から 4,972 円（第 5 期：12 年から 14 年）に増加した。さらに 25 年には総費用 21 兆円，月

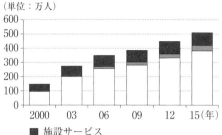

図表3-8 介護サービス受給者数の推移

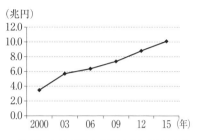

図表3-9 介護の総費用の推移

（資料） 厚生労働省老健局「介護保険事業状況報告」。

額保険料約8,200円になると予測されている。

　要介護認定者，サービス受給者および介護総費用の増加は，介護保険制度の国民生活への定着度を示す一方，介護保険制度の持続可能性を危惧するものとなる。

　不足する財源の確保策として「社会保障・税の一体改革」（12年）で示された消費増税は先送りとなり，保険料の引き上げも被保険者の理解を得るのは困難な作業である。

　このような状況下で，保険料負担の年齢の引き下げ，介護保険サービスの縮小，軽度者の地域支援事業への移行，保険外サービスの拡大等が論点となっている。

5. 介護保険事業の経営

　介護事業経営実態調査による介護保険サービスの利益率は，特定施設入居者生活介護の12.2％を最高に，居宅介護支援・看護小規模多機能居宅介護以外は全てプラスの利益を出している（図表3-10参照）。

　介護保険事業は，全般に規模の利益性があると言われている。医療や介護サービスは定員や職員配置などの基準が規制されているため，稼働率が高くなった場合，新たな拠点を拡大展開すること以外のビジネスモデルは見当たらない。

このようなことから，M&A[10]による資本強化やフランチャイズ（FC）を利用するケースも増えており，事業所の大規模化が進んでいる。しかし，規模の大きい事業者が増えれば，利用者密度の低い採算性のとれない地域などでサービス資源が届かない恐れも懸念される。

図表3-10　介護保険サービスの利益率

(単位：%)

	2005年	08年	11年	14年
訪問介護（介護予防を含む）	-0.8	0.5	5.1	7.4
訪問看護ステーション（介護予防を含む）	5.8	2.7	2.3	5.0
訪問入浴介護（介護予防を含む）	-10.1	1.5	6.7	5.4
訪問リハビリテーション（介護予防を含む）			3.1	5.3
通所介護（介護予防を含む）	6.3	6.7	11.6	10.6
通所リハビリテーション	15.1	4.5	4.0	7.6
短期入所生活介護（介護予防を含む）	7.3	5.4	5.6	7.3
短期入所療養介護			2.2	
特定施設入居者生活介護（介護予防を含む）	5.4	4.4	3.5	12.2
介護老人福祉施設	11.2	2.1	9.3	8.7
介護老人保健施設	12.3	7.3	9.9	5.6
介護療養型医療施設	10.4	3.2	9.7	8.2
居宅介護支援	-16.1	-28.2	-2.6	-1.0
福祉用具貸与（介護予防を含む）		1.8	6.0	3.3
定期巡回・随時対応型訪問介護看護				0.9
夜間対応型訪問介護			4.6	3.8
認知症対応型通所介護（介護予防を含む）		1.2	5.9	7.3
小規模多機能型居宅介護（介護予防を含む）		-8.1	5.9	6.1
認知症対応型共同生活介護（介護予防を含む）	8.5	9.5	8.4	11.2
地域密着型特定施設入居者生活介護			3.8	6.8
地域密着型介護老人福祉施設			1.9	8.0
看護小規模多機能型居宅介護（複合型サービス）				-0.5

（出所）　介護事業経営実態調査（厚生労働省）より作成。

また，介護保険事業は，一般事業と比較して，①在庫リスク，②貸し倒れ損失，③季節変動リスク，④リピータ獲得リスクが少ないといったメリットがある反面，①３年毎の制度変更，②慢性的な人手不足，③競争の激化，④差別化できないなどの経営課題も多い。

　介護事業は成長分野として期待されているが，介護事業の経営は財源の縮小・競争激化など厳しい状況下にある。

〔注〕
1) 2015年8月から年間合計所得金額が160万円以上（単身で年金収入のみの人は年収280万円以上）の第１号保険者は，２割負担となった。
2) 特定疾病とは，①末期がん（医師が，一般に認められている医学的知見に基づき，回復の見込みがない状態に至ったと判断したもの），②筋萎縮性側索硬化症，③後縦靭帯骨化症，④骨折を伴う骨粗しょう症，⑤多系統萎縮症，⑥初老期における⑦認知症脊髄小脳変性症，⑧脊柱管狭窄症，⑨早老症，⑩糖尿病性神経障害，糖尿病性腎症および糖尿病性網膜症，⑪脳血管疾患（外傷性を除く），⑫進行性核上性麻痺，大脳皮質基底核変性症およびパーキンソン病，⑬閉塞性動脈硬化症，⑭関節リウマチ，⑮慢性閉塞性肺疾患，⑯両側の膝関節または股関節に著しい変形を伴う変形性膝関節症の16疾患。
3) ドイツでは，公的医療保険の保険者である疾病金庫が，介護保険の保険者を兼ね介護金庫を設置している。
4) 介護保険法における「特定施設」の指定を受けた，①有料老人ホーム，②養護老人ホーム，③軽費老人ホーム（ケアハウス），④サービス付き高齢者向け住宅（サ高住）をいう。2016年6月に全国特定施設事業者協会（特定協）は，特定施設入居者生活介護の通称を介護付きホームとした。
5) 住所地特例とは，利用者が介護施設に入所するために他の市区町村に転居した場合，転居前と転居後の市区町村に生じる財政上の不均等が防ぐために，転居前の市区町村が継続して保険者となる制度である。
6) 認知症やうつ病の対応には，精神科医や内科医などの専門医や認知症認定看護師などの係わりが重要である。一見，認知症と疑われても脳疾患や低血糖せん妄などの疾患を抱えている場合も多い。また身体疾患患者が抱えるメンタルヘルスの問題に対して，関係している医療者間の相談と連携を実践するリエゾン医療も重要である。
7) 高齢者の心身状態に関する最小限の基本情報の意。米国の保険財務庁が，施設の高齢者300万人の心身状態，350項目の情報分析に基づき，コンピュータの病態ソフトウェアが看護・介護の介入を18の問題領域に整理し的確なケア指針を策定する。アセスメントとケアプランの立案技法。
8) 厚労省は，国内の介護人材の確保と，外国の高齢化を見据え，外国人技能実習制度に介護職を追加する事を検討している。外国人に日本で実習をしながら介護を覚えてもらい，自国で役立ててもらうという制度である。
9) サービスの質を，第三者が一定の基準に照らして専門的，客観的に評価し，情報を公開する制度。厚労省が示した統一基準で審査され，評価結果はホームページで公開。質の向上と利用者が施設を選択しやすくすることが狙い。受審は任意。

10) 企業の合併買収の意。広義として提携までを含める場合もある。

〔参考文献〕

國光　類「介護保険における要介護認定の地域格差分析―健康の地域差が及ぼす影響―」〈http://www.jeameetings.org/Application12s/Poster/Strage/P-001abstract_RuiKunimitsu.pdf〉。

小林哲也［2011］「介護保険制度における都道府県別要介護認定率の較差と要介護度の関係性」『大妻女子大人間関係学部紀要』。

島崎謙治［2015］『医療政策を問い直す　国民皆保険の将来』ちくま新書。

社会保障入門編集委員会［2016］『社会保障入門』中央法規出版会。

社会保障審議会福祉部会・福祉人材確保専門委員会「2025年に向けた介護人材の確保―量と質の好循環の確立に向けて―」厚生労働省HP 〈http://www.mhlw.go.jp/file/05-Shingikai-12601000-Seisakutoukatsukan-Sanjikanshitsu_Shakaihoshoutantou/0000075800_1.pdf〉。

田中　元［2015］『図解2015年介護保険"大転換"で「現場の仕事」はこう変わる！』ぱる出版。

辻川泰史編著［2015］『これならわかる〈スッキリ図解〉介護ビジネス（第2版）』翔泳社。

土屋昭雄監修［2016］『カンタン解説！改正介護保険』厚有出版株式会社。

林　俊一　「介護保険制度と地域格差」杏林大学総合政策学部〈http://www.kyorin-u.ac.jp/univ/user/general_policy/kitajima/01〉。

渡辺孝雄［2006］『医療・福祉サービスの経営戦略（第2版）』じほう。

「介護保険給付費の地域間較差の要因についての調査研究報告（概要）」健康保険組合連合会HP〈http://www.kenporen.com/include/outline/pdf/tyousa15_04.pdf〉。

『厚生労働白書（平成24）（平成24）（平成25）（平成26）』厚生労働省HP〈http://www.mhlw.go.jp/toukei_hakusho/hakusho/〉。

「2025年に向けた介護人材にかかる需要推計（確定値）について」厚生労働省HP〈http://www.mhlw.go.jp/stf/houdou/0000088998.html〉。

「介護事業経営実態調査」（平成17）（平成20）（平成23）（平成26）厚生労働省HP。

「介護労働実態調査（平成20～26年度）」公益財団法人　介護労働安全センター。

「訪問看護ステーション数調査結果（平成23～27年）」全国訪問看護事業会HP〈https://www.zenhokan.or.jp/new/basic.html〉。

「訪問看護ステーションのM＆A支援」一般社団法人訪問看護支援協会HP〈http://www.kango.or.jp/ma_support/〉。

「訪問看護の現状」一般社団法人訪問看護支援協会HP〈http://www.kango.or.jp/presently/〉。

『日経ヘルスケア』No.306, No.315, No.317。

「要介護率の地域差1.6倍　大阪で最大，22.4％」『日本経済新聞』（2016年4月5日）。

（白井　正樹）

第4章

多様な医療・福祉事業者の参入

1. グローバル化の背景と新たな課題

　ケネス・ボールディング（1966年，アメリカ）が宇宙船地球号という概念を使い，地球規模に基づく世界観の提唱を行ったことを契機に生まれたグローバル化（Globalization）＝世界化，地球社会化，地球的規模化は，1970年代に入り環境問題に止まらず広く用いられ始めた。とくに，グローバル化の概念は地球市民という意識を高め，地球的視点で物事を考え行動する新しい概念に発展し，国境を越え現在も進化・拡大し続けている。福祉分野におけるグローバル化について考えると，次のような大きな変化・変動があった。

　まず，ノーマライゼーションという新しい概念が，1959年，デンマークにおいて「知的障害者福祉法」に導入された。その後，概念は全世界的に広まった[1]。この概念は日本には70年代には紹介されたが，93年に「心身障害者対策基本法」が「障害者基本法」に改正されたことを契機に，障害者福祉の領域に止まらず，社会福祉全般の中核理念として採用されている。

　また，グローバル化については，NPM（New Public Management；新公共経営）という考え方が社会福祉分野にも大きな影響を及ぼしている。NPMという用語は，90年代はじめに公共政策を論じる学者の間で使われ始め，瞬く間に広く一般に受け入れられた。NPMとは行政を経営ととらえる動きで，英国，ニュージーランド，オーストラリア，アメリカ等を中心とする国々における公共部門の改革の取組みを指すものである。

増大する財政赤字や，累積する公的債務残高等，共通する問題をかかえる先進諸国において，現在行政の効率化や活性化を図るため，企業経営の理念や手法の積極的採用による行政改革推進の有効的なアプローチとなっている。NPMの考え方は，①市場競争原理の導入と強化，②発生主義会計制度採用，③権限と責任の明確化を図るため，組織の編成と権限の委譲，④行政評価システム（成果主義・業績主義に基づく）導入と説明責任の徹底等から構成される。NPM推進の具体的提案として，民営化，業務のアウトソーシング（外部委託），PFI（Private Finance Initiative；民間資本による社会資本整備），独立行政法人化，ベンチ・マーキング等がある。日本のNPMは主として地方行政改革との関係において，論じられてきた。とくに，1995年に地方分権推進法が成立し発足した地方分権推進委員会が中心となり，2001年までの6年間，自治省（現・総務省）指導下で地方分権改革が取り組まれた。その際，NPMの考え方が自治体の地方行革の行動指針の中核となった。慢性的赤字財政をかかえる地方自治体の行政改革努力は，福祉サービスを含む，拡大する自治体事業にも向けられた。とくに，福祉サービス領域については社会福祉基礎構造改革が，2000年4月導入の介護保険制度，成年後見制度，改正地方自治法に対応するために実施された。

　1951年に制定された社会福祉事業法以来，大きな改正が行われていないために，社会福祉の共通基盤制度（制度を構成する社会福祉事業，社会福祉法人，措置制度等）の関係する法律改正に向け，97年から見直しが始まった。2000年6月「社会福祉事業法」は「社会福祉法」に変更，内容も大幅に改正された。なお，改正対象となった法律は社会福祉事業法を含め8法である（他の7法は，身体障害者福祉法，知的障害者福祉法，児童福祉法，民生委員法，社会福祉施設職員等退職手当共済法，生活保護法，廃止となった公益質屋法）。

　グローバル化を加速させている技術，特にデジタルデータ処理速度の幾何級数的加速化でAI（人工知能）進化により，2025～35年頃に日本の労働人口49％の仕事がAIに奪われ，ハッキング等サイバー犯罪が深刻化するとの予測が現実味を増している。安全の概念も，デジタル化を含む範囲に拡大した。

2.「社会福祉法」改正の変遷とその要点

　1951年の制定時「社会福祉事業法」は，構造改革の検討を経て2000年5月「社会福祉法」に改正，同年6月に施行された。この改正は，行政処分によりサービス内容を決定する措置制度から，利用者が事業主と対等な関係に基づきサービスを選択する利用制度への転換を目的とするものである。なお，この法律には，ノーマライゼーションの考え方が反映されている。さらに16年3月同法の一部改正[2]，17年4月（一部条文は16年4月）に施行される。

(1) 福祉サービスの基本的理念の規定
　「福祉サービスは，個人の尊厳の保持を旨とし，その内容は，福祉サービスの利用者が心身ともに健やかに育成され，またはその有する能力に応じ自立した日常生活を営むように支援するものとして，良質かつ適切なものでなければならない」と社会福祉法第3条に規定された。

(2) 利用者の立場に立った社会福祉制度の構築
　制度面から改正内容について述べると次の通りである。
　① 福祉サービスの利用の制度化
　行政が行政処分によりサービス内容を決める措置制度から，利用者が事業者と対等な関係に基づきサービスを選択する利用制度への変更。言い換えれば，福祉サービスの提供者・事業者中心であった社会福祉を，利用者中心の視点で関係を転換させることを意味する。これもノーマライゼーションの考えである（ただし，要保護児童に関する制度については，措置制度は存続される）。
　② 利用者保護制度の創設
　地域福祉権利擁護制度と苦情解決の仕組みの導入，誇大広告の禁止，地域福祉権利擁護制度（福祉サービス利用援助事業），利用契約についての説明と書面交付義務づけ（詳しくは，本書第6章を参照）。

(3) サービスの質の向上

サービスの質の向上に関しては，次の3つの要件が挙げられる。

① 良質なサービスを支える人材の養成・専門職の確保

② サービスの質の自己評価および質を評価する第三者機関の育成

TQM（全社的品質管理）手法やQCサークル活動，外部評価はISO9000，ISO14000等国際品質システム審査機関を利用する。このような規定はNPMの考え方に沿っている。

③ 事業の透明性の確保

サービス内容に関する情報の提供，財務諸表の開示を社会福祉法人に対しての義務づけ，国・地方公共団体による情報提供体制の整備をする。

(4) 社会福祉事業の充実・活性化

社会福祉事業を活性化させる施策として，次が挙げられる。

① 社会福祉サービス9事業の追加

権利擁護のための相談援助，障害者（児）生活支援事業，手話通訳事業，盲導犬訓練事業，知的障害者デイサービス事業，等を含む。

② 社会福祉法人設立要件の緩和

障害者の通所授産施設の規模要件の引き下げ，小規模通所授産施設，またはホームヘルプ事業を行う社会福祉法人の設立のための資産要件の大幅引き下げ（委託費等で事業継続に必要な収入1億円を安定的に見込める場合，所轄庁が認める資産額は1,000万円程度），通所施設用に供する土地・建物について賃借を認める。

③ 多様な事業主体の参入促進

保育所は，地域の待機児童数状況を総合的に勘案し，民間企業の参入を認める。ただし，介護保険制度の施行状況等をふまえ，事業の継続性・安定性の確保を考慮し検討される。

④ 福祉サービスの提供体制の充実

社会福祉施設に対する国庫補助制度堅持，障害者プランの計画的整備，空き教室の活用等，整備方法を多様化する。

⑤ 社会福祉法人の運営の弾力化

施設ごとの会計区分を弾力化し，法人単位の経営を確立する。また，利用制度化した事業について，利用料収入を施設整備費の償還にあてることを認め，行政監査の重点化・効率化を図る。

以上のように，福祉サービス提供事業者の増加と多様・創造的な事業者参入を図り，利用者に選択の幅を広げ，利用者獲得の競争を活発にすることは，NPMの市場競争原理の促進と強化に相当する考え方である。ただし，行政の意図は，社会福祉事業者（福祉サービスの提供者）については，引き続き，社会福祉法人が中核となることを期待し，社会福祉事業界（福祉産業）は制限された枠組み内で競争を促進し，質を向上させ，同時に各福祉法人の強化を図る。現在の多数ある一法人一施設の小規模経営主体のなかから，多施設大規模経営に育成・転換を意図することを，「改正社会福祉法」が中心とする社会福祉基礎構造改革から読み取れる。また，国・地方自治体の助成金等の資金援助は継続されるが，財政悪化の状況下，将来的に助成金等の支出削減をにらんだ行政の布石と考えられる。

(5) 社会福祉法人制度の改革

社会福祉事業が本格的に成長・拡大の中で，福祉サービスの供給体制を整備および充実を図る為に「社会福祉法」等の一部を2016年3月末改正，改正の要点は下記の通りである。

① **経営組織のガバナンスの強化**

議決機関として評議委員会の設置，一定規模以上の法人へ会計監査の導入

② **事業運営の透明性の向上**

財務諸表・現況報告書・役員報酬基準等の公表に係る規定の整備等

③ **財務規律の強化**

適正かつ公正な支出管理・いわゆる内部留保の明確化・社会福祉充実残額の社会福祉事業等への計画的な再投資

④ **地域における公益的な取組を実施する責務**

社会福祉事業および交易事業を行うに当たって，無料または低額料金で福祉サービスを提供する事を責務として規定

(6) 福祉人材の確保を推進

3K[3]職種の典型の1つとして，若い人達に敬遠されがちな職種のイメージを払しょくし，やる気のある有能な若者達を惹き付ける施策の重要性が認識され，介護人材の確保を推進する措置，社会福祉施設職員等退職手当共済制度を講ずる。具体的には，次のものがあげられる。

① **介護人材確保に向けた取組みの拡大**

基本的指針の対象者範囲の拡大（社会福祉事業と密接に関連する介護サービス従事者を追加）

② **福祉人材センターの機能強化**

離職した介護福祉士の届出制度の創設，就業促進，ハローワークと連携強化

③ **介護福祉士の国家資格取得方法の見直しによる資質の向上**

2017年度から養成施設卒業者に受験資格を付与し，5年かけて国家試験の義務付けを漸進的に導入等

④ **社会福祉施設職員等退職手当共済制度の見直し（以下の3点）**

a) 退職手当金の支給乗率を長期加入者に配慮したものに見直し

b) 被共済職員が退職し，再び被共済職員となった場合に共済加入期間の合算が認められる期間を2年以内から3年以内に延長

c) 障害者支援施設等に係る公費助成を介護保険施設と同様の取り扱いに見直し

(7) 地域福祉の推進

住民側の立場・視点に立ったサービス提供を確保する為，従事者の教育・指導を経営の根幹に置く事は，NPMの考え方そのものである。募金の配分については透明性を確保する為の規定，民生委員・児童委員の職務内容の明示化は企業のコンプライアンス（法令遵守）にあたる。地方分権推進枠組に基づく具体策が，以下の3通り示された。

① 市町村地域福祉計画および都道府県地域福祉支援計画
② 知的障害者福祉等に関する事務の市町村への委譲
③ 社会福祉協議会，共同募金，民生委員・児童委員の活性化（市町村社会福祉協議会を地域福祉の推進役として位置づけることの明確化，都道府県社会福祉協議会による社会福祉事業従業者の養成研修，社会福祉事業の経営指導を行うことを明確化）

(8) 施　　行

　社会福祉法は，2000年6月より施行され，行政が行政処分によりサービス内容を決める措置制度から利用者が事業者と対等な関係に基づきサービスを選択する利用制度への変更，地域福祉計画策定，知的障害者福祉等に関する事務の市町村への委譲の準備期間を考慮し，03年4月に施行された（一部改正は上記(5)を参照）。

(9) 支援制度＝障害者福祉サービスの利用制度化

　改正はノーマライゼーションの理念を実現する為，障害者福祉サービス提供者と利用者が対等の関係に立って，契約に基づき障害者福祉サービスを利用でき，利用者本位のサービスの提供が期待されている。
　障害者が自ら希望するサービスについて，利用したい指定事業者・施設を選択し，直接に利用の申し込みを行うとともに，市町村に対して，支援費支給の申請を行う。市町村の支援費支給が決定されると，当該障害者に受給者証が交付され，施設との直接契約により，サービスの利用が可能となる。利用者負担分は，支援費支給決定時に決定される。施設がサービスを提供したときには，市町村に対し支援費の支払いを請求し，支援費を代理受領する。措置制度から利用制度（支援費制度）への変更は，利用者本人の自己負担分について不払いが発生することで，施設がその費用を回収できない場合，この分は損失となる。

3. 介護保険に基づく社会福祉事業

社会福祉事業の全体規模を把握する為に，中核を形成する重要な数が介護総費用の額である（図表4-1参照）。2000年実績ベースで介護費用は3.6兆円，内保険給付額は3.2兆円に上り，さらに2003年には，2000年に介護保険が導入されて以来3年間，年率で二桁の伸び率で増え続けた為，国と地方自治体は様々な抑制政策を取り始めた。

図表4-1　介護保険費用・給付費・自己負担額の推移

(単位：兆円)

	2000年度	2003年度	2007年度	2011年度	2012年度
総費用	3.6	5.7	6.5	7.9	8.5
給付費	3.2	4.8	5.9	7.3	7.8
自己負担額	0.4	0.9	0.6	0.6	0.7
自己負担比率	11%	16%	9%	8%	8%
費用額VS自己負担傾向					

（注）　費用額，給付費とも補足給付は含まない。2011年度以降は当初予算。
（出所）「介護保険財政」厚生労働省統計，および「介護保険事業状況報告」財務省統計。

4. 社会福祉事業の経営主体

社会福祉事業を営む経営主体は，介護施設事業と居宅サービス事業の2事業区分により分類される。

(1) 介護施設事業

第一種社会福祉事業に分類され，介護療養型医療施設を除き，社会福祉法人

の施設数割合が非常に高い。

これに対して介護療養型医療施設は，医療法人の割合が非常に高い。理由は，医療法人の慢性期病床を持つ療養型病院は，介護型医療病床を併設することが認められている点にある。療養型病院にとり，医師の臨床・診療自由裁量権（clinical freedom）の利点も挙げられる。すなわち，病院側の裁量権により，患者・利用者に対する社会福祉サービス提供の対価につき，病院側に一番収益の上る出来高払いの医療保険請求か，または定額制の介護保険請求かの選択権を事実上認めている事を意味していたこともあった。

2000年4月に「介護保険法」が施行され，4回（2005年，08年，11年，15年）の改正が行われてきた。

特に，2011年度末（12年3月末）までに，療養病床を再編成し，医療の必要度に応じた機能分担をより明確化し，療養病床（医療療養病床，介護療養病床）に入院している患者を退院させず，老人保健施設や特別養護老人ホーム等の介護施設に転換することが決定される。介護療養病床について，ゼロにする予定を転換が進んでいない現状を踏まえ，2011年の介護保険法等の一部改正により，06年で約12万床，11年で約7.8万床の介護療養病床が6年間転換期間（18年3月末）を延長された。なお，12年度以降，介護療養病床の新設は認められていない。

(2) 居宅サービス事業

介護保険法に規定される介護保険事業は，主に居宅サービスと施設サービスに分かれこのうち施設サービスは，3施設と略して次の3種類が該当する。

図表4-2　療養病床数の推移

	2006年3月	2011年3月	2015年3月
介護療養病床数*	12.2万床	7.8万床（▲4.4万）	6.3万床（▲5.9万）
医療療養病床数	26.2万床	26.7万床（+0.5万）	27.7万床（+1.5万）
合計	38.4万床	34.5万床	34.0万床

(出所)　「介護療養病床の経緯につて」資料3厚生労働省。

①介護療養型医療施設,
②介護老人保健施設＝老健,
③介護老人福祉施設＝特別養護老人ホーム

　この3施設だけが施設系サービスであり,それ以外のものはすべて居宅サービスと位置付けられている。また,施設系のサービスと間違われる特定施設入居者介護に分類される有料老人ホームやケアハウス,認知症対応型共同生活介護＝グループホーム等も居宅サービス事業に分類される。

　これら3施設に分類される事業所が,実際には居宅サービスを提供するケースもある。介護療養型医療施設や介護老人保健施設では短期入所療養介護（ショートステイ）を,特別養護老人ホームでは短期入所生活介護等短期利用の人もいる。これら,短期での利用は,よくショートステイと呼ばれ,ショートステイは単独で運営はなく,通常は3施設において利用可能としている。介護保険制度はこのように多岐にわたり,制度が非常に複雑で,制度の変更が頻繁にあり,その都度見直しが必要である。

　介護保険のサービス利用に関してニーズがあるのかどうか,また利用者や家族の理解と同意が得られているのかが,非常に重要なポイントとなる。まず,手順として最初に,居宅介護支援事業者にケアプランの作成を依頼する。その事業者のケアマネジャーに対してケアプランの作成のための準備を依頼し,場合によっては,要介護度の認定から依頼するケースもある。多種のサービスがある為,どのサービスを利用するべきか,一般人に分かり難い。利用する高齢者側にも好き嫌いがあるのは当然で,周囲と一緒に何かをやっていくような通所介護は性に合わなかったということがよくある。ケアマネジャーと利用者家族はよく話し合い,サービスの利用を決定することが重要である。

　年々,改正・変更される介護保険制度は,その根底には国の社会保障費財源・財政問題が高齢化の進行と共に深刻化し,施設介護から在宅介護へのシフトの方針がより明確になっている。

5. 介護保険に基づく社会福祉事業サービスの周辺領域事業

有料老人ホームは，以下の異なった種類がある。
① 提供する介護サービスが，居宅サービスとして介護保険給付対象となる有料老人ホームは，特定施設入居者生活介護の人員・設備・運営基準を満たした上で，都道府県知事の指定が必要である。介護給付の対象施設としての一定の水準が担保できることとなるが，それ以外の事項について，下記②で述べる健常者型有料老人ホームと同じように，介護保険法上の行政の関与は及ばない。但し今後情報開示を含め規制強化の方向にある。
② 介護保険給付対象外の健康型有料老人ホームは当然，介護保険法上の関与は及ばない。事前届出制による限定的な規制のみで質の向上は自主的取り組みに任されている。但し，今後情報開示を含め規制強化の方向にある。

人口問題研究所の 2002 年の人口動態調査によると，介護保険が導入された 2000 年に，中位推計ベースで，65 歳以上の高齢者人口は約 2,200 万人（高齢者一人を生産年齢人口 3.9 人が支える勘定），団塊の世代が 12 年（高齢者一人を生産年齢人口 2.7 人）から 65 歳の高齢者人口へ入り始めることもあり，17 年末には約 3,400 万人（高齢者一人を生産年齢人口 2.2 人）に達し，少なくとも 30 年頃までは安定的に高齢者人口の数字が，3,400 万人台で推移する。このような日本の人口の急激な高齢化により，多様な施設の需要が拡大することが予想され，有料老人ホームと類似施設についても，消費者契約法や成年後見制度等法律のさらなる整備・充実の必要性が認識され始めている。

特に，団塊の世代全員が後期高齢者世代に達する 25 年に医療介護費用による公的負担問題が，日本国の財政負担の最大課題として認識され始めている（2025 年問題）。

6. 英国にみる医療・福祉事業の成功例

(1) 英国起点で進化する TECS のイノベーションとリスク

　TECS（Technology Enabled Care Services）とは革新的技術が可能とするケア・サービスのことで，英国 NHS（国民保健制度）が健康・保健サービスの質向上（アウトカム向上含む）と 24 時間・365 日ケア・サービスを受ける実現可能性がこの技術により高まると期待される。代表的な技術とは遠隔医療サービス（telehealth），遠隔ケア（telecare），遠隔診療（telemedicine），自己ケアのアプリ・ソフトウェア（self-care apps）などである。その中核技術手段はテレビ電話と AI（人工知能）である。これら技術的成果物は患者に自分自身の健康・医療・介護サービスに対して，自分が望む選択肢に対して自己決定権を与える事を可能とするものである。

　一方，これ等技術に対して，重大なリスク発生の問題が顕在化し始めている。特に，患者情報のハッキングによる「成りすまし」や「ランソムウエア感染」は米国で既に実害で出ているコンピューター・ウイルスで病院に送り付け，ハッカーが解除キーと引き換えに金＝身代金支払いを要求する犯罪である。わが国の場合，マイナーバー導入で年金番号と健康保険証が連結されると財産を持つ高齢者が狙われるリスクは「オレオレ詐欺」の例から，被害自体が分かるのは 1 年以上経過してからであれば，未然防止や被害の補償や回復がほとんど不可能であろう。さらに，オックスフォード大学の研究者が 2025 年～35 年頃までに AI が事務系の多くの仕事や医療における画像診断技師や薬剤師の仕事に取って代わり，これらを含む日本の労働人口の 49％や AI や AI 応用ロボットによる劇的減少を近未来の高い到来確率として発表している。なお，仕事を奪われても対人的な仕事，医師・看護師・コンサルタント等は更に重要性が高まり，病院や介護施設等の CIO（チーフ・インフォーメーション・オフィサー）＝ IT 情報担当役員の機能が必須であろう。

(2) 英国の医療・介護の包括・連携一体化の動向

　ブレア首相は，英国の医療・介護を抱き合せた健康・保健（Health）の改革と，現在のNHS（税金で運営される国民保健サービス制度）の大改革に着手し，ブレアレガシ（遺産）として首相在任中の1997年から2008年に年率7％以上へNHSの予算を増加させた。15年統計で英国民保健（医療・介護）の支出は，GDPの8.5％程度，日本より高齢化比率が10年程度遅れた状況からOECD諸国平均の健康配慮型先進国と位置付けられる。

　つまり，患者中心の保健サービスを提供し，患者に医療機関を選ぶ権利を与える。そして，保健サービス提供者間の競争とケアのゲート・キーパーのGP（家庭医，一般開業医）から，病院より地域ケア提供者に重点を移行させる統合ケアのアプローチ（介護等サービス・一般開業医・病院間連携）がなされた。

　そして2010年5月にキャメロン首相による保守連立政権が誕生し，英厚生省の管理費が45％削減（推定10万人の公務員削減）され，NHS予算の執行を新たに一般開業医が結成のGP協同組合に委託することが決定された。そして，この新組織がCCG（Clinical Commissioning Group＝診療委任団体）にNHS予算860億ポンド（当時換算レートで11兆650億円）の70～80％程度の予算執行を委託した。さらに12年から医師に対する免許の更新制度[4]が導入され，5年毎に更新が義務付けられた。そして14年4月にサイモン・スティブンスがNHSイングランド最高経営責任者として，政治から独立した指名委員会より選ばれ就任，矢継ぎ早に改革案を打ち出した。特に改革5カ年計画では，年間300億ポンド（5.6兆円）の予算資金拠出不足を解決する非常に困難な課題（無駄な手順や慣行を無くし，効率性を上げ，同時に少ない予算で質を高め，安全性と患者の利益を第一に考え医療・介護のサービスを提供する）の解決が求められていた。

　なお，認知症への取組指針は次の3点となる。①潜在的認知症患者の診断比率が67％以上に達する。②認知症と診断した患者には，告知し，意識が正常に機能する残された時間を有効に活用することを薦める。③GPが臨床評価を適正に行うことができ，記憶の改善薬剤の処方が可能である。

　さらにCQC（Care Quality Commission）が医療サービスだけではなく，ケ

ア・ホームも含め認知症患者の入所者に対し，介護サービスの質も監視をしていることの広報活動を強化した。

さて，その後，現在に至るまでの英国の動向を以下にまとめる。

1) 医療・介護を含めた社会的ケア統合の実践的取組み

連立政権の自由党のジョージ・オスボーン英大蔵大臣（Exchequer of HMT）が発案した大規模取組である Devomanc（Devolution to Manchester：大マンチェスタ地域への権限委譲の医療・介護を含めた社会的ケア統合計画）が，2016年1月より1年かけ立案される。280万人が対象となり，37の組織体（10地方自治体，12CCG，15NHS信託病院）が関与する。

2) 医療・介護を含めた先駆的統合計画（NHSの5カ年計画）の発表

第一波として29の先駆的統合ケアモデル地域を発表した。なお，具体的な取組みとしては，以下があげられる。

- ▶ PACS（Integrated Primary &Acute Care System）：プライマリケアと急性期ケアの統合モデルで診療所・病院・地域療養型施設・精神科施設が医療・介護のケア・サービス提供組織を単一の組織にまとめ，統合予算から患者が最も必要とされるケア・サービスを提供する。
- ▶ MCPS（Multi-Specialty Community Providers）：がんの化学療法や透析療法等多様な専門医療を病院ではなく自宅に近い診療所等に移す。
- ▶ HICH（Enhanced Health In Care Home）：NHSと地方自治体が協働して，より多くの医療サービスとリハビリ療法をケア・ホームで提供する。在宅における予防医療（大腸がん検診，うつ病検診，ワクチン注射等）も充実させる。

当初計画案は医療分野，産業界，第三セクター部門，患者組織およびNHSイングランドの幹部からなる専門家パネル委員会により審査されている。現在まで，先駆的ケア統合計画の実施は報告されていない。

介護ケア等の処方・指示は日本においては，ケア・マネジャー資格者（ナース・社会福祉士・医師・療法士等多様な医療従事者で一定の経験者が国家資格

試験合格者）であるが，英国は一般開業医＝GP（General Practitioner）で一次医療と介護の壁が低く，連携が容易であることが推察される。

3）遠隔医療サービス（Telehealth）の拡大

予防医療というよりは，既往症を持つ患者（特に高齢者）が重篤化しないように，安価なスマート・メディア，および血圧，体重，痰の色等のカラチャートや機器を使い，患者自らが測定し，携帯電話機器で開業医3人程度のグループ運営する診療所（GP　Surgery）と呼ばれる施設のコンピュータ・サイトに数値を毎日報告する。ナース・開業医は数値結果に基づき，指示や診察予約をフィード・バックし，急性期病院のA&E（救命救急）部門に夜間や休日に突然搬送されることを避ける予防策や慢性期疾病の悪化を緩和する事に成果を上げ始めている。

一方，同時に患者に対する「安全」の概念は身体的・精神的な面だけではなく，ITの情報漏えい・ハッキング犯罪に対する「患者情報の安全性」確保まで拡大することが重要であるとの認識が高まっている。

4）その他：医療・介護等社会ケアの連携・統合の成功のカギについて

英国の医療・介護等のケア・サービスの所管は，DOH（英国厚生省）であるが，直接にその任に当るのはNHSである。なお，社会ケアは地方自治体が担当責任となり，法律上連携が規定されている。そして円滑に継ぎ目無し（Seamless）で連携・統合するためには，連携組織が単一の組織として，その成果やリスクを共有することが必須である。英国では，そのことが認識され始めている。

NHSのプライマリ・ケア・トラストと自治体ケア担当組織が，自発的に組織したケア・トラスト（信託組織）は，円滑な連携成果を収めている。しかしながら，地方自治体が関わるために，ケア・トラストの拡大は強制できず，緩やかなペースで増加しているに過ぎない。また，英国モデルの米国のACO（Accountable Care Organization）（一貫して責任をもつ連携ケア提供組織）は，正に単一組織結成が成功のカギであることを証明している。

日本の場合，地域連携パスが急性期・回復期・維持期と分かれ医療機関の介護病床も含まれた，医療・介護ケアの一体化が，脳卒中（図表4-3），心筋梗塞，認知症等において既に試行されていて，各県・県内地域に任されているようであるが，目覚ましい成功は治めていないように思える。結論として，単一組織による成果・リスクの共有が，英米と比較して欠落していると考えられる。

〈備考：NHSについての補足〉
① 1948年に設立され，「良い保健サービスは富の保有の状況に拘わらず，全員に等しく利用が可能である」を基本原則とし税金により運営されている。
② 全体で150万人が雇用され，米国の国防省，マクドナルド，ウオールマート，中国人民解放軍に次いで世界で第5位の雇用規模である。
③ NHSイングランドの被雇用者数合計120万人のうち臨床資格保有者として専門医医師が15万人，GPが4.1万人，看護師（訪問看護師含む）31.5万人，救命救急士1.9万人，病院・地域医療・歯科サービス提供スタッフ11.1万人の計63.6万人とその他非資格保有者56.4万人が存在する。

図表4-3　脳卒中の場合の医療連携体制のイメージ

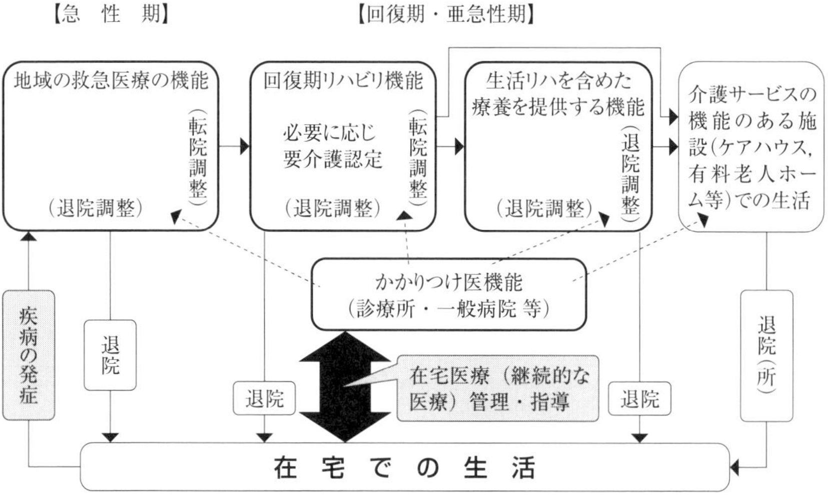

【急性期】　　　　　　　　【回復期・亜急性期】

```
地域の救急医療の機能 →(転院調整)→ 回復期リハビリ機能 必要に応じ要介護認定 →(転院調整)→ 生活リハを含めた療養を提供する機能 →(退院調整)→ 介護サービスの機能のある施設（ケアハウス，有料老人ホーム等）での生活
(退院調整)           (退院調整)              (退院調整)
```

かかりつけ医機能（診療所・一般病院 等）

在宅医療（継続的な医療）管理・指導

疾病の発症 → 退院／退院／退院／退院（所） → 在宅での生活

（出所）　厚生労働省「安心・信頼の医療の確保と予防の重視」より。

④　NHSスコットランドの被雇用者数は16.1万人，NHSウエールスが8.4万人，NHS北アイルランドが6.6万人となる。なお，NHSイングランド以外のNHSは，それぞれの地域議会に運営権限を委譲している。実態は，ほとんどNHSイングランドの運営実態に類似している。

⑤　創設時の予算規模は現在貨幣価値に換算して150億万ポンド，それから68年後の2015年度時は1,164億ポンドまで増大し，内イングランドは1,013億ポンド（全体の87％）となる。

⑥　NHSイングランドの提供医療サービスは，新生児スクリーニングテスト，通常の健康診断，慢性期疾患の治療，救命救急治療，移植手術，急性期治療，終末期ケア等を含んでいる。

⑦　2014年の英連邦諸国9カ国と米国を加えた10カ国のケア・サービスの質評価でNHSの提供サービスは，効率性，効果性，安全性，連携性，患者重視視点，コスト関連性での評価で上位2位の結果を得ている。

7. 今後の展望
──社会福祉事業「経営」とNPM──

(1) 福祉分野における経営の意味

　福祉分野では経営という用語使用を避ける。代わりに運営が多く使われる。

　運営の概念はOperating Managementに相当し，与えられた活動枠組みの管理機能を意味する経営より狭義の使われ方が多い。

　経営を企業の営利第一主義に結びつけることは現状認識が誤っている。資本主義の質的変化と企業の発展と経済全体に対する貢献等の企業の影響力の大きさから先進工業国の経済は実質的に混合経済であり，市場競争は各国同様の透明性のある規制による枠組みが整備されている。消費者の知る権利，プライバシー保護，環境保護を含めた企業の社会的責任，説明責任，情報開示責任と透明性確保，法令遵守（コンプライアンス）重視方針等の実践の徹底に，インターネット利用普及も加わり，消費者・一般人の間で企業の実状・実体への理解が進み，企業全般への信頼は着実に高まっている。一方，消費者の信頼喪失は即企業の廃止・消滅に結びつく事例を挙げることは容易である。

(2) わが国のヘルスケア・リート（医療介護分野の不動産投資信託：REIT）

わが国では 2001 年に J リート市場が創設され，06 年末に時価総額 4 兆 5,000 億円（資産総額 9 兆円）を越える規模に達し，上場銘柄は約 40 に達している。主たる不動産物件はオフィス・ビルが中心で，住宅や商業施設への投資も行われている。

高齢社会の日本において，投資対象をサービス付高齢者賃貸住宅，有料老人ホーム，病院，医療モール等に特化した不動産投資信託が 14 年に始まり，3 銘柄が 15 年末に存在する。16 年 5 月時点の時価総額で 403 億円と米国のヘルスケア・リートの約 10 兆円（時価総額）に比べて非常に小さく，拡大余地が大きい。

12 年に国土交通省が，今後 10 年間でサービス付き高齢者専用賃貸住宅整備計画を発表したが，16 年 4 月末で 20 万戸に止まり，現在，企業参入が増加中である。入居者の変動が少なく，賃貸住宅の稼働率が 100% 近くあり，25 年に介護市場が 15.2 兆円と倍増する推計もあり，海外のヘルスケア・リート会社の参入の動きも活発化している。病院に対するリートは，15 年 6 月に「病院を対象とするリートに係るガイドライン」が公表され，今後数年以内に参入が増加する事が予想される。

(3) ポスト NPM（新公共経営）について

欧米から 10 年以上遅れ導入した NPM の取組みもわが国においてやっと多くの関係者間から一定の認識が浸透し，キャッチアップ段階にある。楽観的シナリオでは，先行グループに追い付きより改善したアプローチが創出される可能性もあるが，悲観的には歪な NPM もどきが生き延びる可能性も排除できない。

英国・米国の NPM の動向を観察すると，NPM は理論先行アプローチより，民間のムダ・ムリ・ムラ等のトヨタ生産システムの改善アプローチに触発された実践的・実験的取組みに基づいてと推察される。英国の医療福祉の PFI 動向を 19 年間継続し定点観測しているが，雑駁かつ結論的に述べると，NPM は踊り場にあり，試行錯誤が始まっているが，その先はいまだ混沌とし，曖昧な羅

針盤的指標として，行政サービス（医療・介護等含む）は Affordable（手頃な価格・財政的に可能な支出額）とサービス利用者・患者が満足する品質，彼らが求める週7日・24時間提供サービスへのアクセス実現に注力しているが，実現していない段階にある。

　例えば，英国の PFI は改良版 PF2 が導入され，公的部門の利益率が最大限になる様に，民間部門の過大利益の削減に腐心しているも，成功という第三者評価は得ていない。しかし，中央政府は PFI・PFI 改善策の実施継続を宣言している。わが国は英国の先進的試行錯誤的アプローチについて，常時調査することが重要である。

〔注〕
1）　このノーマライゼーションをモデルに，日本において，1993年に策定された障害者対策に関する新長期計画を具体化した重点実施計画として，障害者プランは，95年に策定された。このプランは7ヵ年計画（1996〜2002年）であった。福祉対策のみならず，住宅，教育，雇用，通信，放送等，障害者施策の全般に関する内容であった。
　　　障害者プランは，次の7つの視点から施策の重点の推進を図った。
　　　①地域でともに生活する。②社会的自立を促進する。③バリアフリー化を促進する。④生活の質（QOL：Quality of Life）の向上を目指す。⑤安全な暮らしを確保する。⑥心のバリア（障害）を取り除く。⑦わが国にふさわしい国際協力・国際交流を推進する。
2）　福祉サービスの供給体制の整備及び充実を図る為，同法を一部改正。
3）　汚い，きつい，危険を3Kと称す。
4）　医師免許の更新は，自動車運転免許と異なり，5年間にわたり日々，診療行為を続ける為に，最新の要件（医師の知識面・スキル面）に適合するように努力せざるを得ない工程・手順が課され，定期的に評価を受ける。医師側に6種類の情報提供が求められている。すなわち，継続的職業専門性の開発（CPD），品質改善行動，大きな出来事，同僚からのフィードバック，患者からのフィードバック，苦情と称賛（Thank-you-letter を含む）等の再検討・調査である。GMC（General MedicalCouncil＝一般医療協議会）が掲げる医師免許の更新の目的は，患者の安全性の改善と医師が提供する医療サービス・ケアの質に対する最新要件を医師が満たすことで，この為に GMC はオンラインで免許の更新ガイドライン情報を適宜提供している。

（森下　正之）

第5章

アンチエイジングとライフスタイル
―超高齢社会の問題解決のヒント―

　昨今のアンチエイジングというかけ声からは，財政逼迫や超高齢化を理由とする社会保障の抑制という軌跡が見え隠れする。公助の後退は別として，自助[1]として住民はささやかでも生活防衛策として，病気にならない予防・未病対策[2]，老いても介護を最小化する健康維持・増進，さらに若者に依存しない為の老人同士のわずかな力で支え合う工夫もしなくてはならない。人生90歳時代の大きな課題は，認知症や重症介護に対する予防対策である。それに，座して待つだけの受動型老人から，積極型老人に向けたライフスタイル[3]に変えることが急務である。社会問題解決のためには，まず自らの生活スタイルを変革する老人の姿こそ，後世への大いなる参考・遺産となる。その新しいテーマは，自立・自律（後述）と「アンチエイジング」（抗加齢活動）を柱とする「ライフスタイル」への転換である。

1. 自立・自律をめざすライフスタイル

　子供や若い世代に依存しない生活（自立した生活），および自分を見つめセルフコントロールできる生活（自律した生活）を実現するには，多くの事前準備が必要である。それらを以下に解説するが，ケアマネジャー，ホームヘルパー，薬剤師，管理栄養士等，高齢者に直接アドバイスできる立場にいる多くの専門家の啓蒙活動に期待するところが大きい。

(1) 生活設計

どこまで自分でやり，どこを他者に依頼するかを決めることが重要である。

① リスク管理

当たり前なことを確認する習慣（チェックリストを身近において）を持つことも大切なことである。

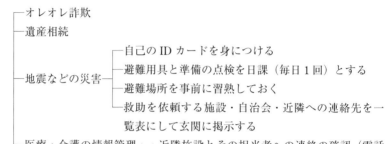

- オレオレ詐欺
- 遺産相続
- 地震などの災害
  - 自己のIDカードを身につける
  - 避難用具と準備の点検を日課（毎日1回）とする
  - 避難場所を事前に習熟しておく
  - 救助を依頼する施設・自治会・近隣への連絡先を一覧表にして玄関に掲示する
- 医療・介護の情報管理‥近隣施設とその担当者への連絡の確認（電話番号やアドレス）

② 収入の確保と費用の確認，年金・老後生活資金の調達

○資金調達・財産の自己管理　　○年金管理　　○医療費の自己管理　○介護費用と給付額の管理　○メンテナンス・修理・改造の必要項目の洗い出しと管理　○身体ケアの管理（毎日，週・月・半年・年1回等のサイクルを一覧表にする）

(2) 自立生活のためのチェックとライフスタイルの確立

可能な限りモノが少ないシンプル・ライフにする。サポートしてくれる人達にわかりやすい整理をする。

- ○日記をつける（下記を定型フォームにして記入し，病院へ行く時に持参する）
- ○家族への連絡（安否確認は高齢者の方から家族への挨拶として励行する）
- ○食事（自分で料理したい食事，業者に依頼する食事，手伝ってもらう食事，等のリスト化）
- ○排泄（毎日，時間，量を記録しておくとケアする人に便利）
- ○運動（毎日の運動回数・継続時間の記録による健康状態の把握とケア・メニューの選択ができる）

その他に社会の態勢を活用できるライフスタイルの確立として，以下のことを心がける。

▶ ITの活用：できればパソコン・携帯電話の活用（孤独の解消・緩和）
▶ しっかりしたエンディング思想を持つ：おひとり様生活を見据えて

2. アンチエイジングとは何か

　老化を緩和することを，アンチエイジングとやや強めに表現しているが，ほとんどの医療機関や介護施設は啓蒙・指導する立場にありながら実際はしていない。近年の研究で，老化やガンには活性酸素（フリーラジル）が関与していることが解明されている。そのため，体内にある余分な活性酸素を還元する，抗酸化物質が注目を浴びつつある。その抗酸化物質は多くの野菜・果物に含まれている。またそれらを抽出したサプリメントも市販されているが，日本の場合，法律上の範疇が「食品」にあるため，医療の範疇から除外され，食品業者が住民，患者，消費者に効能をアドバイスすることは制限されている。しかし介護施設やケア・サービス業者が，利用者に食生活改善をアンチエイジングの観点からアドバイスすることは，非常に付加価値の高い組織行動になるため，是非励行されることを提案する。
　人間は日常酸素を体内に吸収して，エネルギーや白血球とともに殺菌作用をして有益利用している。ところが，余分な酸素＝活性酸素（フリーラジカル）[4]は，体内のいたるところにある脂質を瞬時に酸化させ過酸化脂質にし，これがDNAなどを阻害させる。本来人の体は体内酵素を持っていて，フリーラジカルを還元・抑制しているが，40歳を過ぎると体内酵素は減少してくる。また，若くてもストレスの多い仕事（熱いところ・寒いところで働く）や肉体を酷使する仕事（マラソン，ボクシング等）は，フリーラジカルを多く発生させる。そして，この余分な活性酸素は老化やガンやその他生活習慣病の引き金になる。そこで，フリーラジカルを抑える，酵素やビタミン，ミネラル等の抗酸化物質を食事・お茶やサプリメントで補うことが勧められている。なお，フリーラジ

カルには主なものが3種類あり，因果関係のある疾病もそれぞれ多岐にわたることが判明している（フリーラジカルの種類と予防については，87頁の資料2を参照）。

3. アンチエイジングのメカニズム

　図表5-1でわかるように，活性酸素を発生させる要因は人間の生活の周りに溢れ，しかも年々環境の悪化で増えている。もう地球環境の全体の汚染を行政に任せてはいられないところにまで来ている。その結果，個人によるセルフメディケーション[5]がますます重要になってきている。例えば，タバコに対する禁煙運動の拡大は，女性や子供の受動喫煙を抑止することが期待される。昔からの生活の知恵として，調理における油脂が過酸化変性を防止するために，レモン，ショウガ，蓮根の抗酸化物質を伝統的に加えていることは周知のことである。近年ストレスが脳にフリーラジカルを発生させ，多くの疾病に関与していることが解明されるに及び，「保健生活」（健康の維持・増進）について学習を深める情報が地球規模で伝播されねばならない。がんの発生および老化に至る因果関係は複雑である。

　フリーラジカルによる健康被害は，老化やがんのほかにも多くの疾病に関わっている[6]。政府・医療機関・福祉サービス事業は，これらの要因を最小化するライフスタイルへの改善指導で，大幅な公的保険料の削減ができることを強く指導すべきである。

　なおフリーラジカルによる代表的な疾病としては，次のものがあげられる。

　動脈硬化，糖尿病，高血圧，虚血性心疾患，消化性潰瘍，脳梗塞，炎症性疾病（痛風・リウマチなど），がんの転移，白内障，パーキンソン病，てんかんの発作等である。

第5章　アンチエイジングとライフスタイル　79

図表5-1　フリーラジカルによるがんの発生要因とプロセス

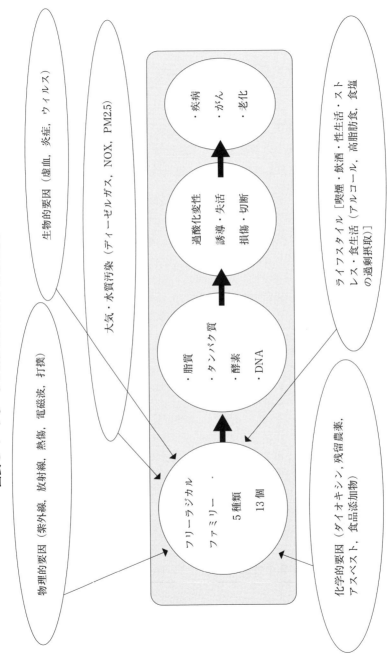

(出所) 日本栄養・食糧学会監修 [1997] より筆者作成。

4. アンチエイジングの具体的対策

(1) 推奨したい生活習慣

　フリーラジカルの発生を予防する生活習慣の改善として，フリーラジカルの発生を検査している団体が発行している「環元検査証票」（ラベル）の添付を参考に，商品・物品の選別をすることがあげられる。また衣類・化粧品等，静電気によるフリーラジカルの検査も実施されている。
　また，さらに推奨すべき生活習慣としては，次のことがあげられる。

嚥下能力の確認	酒杯に1杯の水を飲んで，ムセルようなら，食物の大きさ・量など工夫を周囲の人々に徹底する。
転倒防止の確認	階段の段差，玄関のマット等がよけられない身体の状況（足が上がっていない）の確認，屈伸運動の取組み，もしくは1日20分の立位をする。メガネが適正かのチェック。滑り止め靴下の着用。体や足の保温用ホカロンの使用。
口腔ケア	歯ブラシで1日3回のマッサージ，ガム（嚥下の心配がない場合のみ），うがい薬を選ぶ。歯周病や肺炎の防止に重要。
入浴・シャワー	血行をよくするのに必要。風呂がだめでもシャワーで清潔を保つことができ，特にケアする家族の負担軽減になる。
暖房・冷房	高齢者は体温コントロールが難しい。体を温めることは病気の予防や回復に影響する。夏は熱射病に対する特別対策として，植物の温室栽培と同様の配慮が必要。
環境変化	遠隔地への引っ越し，親族の訃報，無理な課題要求等，ショックを避ける。

(2) 禁止・削減したい生活習慣

① 喫　煙

　タバコで死亡する人114千人／年（2000年厚生労働省データ），世界の死亡者・600万人／年（WHO調査）。受動喫煙による死者も増えている。

> タバコが原因の疾患と割合（厚労省研究班報告）
>
> 咽頭がん―83％，肺がん―56％，大動脈瘤―50％，気管支喘息―40％，肺気腫―38％，食道がん―34％，膀胱がん―27％，くも膜下出血―26％，心筋梗塞・狭心症―27％
>
> （注意点）タバコの害の影響は，消化器官・呼吸器官以外の脳疾患や膀胱がんにまで及んでいる。
>
> （出所）『朝日新聞』（2003年3月30日）より。

② **ストレス**

　ストレスは，心理的なストレスと身体的ストレスがある。主に騒音・高温・冷温・震動のある職場で働く人は定常的に身体的ストレスを感じていて，それが脳細胞に作用し，玉つきのようにホルモンや交感神経に影響し，消化器系・神経系等，全身の機能に障害を起こす。一方心理的ストレス（離婚や職場の人間関係等が原因）は肥満の原因にもなり，医療福祉関連の看護師や介護士は特に注意が必要である。なお運動や歩行による発汗が，ストレスの発散に高い効果がある。また，あわせてストレス耐性を強化する心理訓練も必要となる。

③ **よふかし・朝寝坊（不安定な睡眠による健康被害）**

　人間の体には睡眠の間に，快摘で健康な状態に回復させる力（ホメオパシー）がある。不規則で短い睡眠は，ストレスから回復させる力であるホメオパシーを減退させる。過労死，うつ病，自殺の原因は，睡眠不足やストレスにあることが判明している。

④ **過食と過剰なアルコール摂取**

　食事の量・カロリーも高くなり肥満の原因になるが，さらに問題なのはアルコールの取り過ぎが，脂肪肝→肝炎→肝がんへのプロセスへ至る確率を高めることである。したがって，これらの習慣化は，喫煙と同様に避けるべきである。

⑤ 医薬品

日本の高齢者は，医療機関から1回に平均6剤の薬剤を処方されている（合併症の影響）。薬好きな国民性と医療機関の収入優先の経営姿勢による過剰投与が，肝臓に負荷をかけている。欧米では，平均4剤である点を参考にすべきである。

さらに忌避すべき生活習慣をあげると次のようになる。
① 放射線，紫外線，電磁波

これらがガンの原因になる知識は多くの人が持っているが，抵抗力の弱い高齢者および子供は特に注意を要する。

放射線	病院でCT・PETを受診する際，被ばく量をメモに記載を求める。注意すべき職業人として，成層圏飛行の多い飛行士およびキャビンアテンダントや旅行案内人等の職業の人々，放射線技師，歯科医師，原子力発電所勤務員，塗料工場勤務者があげられる。
紫外線	白内障などの被害が報告されている。スキー場（雪やけによる雪眼）や消毒工程・殺菌灯下で作業する人は，メガネや衣服に注意が必要である。
電磁波	低周波電磁波による小児の白血病，脳腫瘍等で健康被害が確認されているが，科学的解明は遅れている。テレビ，携帯電話，IHクッキング，電子レンジ，冷蔵庫，電気毛布，高圧電線下等に注意を要する。

② 感染症

動物（ペット）からの感染症（オウム病，エキノコックス），海外旅行者から感染する国際感染症（インフルエンザ，エイズ，エボラ熱，O-157，西ナイル熱等），老人ケアを担当する者および来訪者も手洗い，マスク着用が必要となる。

(3) アンチエイジングのための食習慣

① 禁止もしくは抑制すべきものを一覧にすると，次のようになる。

食　塩	動脈硬化・高血圧に与える影響度は非常に高いにも関わらず，日本人は目標値の 10g/1 日を超えている。家庭内の食事では注意していても，外食には無神経である。外食産業は塩分でコストを抑えて，よい味を出せるため，使用量が非常に多い。そして，魚や海藻類，バター，チーズ，調味料を通しての間接的摂取はカウントしていないことが，食塩摂取量をさらに上げている。
水道水	次亜塩素酸ソーダは体に有害で，近年その濃度が強くなっている。原因は河川の取水口が建設以来，下流にあって微生物が多い為，殺菌・消毒を強くしているからである。東京都も「飲める水を水道から」という戦略でスタートしている。また飲料水は，市販のものを購入する人が増えている。福祉サービス事業も水質までのこだわりが欲しい。
汚染が疑われる生鮮食料品	ダイオキシン[1]を食べている魚類，農薬汚染の輸入野菜（特に中国産），小麦粉（カナダ産以外は残留農薬[2]の混入があり，うどん・食パンに使われている），食物連鎖・生体濃縮[3]に注意が必要。
あやしい食品や添加物	かなり多くの食品に含まれているので，添付表示を必ずチェックする必要がある。厚労省認可のソルビン酸・トランス脂肪酸・酸化防止剤のアスコルビン酸（天然ビタミン C は OK）に注意が必要。

注 1) 家庭から排出される塩化ビニール系樹脂は自治体の処理場で焼却される。高温焼却炉ではダイオキシンが分解されるが，普通の焼却炉では空中に飛散する。多くの自治体の焼却炉は更新時に高温型に転換するよう指示が出ているが，現実は予算難で転換が進んでいない。住民が問題にすることは時々あるが，いつの間にか沈静化しているのは不思議である。このダイオキシンは空気より重いため，やがて土壌に落ちたものは農産物を汚染し，河川に集まったものは海に入り，深海にまで沈澱する。それらを食べた魚は食物連鎖を通して濃い濃度に濃縮される。アザラシの肉を食べているエスキモー人のダイオキシン汚染がひどいというのは，この図式を証明している。
2) 特に輸入野菜などを出荷する際に，輸送中の菌の増殖や腐れを防止するため，生産地消毒に加えさらにもう一度消毒を加える。そして日本に来た時も野菜に「付着して残っている農薬」をいう。外食産業の材料は輸入のものが多く，洗浄がシッカリなされているか検査が必要である。
3) 食物連鎖：動物は自分より弱い者を餌にして食べるため，弱者の食べる有害物質も強いものへと連鎖していく。これを食物連鎖といい，レイチェル・カーソンが鋭く指摘した。彼女の指摘は，弱者で低濃度であった有害物質が次々に濃縮され（生体濃縮という），王者である人間には特に高濃度になる可能性が高いことである。例えば，ダイオキシン（前掲）は魚を食べる習慣の日本人の場合，子供のアレルギーなどの原因も調査する必要がある。

② 多く摂取すべきもの（制がん効果のある食品）

デザイナーズ・フーズ（86 頁の資料 1 ）に掲載された食品は，制ガン効果が高く推奨できる。これは，1997 年に米国上院マクガバン「米国食事改善目標」で公表され国家的栄養・保健改革の推進となる。これが引き金となり米国はがん

（特に乳がん），さらに肥満の減少になり国民医療費の削減につながった。タバコの広告・映画のシーン・自販機等の削減に，市民の意見が反映された効果が大きい。

ビタミン*	サプリメントで簡単に摂取できるが，過剰摂取が副作用をもたらす。油溶性のものは体内に残るので，体質に適した量を個人毎に模索する必要がある。ビタミンおよびミネラルは，複数種摂取すると相乗効果が高くなるので，食物から取るのがベストである。
ミネラル*	金属類だが，タンパク質で人が摂取できるようキーレート（内包）されている。サプリメントでも販売されるようになったが，原料が天然の食品から抽出されたものかどうか，1粒当たりの含有量が何ミリグラムか確認が必要である。元来ミネラルは「微量栄養素」と呼ばれていて，サプリメントで取る必要はない。ミネラルもビタミンも体内ではつくられないので，食事等から摂らなければならない。また，フリーラジカルの除去（特にセレン）や酵素の活動を助ける等，アンチエイジングに必要なものである。摂りすぎても，不足しても障害がある。特に亜鉛等は，福祉サービス事業での活用を増やすことで，サービスの質向上につながる。
酵　素	酵素には体内で作られる消化酵素，代謝酵素があり，後者はフリーラジカルを抑制する働きをして重要である。また体外から摂取する食品酵素は体内の消化酵素や一部の代謝酵素を補い，これを作る膵臓の負荷を軽減する。しかし食品酵素は熱に弱く48℃以上で分解するため，生野菜がよい。アボガド，バナナ，パイナップル，マンゴーには，非常に多く含まれる。また大麦の葉，キャベツ，ブロッコリー，緑黄色野菜は，代謝酵素を含む。

＊ビタミンとミネラルの効用については，章末に一覧でまとめた表（資料3，4）を参考下さい。

③　生活の一部において多用すべきものとして，抗酸化栄養素があり主にポリフェノールやカロテノイドがあげられる。なお，抗酸化作用をもつものは他にもあり，例えばサポニン（ニンジン：特に薬用ニンジン・大豆）に多く含まれる。

さらに以下のような良質油脂類［不飽和脂肪酸（植物・魚からとった油）］を増やすことも，成人病から体を守るために大切なことである。

脂肪酸 ─┬─ 飽和脂肪酸（肉に多い・常温で固まる・体内で作れる・過剰摂取に注意）
　　　　└─ 不飽和脂肪酸（魚に多い・常温で固まりにくい・体内ではつくれない・
　　　　　　　不足がち）
　　　　　　→ 一価不飽和脂肪酸（植物に多い・体内ではつくれない・過剰摂取に注意）
　　　　　　　　酸化されにくい点でフリーラジカル対策として注目されている。
　　　　　　　　　　オレイン酸（オリーブオイル・紅花油・ひまわり油）
　　　　　　→ 多価不飽和脂肪酸（n-6系油脂4に対し、n-3系1の割合が理想的）
　　　　　　　　・n-6系油脂（リノール酸・アラキドン酸）
　　　　　　　　　　コーン油・大豆油
　　　　　　　　・n-3系油脂（αリノレン酸）
　　　　　　　　　　αリノレン酸は悪玉コレステロールを低下させる
　　　　　　　　　　アマニ油・エゴマ油・赤身の魚（さんま・さば・マグロ・イワシ）
　　　　　　　　　　EPA（エイコサペンタン酸）→動脈硬化予防
　　　　　　　　　　DHA（ドコサヘキサエン酸）→脳機能・網膜機能の向上

④　アンチエイジングに役立つハーブ・サプリメント

　ハーブは西洋では古来よりハーバル・メディスン（植物療法）として，その薬理効果を高く評価されている。また，日本でも薬草は生活の中で活用され，現在でもヨモギはお灸の材料として市販され，使われている。また近年の健康ブームもあって，ベランダにプランターを置いてハーブやニンニク・パセリを栽培し，ハーブ茶を楽しむ人々も増えている。

　下記のサプリメント（医薬品のような治療効果はない）は市販されており，薬理効果について科学者・医師の研究論文もいくつもある。しかしながら薬事法の制約で，薬理効果は表示できないのが現状である。疾患の予防には下記以外にもミント系やバジルなどシソ科のハーブもあるが，サプリメントに加工されるほど薬理予防効果が高くないので，生活の中でお茶や料理に加えてエンジョイすることや，福祉サービス事業における園芸療法としてお勧めしたい。

〈サプリメント*で市販されているハーブ類〉
・認知症・耳鳴り……………………ギンゴ（イチョウの葉エキス）
・視力低下・飛蚊症…………………ブルーベリー（特にワイルド・ブルーベリー）・
　　　　　　　　　　　　　　　　　ルテイン
・うつ…………………………………セントジョーズワート（オトギリソウ）
・脂肪肝………………………………ミルクシスル（オオアザミ）・ウコン
・膝・関節の痛み……………………グルコサミン
・風邪・インフルエンザ予防………エキナシア
・前立腺障害…………………………ノコギリヤシ
　＊疾病の名称と薬理効果を謳うのは，薬事法で禁止されている。旧英国連邦の国々は医薬品
　として扱い，薬剤士・栄養士が住民を指導している。日米は法制度上10年以上遅れている。

〈資料1〉　デザイナーズ・フーズ・ピラミッド

```
         ニンニク・キャベツ・/甘草
         ショウガ・セロリ・ニンジン
         アシタバ
     ─────────────────────
      メロン・バジル・タラゴン・セージ
      ハッカ・オレガノ・きゅうり・タイム
      あさつき・ローズマリー・ジャガイモ
      大麦・ベリー類・キウイ・キノコ・
      海藻類
   ──────────────────────────
    玉ねぎ・茶・ターメリック・玄米・豆腐・オレンジ
    レモン・芽キャベツ・トマト・ナス・ピーマン
    ブロッコリー・カリフラワー・グレープフルーツ
```

＊1990年，米国のNCI（国立癌研究所）が打ち出したプロジェクトで、ガンの発生を未然に防ぐ植物性食品を調査した。その結果免疫力を高める40種の植物を上記のピラミッドに表示した。なお，ピラミッド上部へ行くほどガンの予効果が高い。

（出所）　日本栄養・食糧学会監修［1997］141頁より。

〈資料2〉 フリーラジカルの種類と予防

〈フリーラジカルの主なるもの〉(1)

名　称	特　徴
スーパーオキシド	酸素系ラジカルで，反応性は非常に高い
ヒドロキシラジカル	OH基ラジカルで，反応性は非常に高い
ペルオキシラジカル	酸素系ラジカルで，反応性は低い

〈体内にある代謝系の抗酸化物質〉(2)

名　称	特　徴
SOD	スーパーオキシドを分解し，その毒性から生体を保護する。フリーラジカルは過酸化水素に変えるが，過酸化水素がヒドロキシラジカルを発生させるのでSODは重要。
グルタチオン・ペルオキシターゼ	過酸化水素を除去する
メチオニンレダクターゼ	
カタラーゼ	過酸化水素を除去するほかに，脂肪酸ヒドロペルオシドも消去する

〈食物の摂取で体外から得られる抗酸化物質〉(3)

名　称	特　徴
ビタミン類	本文参照・βカロチン・葉酸・ビオチンを含む
ミネラル類	本文参照
コエンザイムQ10	
ポリフェノール類	
（フラボノイド）	アントシアン…………ブルーベリー・黒豆・赤ワイン
	イソフラボン…………大豆（納豆・豆腐・きなこ・豆乳・テルペン）
	カテキン………………緑茶・りんご・白ワイン・ココア
	ケルセチン……………たまねぎ・レタス・ブロッコリー
	ルチン…………………ソバ
（非フラボノイド）	クロロゲン酸…………コーヒー・なす
	エラグ酸………………いちご・ラズベリー・ザクロ
	セサミン………………ゴマ
	クルクミン……………ウコン・カレー粉（ターメリック）・しょうが
カロテノイド	リコペン………………トマト・スイカ

カロテノイド	ルテイン…………………ほうれん草・とうもろこし・ブロッコリー
	カプサイシン…………赤ピーマン・赤トウガラシ
	フコキサンチン………海藻類
	アスタキサンチン……鮭・マス

(出所) 菅原［1999］より作成。

〈資料3〉 ビタミンの分類と食品一覧

〈ビタミン―A・B類〉　　　（上段……食物，下段……効果が期待される疾患）

ビタミンA ●	魚の肝油・レバー・緑黄色野菜・ニンジン・カボチャ・ほうれん草・卵・乳製品
	カロチン＆ビタミンC・Eの複数服用が相乗効果を発揮：ガン・心臓疾患・高血圧
同　　B1　○ （チアミン）	玄米・そば等穀類・ゴマ・落花生・豚肉・鶏肉・卵黄・大豆・もやし・ブロッコリー
	貧血・便秘・うつ病・消化不良・疲労・記憶力減退・手足のしびれ・脚気
同　　B2　○ （リボフラビン）	醸造イースト・ヨーグルト・チーズ・大豆・魚・牛肉・鶏肉・ほうれん草・卵・アボガド
	視力障害・目まい・眼精疲労・白内障・口角炎・関節炎・唇の腫れ・消化不良
同　　B3　○● （ナイアシン）	牛肉・豚肉・鶏肉・魚・卵・チーズ・ニンジン・ブロッコリー・ジャガイモ・トマト
	口内炎・口臭・頭痛・メニエール病・扁桃腺炎・自律神経失調症・下痢・脱毛
同　　B5　○ （パントテン酸）	醸造イースト・玄米・豆類・卵・チーズ・魚・ニンジン・椎茸・ブロッコリー・レバー
	抗ストレス・不眠症・湿疹・神経過敏症・筋肉の痙攣・低血圧・疲労・痛風・脱毛
同　　B6　○ （ピリドキシン）	醸造イースト・玄米・ニンジン・キャベツ・バナナ・アボガド・牛肉・鶏肉
	貧血・目まい・眠気・吐き気・抜け毛・食欲減退・学習能力の低下・うつ病
同　　B12 （コバラミン）	牛肉・豚肉・卵・チーズ・貝類・にしん・さば・もつ肉（植物にはない）
	歩行障害・感覚の衰え・疲労・食欲減退・記憶力減退・言語障害・視力障害・不眠症

ビオチン ○	醸造イースト・卵・豆類・レバー・穀物類（卵白・抗生物質の摂取は注意が必要）
	乾燥肌・疲労・不眠症・筋肉痛・吐き気・うつ病
コリン ○	醸造イースト・卵黄・魚・レシチン・豆類・レバー
	心臓障害・低血糖症・動脈硬化・高血圧・肝臓障害・高コレステロール・脳障害
葉　酸 ○	緑黄色野菜・柑橘類・卵・乳製品・魚・もつ類・穀物類
	精神障害・月経不順・てんかん・ストレス・疲労・胃潰瘍・アテローム性動脈硬化
イノシトール ●	キャベツ・緑黄色野菜・柑橘類・卵・乳製品・魚・もつ類・穀物類
	精神障害・月経不順・てんかん・ストレス・疲労・胃潰瘍・アテローム性動脈硬化
パラアミノ安息香酸	醸造イースト・卵・レバー・米・小麦胚芽
	消化不良・疲労・頭痛・便秘・ストレス・副腎障害・赤血球の製造・白髪・皮膚病
同　B15 パンガミック酸	醸造イースト・玄米・肉類・種子（カボチャ・ゴマ）
	糖尿病・肺気腫・リューマチ・低酸素症・自閉症・認知症・子供の脳障害・統合失調症

　○……水溶性で過剰摂取でも尿となって排出，調理加熱に弱い
　●……油容性で過剰摂取は避けるべき，調理・熱・光に安定している，無記号……不明

〈ビタミン―A・B以外のもの〉

ビタミンC ○ (アスコルビン酸)	多くの新鮮な野菜・ジャガイモ（ビタミンA・Eと協働で活性酸素に対応・速効力高い）
	アレルギー・風邪など感染症・関節炎や膀胱炎などの炎症・便秘
ビタミンP ○ (バイオフラボノイド)	柑橘類・ピーマン・ブロッコリー・トマト
	静脈瘤・自然流産・痔・アレルギー・ぜんそく・関節炎・歯茎の出血・月経時の過出血
ビタミンD ● (カルシフェロール)	魚の肝油・卵黄・もつ肉
	骨＆歯の軟化・近視・下痢・不眠症・呼吸器障害（過剰な摂取は害・要注意）
ビタミンE ● (トコフェロール)	バター・緑黄色野菜・卵・果物・植物油・もつ肉・ナッツ類
	ガン・前立腺肥大・筋肉の衰え・動脈硬化・高血圧・糖尿病・心臓病・静脈瘤
ビタミンK ●	海草類・濃緑色野菜・もやし・納豆・卵黄・レバー・ブロッコリー
	大腸炎・低トロンビン症・体内の出血・心臓病・目の障害・糖尿病・静脈瘤

ビタミンF	植物油（大豆・とうもろこし・ベニバナ）・小麦胚芽・ひまわり種子
	気管支炎・ぜんそく・胆のう炎・静脈瘤・リューマチ性関節炎

（出所）　川喜田［1999］より作成。

〈資料4〉　ミネラルの種類と食品一覧

主要ミネラル…………7種類，1日の食事からの推定摂取量100mgより多いもの
　・カルシウム…………骨そしょう症・歯周病・筋肉痙攣・動悸・リウマチ
　　　　　　　　　　　【小魚・海藻類・レバー・乳製品・豆類】
　・マグネシウム………低血圧・低体温・前立腺障害・高コレステロール
　　　　　　　　　　　【乳製品・肉類・魚類・りんご・アボガド・バナナ】
　・ナトリウム…………欠乏症は脱水症状・発熱・感染症（取り過ぎを注意）
　　　　　　　　　　　【塩・魚介類・海藻・漬物】
　・カリウム……………不整脈・呼吸器の障害・血圧低下・便秘・ナトリウムの削減
　　　　　　　　　　　【肉類・海藻・魚介類・ジャガイモ・もやし・バナナ・ブロッコリー】
　・その他………………リン・硫黄・塩素
微量ミネラル……………9種，1日の食事からの推定摂取量100mg以下のもの
　・鉄………………………貧血・月経異常・消化不良・アルコール中毒・大腸炎
　　　　　　　　　　　【レバー・牡蠣・卵・赤身の肉・豆類】
　・亜鉛……………………じょくそう・皮膚病・糖尿病（ビタミンB類の吸収を活性）
　　　　　　　　　　　【牡蠣・椎茸・大豆・ねぎ・レバー・魚】
　・銅………………………動脈硬化・糖尿病・低血糖症・うつ病
　　　　　　　　　　　【レバー・もつ・魚介類・カリフラワー・アボガド】
　・セレニウム(セレン)…白内障・すい臓機能の低下
　　　　　　　　　　　【チーズ・魚介類・ニンニク・たまねぎ・玄米】
　・マンガン………………糖尿病・リュウマチ・ぜんそく・アレルギー
　　　　　　　　　　　【ナッツ類・豆類・パイナップル・ほうれん草】
　・ヨード…………………甲状腺腫・動脈硬化・動悸・肥満
　　　　　　　　　　　【魚介類・ニンニク・椎茸・ゴマの種・大豆】
　・クロム…………………糖尿病・成長率の低下
　　　　　　　　　　　【醸造イースト・牛肉・レバー・ジャガイモ・牡蠣】
　・その他…………………コバルト・モリブデン

（出所）　野口［2010］より作成。

〔注〕
1) サミュエル・スマイル『自助論』が英国で出版されて以後，日本でも明治時代に自助論が盛んに発表された。中でも福沢諭吉の『学問のすすめ』，「天は人の上に人を造らず・・・」の平等論は明治政府の方針とも合い，大衆にまで浸透した。平等と独立・自立は国家論と言うより国民への「志」を促した面が強い。
2) 自覚症状はないが（未だ病にあらず），検査値に異常ある状態，生活習慣の改善で健康にまだ戻れる時期を未病と言う。この生活改善対策には運動，禁煙，ストレス対策，食習慣の改善，代替医療（alternative medicine）の活用など幅広いものがあるが，健康問題別の対策の絞り込みが重要である。
3) 高度成長時代の文化は，物質の豊かさを求め，スピードと生産性・利便性（時間短縮）を求める成長経済の基盤に適合させるライフスタイルであった。しかし，日本の未来社会の文化は，量ではなく質を求める（大切なことには時間をかける）成熟文化・こころ・人間性重視の文化である。その中に病気にならない健康的な保健生活が織り込まれ，公助に負担をかけない，寄りかからない強い自助社会を取り戻すべきである。
4) フリーラジカルは，酸素と水素の元素におけるマイナス・イオンの位置や方向により4種類あり，疾病との関係が明らかになりつつあるため，さらに新しい研究分野で注目されている。体内に持っている酵素，体外のミネラルをタンパク質が加工した成分，食物から摂取する抗酸化物質等があり，これらは身体の老廃物を掃除してくれる。それらを総称してスカベンジャーと呼び，チームプレーでフリーラジカルに対応している。
5) 自己の健康増進・疾病予防や治療について観察し，対処することであるが，病院や診療所が近隣になかった時代は食事・運動やハーブ・漢方・お灸・指圧等の代替医療に注意を払っていた。病気になったら医者の所へ行くという社会的な依存文化は，国民皆保険制度が生んだデメリットで，洋の東西を問わない現象である。
6) メカニズムの理論は，日本栄養・食糧学会監修［1997］を参照。

〔主要参考文献〕
青山貞一［2000］『ダイオキシン―迫りくる健康への脅威―』㈱法研。
天笠啓祐［2000］『遺伝子組み換え食品』緑風出版。
伊佐山芳郎［1999］『現代たばこ戦争』岩波書店。
井土貴司監修［1998］『成人病・ガン・老化は活性酸素が引き金だった』日東書院。
沖藤典子［1994］『老いてなお我が家で暮らす―ホームヘルパー最新事情―』新潮社。
カーソン，レイチェル（青樹簗一訳）［1974］『沈黙の春』新潮社。
カーパー，ジーン（丸元淑生訳）［1998］『奇跡の食品』角川春樹事務所。
川喜田昭雄［1999］『栄養補助食品ガイドブック―栄養補助食品の正しい知識と選び方―』健康産業新聞社。
ギデンズ，アンソニー（佐和隆光訳）［1999］『第三の道』日本経済新聞社。
厚生労働省健康局・薬事監視課指導係［2002］『健康食品の取り扱いについて』。
小島理市［2012］『生活習慣病と予防医療』産業能率大学。
里見　宏［2001］『放射線照射と輸入食品』北斗出版。
菅原明子［1999］「好気性動物の逃れられない宿命，活性酸素と長く付き合うには」『ヘルスケア・レストラン』6月。
辻村　卓［2000］『ビタミン＆ミネラル，バイブル』女子栄養大学出版部。
西丸震哉［1999］『こんなものを食べていたのか』青春出版社。

日本子孫基金［2002］『食べるな，危険！』講談社。
日本栄養・食糧学会監修／吉川敏一・五十嵐郁・糸川嘉則編［1997］『フリーラジカルと疾病予防』建帛社。
野口哲典［2010］『身体に必要なミネラルの基礎知識』ソフトバンク・クリエイティブ㈱。
安原昭夫［1999］『しのびよる化学物質汚染』合同出版。
結城康博［2015］『在宅介護―「自分で選ぶ」視点から―』岩波書店。
吉川敏一・アスタキサンチン研究会［2005］「アスタキサンチン研究報告」『医療タイムス』7月。
渡辺雄二［1999］『食品添加物危険度事典』KKベストセラーズ。
渡辺雄二［2000］『食品表示―ここを，こう見る』河出書房新社。

（小島　理市）

第6章

高齢者の住いと年金

1. 高齢者の住いの問題

(1) 高齢者の孤立化が進む現状

　65歳以上の高齢者で子供と同居する割合は1980年（昭和55）70％であったが，2012年（平成25年）には40.0％と大幅に減少した。高齢者の1人暮らし，夫婦のみの世帯は，ともに大幅に増加している。男性，女性で65歳以上の1人暮らしの高齢者はともに顕著であり，1980年（昭和55）には，男19万人（4.3％），女69万人（11.2％）であったが，2010年（平成22年）には男性，約139万人，女性，約341万人と増加傾向である。

　また生涯未婚率は，男性では2010年に20.14％[1]へ急上昇している。女性も晩婚化の傾向が顕著で少子高齢化が加速しており，親と同居せず1人暮らしが増えている。近隣の人等と日常接触がほとんど無い，社会的孤立の状態である人は，内閣府調査では全世帯数に占める割合が推定20％程度である[2]。

図表6-1　男性・女性単身各世帯の全世帯に対する構成比

(単位：％)

	2015年	2025年	2035年
男性単身世帯	12.9	14.6	16.3
女性単身世帯	21.3	22.6	23.4
男性・女性単身合計	34.2	37.2	39.7

近所，友人とほとんど接触がない人，特に80歳以上の人は社会的孤立に陥る危険が高いと推察される。孤立は，生活機能に悪影響をもたらし健康状態を低下させる。孤立の高いリスクを個人だけでなく社会全体の問題として，その防止や問題解消を図ることが重要である。住まいの位置，形態，地域コミュニティの現在および将来の姿を具体的に検討すべきであろう。

(2) 新たな絆が生まれる住い：ヒューマンサービス

定期のお茶会・趣味や健康づくりの会，園芸街づくりなど多種多様のプログラムは社会的孤立に陥るリスクのある人達に対する必要なアプローチといえる。また，定期的声掛け，見守りなど各地で自治会，社会福祉協議会，NPO，ボランテイア，宅急便，商店街の配達，郵便配達などが，新たな絆のネットワークづくりを展開して効果をあげている。これからの高齢社会は，1945年以降に生まれた世代が高齢になるから，ライフスタイルは一層変質してくる。高齢者の暮らしに連帯感のコミュニテイを提供するサービスには，利用者のライフスタイル，社会関係の変化に対応した人間的感性のマネジメントが求められる。

(3) 介護保険制度による支援

介護保険制度によって受けられる住宅改修等の支援サービスをあげると，次の4つになる。

① 住宅改修・介護予防住宅改修

改修・介護予防，住宅改修費用の9割について給付を受けられる。1度の改修ですべてを使わずに相談のうえ，数回に分けて使うこともできる。

② 介護保険特定福祉用具，特定介護予防福祉用具の購入

要支援，要介護の認定を受けた方は年間，10万円以下の特定介護福祉用具（排せつ・入浴用品）等の購入，特定介護予防福祉用具購入費用の9割について給付される。

③ 介護保険福祉用具，介護予防福祉用具の貸与

レンタル，これは要支援，要介護の認定を受けた方は，身体の状態に応じて限度10万円のレンタル料を受給される。

④　住宅金融支援機構のリフォーム融資

60歳以上で，自ら居住する居宅にバリアフリー工事を行う場合に，融資申し込みができる。返済期間は，本人の死亡時までとすることができる

(4) 高齢者住いの基本的要件

今後，増設が期待される住まいの1つがケアハウスである。

高齢者の住まいつくり技術には，住まい造りの専門技術，老年学，行動科学，価値分析（VA），理学療法などの周辺技術が必要となる。

躯体工事や，基礎工事，付帯設備などの経験の豊かな専門技術者の直接・間接の工事管理アドバイスを受けることが望ましい。省エネルギー，品質とコストの最適化を図る価値分析（Value Analysis）が必須である。米国では建築士の多くが，ローコストのVA技師の有資格者である。さらに身体の基本的動作・機能については理学療法士（PT），食事・握る・入浴等の日常生活動作については作業療法士（OT）等の専門家に相談することが必要である。さらに福祉住環境コーディネータのアドバイスも有効である。また技術に限らず広範囲の資格者の方にも相談すべきである。

高齢者の住まいは，コストだけに限定せず資金・財務，火災，地震，停電，保安，消防等に対して多面的な配慮が必要である。また，高齢者本人の要望，本人も気が付かない潜在的ニーズ，家族の要望など総合的な配慮が求められる。例えば，頻尿で4～6回起きるケースでは，トイレを増設する。また屋外のエンジンの音で，安眠できないケースは，窓の防音工事，ペアガラスの採用等を施す。

米国では先進技術だけでなく建築部材・電気器具等は，米国国家安全標準（ANSI）の優れた品質規格管理技術がある。防火，対震，対水害，防犯，自家発電，防燃等の対策も十分できている。

2. 高齢者向け施設の種類

経営主体が公的・民間か，また医療系・介護系・福祉系施設か等で分類でき

る。多種多様であるが，医療・介護・福祉・住居型に分類して説明する。身体・健康状態による分類とは必ずしも一致しない。

(1) 公的賃貸住宅の整備（世話付き高齢者住宅等）

　高齢者居住の安定確保のための計画を定めることを支援する「高齢者の居住の安定確保に関する法律（2016年法律47号）」に基づき，生活・介護サービスが提供される高齢者向けの賃貸住宅をいう。ライフサポート・アドバイザー等のサービス提供の拠点となる高齢者生活相談所が整備されている。原則，新設住宅について緊急通報システム，バリアフリーに対応した仕様とされ，さらに中層階住宅のエレベーター付設等の助成の補助が行われる。

(2) シェアハウス（共同生活住宅）

　シェアハウスとは集合住宅で，各室にはトイレや簡単な湯沸し等の設備がある。数世帯，多くても30軒の集合住宅で，共同利用の台所，食堂，談話室，管理室，浴室等があって，居住者間のふれ合い交流が図られるように設計されている。古民家などをリフォームした成功例がある。

(3) サービス付き高齢者住宅

　外見は共同住宅（マンション）に似ている。「高齢者の居住の安定確保に関する法律」は従来の，"高齢者専用住宅""高齢者円滑入居賃貸住宅""高齢者向け有料賃貸住宅"の3つの高齢者居宅振興制度を統合して，サービス付き高齢者住宅の制度をスタートさせたと解される。経営主体は，民間が主である。1人当たり面積25㎡以上の広さ（十分な共同施設あれば18㎡以上）で，電動昇降設備が必要とされる。なお多層階のサービス付き住宅ビルの1階には，介護事業所，商店，美理容，カフェを併設しているケースもある。

　さらに原則，介護状況の把握，生活相談サービス等の福祉サービスを受けられる。個別に介護事業サービス事業者と契約すれば，介護サービスも利用できる。なお，建物設備，階段等がバリアフリーであることや，60歳以上単身および2人所帯の高齢者であること等の条件がある。現状，サービス付き高齢者住

宅の需要は多く，新規設備投資が急増している。

(4) 軽費老人ホーム（最も注目されるケアハウス）

老人福祉法に基づく高齢者福祉施設（老人福祉法20条6。社会福祉法第65条）を統称して軽費老人ホームという。地方公共団体，社会福祉法人は知事への届け出た法人，その他，医療法人等で知事の認可を受けた法人が経営主体である。利用者は60歳以上で身体機能が衰えて独立の生活が不安の方や家庭環境，住宅等の理由で，在宅での生活が困難な方が対象となり，食事等日常生活上の便宜を供与する。

軽費老人ホームは，1) A型，2) B型，3) 都市型，4) ケアハウス，の4種類がある。

1) A型は，収入が一定以下で，身寄りがない60歳以上の方が対象。50人以上の規模で，地方自治体，社介福祉法人が運営。保健，食事，入浴のサービスあり。個室，一人当たり6.6㎡以上（経過措置）。
2) B型は，家庭環境等で，居宅で生活するのが困難な60歳以上の方が対象，自炊が原則。50人以上の規模である。地方自治体，社介福祉法人が運営。個室，単身用は16.5㎡，夫婦用は24.8㎡以上（以上は経過措置）。
3) 都市型は，都市の低所得の高齢者に配慮した小規模ホーム（単身者7.43㎡，夫婦用10.65㎡以上）。
4) ケアハウスは，60歳以上で身体機能が低下し一人で生活に不安があり，家族の援助のない人が対象。車いすになっても食事，入浴のサービスがあり，地方自治体，社会福祉法人，財団法人，医療法人等が運営。定員は20人以上。社会福祉法人が特養に併設するときは10人以上，単身用は21.6㎡，夫婦用は31.9㎡以上。医療法人の経営も多い。今後，増設が期待される。介護保険の規定の改正で2006年より，「外部サービス利用型特定施設入居者生活介護」の指定を受けることも可能となった。

(5) 養護老人ホーム

身体上または環境上，経済的理由で在宅生活が困難な65歳以上の方の施設

（老人福祉法11条，20条の4）。市町村の行政の措置で入居が決まる。居室面積，10.65㎡以上。介護保険で入所者が介護保険居宅サービスの利用ができる。「外部サービス利用型特定施設入居者生活介護」の指定を受けることが可能である（改正で2006年より）。

(6) 介護老人福祉施設（特別養護老人ホーム）

身体上または精神上著しい障害があるため常に介護を要するが（介護度3～5），居宅で介護を受けることが困難な人（老人福祉法11条，20条）が対象。経営主体は，社会福祉法人，地方の自治体。1居室の定員は4人以下，1人当たり10.65㎡以上，定員の30％を限度に個室にできる。外部サービス利用型特定施設入居者生活介護の指定を受けることができる。

なお2010年，要介護者の尊厳を保持しケアの質を上げるため，食堂，台所，浴室などを設備し，身体介護，生活援助，リハビリ，食事，入浴等の介護者サービスを受けながら家庭的共同生活を暮らす10人程度を1ユニット（生活単位）とする新型・介護老人福祉施設を整備すると公示された。

12年以降は施設改修への助成，介護老人福祉施設の助成はユニットケア型に重点化して行うとされた。入居者は，施設との直接契約が原則であるが，行政の措置による入居も行われる。

(7) 認知症高齢者グループホーム

認知症の方が5～9人のグループ（ユニット・単位）で，生活・介護上の指導・援助を受けながら共同生活をする。施設は，介護保険法で居宅とみなされる。1施設で2ユニットを連結（約16～18人）して経営している例が多い。小規模な最も低生産性の施設で，規模は大きくても原則，18人程度である。

(8)‐A　介護老人保健施設（老人保健施設）

手術等の急性期の治療で病気が治癒し在宅復帰を目標に，回復を目指して療養するリハビリテーションに重点がおかれた施設。医療を必要とする利用者が主，入所期間は，4～6カ月程度である。施設管理者は医師で，100床規模で

看護師職8人以上，理学療法士（PT），作業療法士（OT），言語療法士（ST）が数人常勤して，ケア・プランに基づいて医学的管理のもと機能訓練，介護等のお世話および必要な医療ケアを行う．

(8)-B　介護療養型老人保健施設（新型の老健）

介護老人保健施設と介護療養型医療施設の中間に位置付けられ，要介護1～5で，病院入院は必要としなくても，一定の医療サービス・リハビリテーションを要する人のための施設をいう．

(9) 介護療養型医療施設（2018年3月に廃止予定）

長期にわたる療養を必要とする患者を入院させるための病床を有する施設をいう．なお医療施設としての独立性はなく，200床中の20床等，病床ごとの認可．療養にあたる医師・看護師，薬剤師，検査技師，臨床工学技士，X線技師等，およびPT，OT，ST等のリハビリ療法士も配置される．なお，療養病床には医療療養と介護療養がある．2006年医療制度改革の病床再編成の方針で，①医療療養病床は介護保険等への転換が進み，②介護療養医療施設は13年3月末に廃止とされた．しかし経過措置として，18年3月まで運営できることとなった．

3. 有料高齢者向け施設（有料老人ホーム）の動向

(1) 有料老人ホームの概要

入所費用をすべて負担する65歳以上の高齢者を入所させ，食事そのほかの生活に必要なサービスを提供する施設をいう．食堂，談話室，機械浴槽，大ホール等を共用するのが通例である（常時10人以上の規定は，2006年廃止）．

入居希望者が直接，施設へ申し込み，私的契約を締結して利用する施設で，経営主体は非営利の公的法人，民間の会社，社会福祉法人等である．事業を確

実に遂行するのに十分な経営基盤があり，サービスつき高齢者向け住宅として登録していれば届出は不要となる（老人福祉法29条1項）。

近年，介護保険の利用が急増して財政事情が厳しく，都府県により，今後新規の開設が抑制されるものと思われる。老人ホームに入居，介護度3～5で介護が始まれば，介護給付がなされるので，民間による高齢者施設の設備投資も規制されると見込まれる。さらに知事や厚生大臣による行政指導が行われることがあると定められている（老人福祉法29条）。また経営については毎年，報告義務が課せられている。

有料老人ホームは，指定を受けた特定施設入居者生活介護事業者がまず特定される。施設サービス計画に基づき，入浴，清潔，食事等の生活介護，およびその他の生活上のお世話，機能訓練，療養上の世話が施設利用者に対して行われる。（食事提供，介護，家事，健康管理のいずれかを提供すること）。他の居宅サービスとの併用はできない。職員の人員配置基準は生活相談員，入居者100人に対して：1名，うち1名以上は常勤。基準となる看護師・准看護師・看護職員および介護職員は，要介護者3：1以上，要支援者10：1以上，機能訓練指導員，ケア計画作成担当者，常勤管理者（兼務可），介護職員の職種，看護師，看護助手，療養士（PT，OT，ST），管理栄養士・栄養士，社会福祉士，介護士を含むとされる。

特別養護老人ホームと比較して，介護度1～2の入居者が多ければ職員数など配置数は厚いといえる。

有料老人ホーム，ケアハウスの入居者でも介護を必要とする様になった時は，居宅サービスの1つであり施設が提供する介護サービス特定施設入居者生活介護を現物で受けられる。ただし，オムツ代，医薬品（滅菌消毒・消臭・保湿等）等は給付対象外となる。

特記すべきは，ホームを経営する施設側が，特定施設入居者生活介護の事業者としての指定を受けていない場合は，特定施設入居者生活介護のサービスを受けることは出来ない。

住宅型有料老人ホームおよびサービス付き高齢者向け住宅で，外部利用型（特定施設入居者生活介護）では，生活相談や見守り観察等は，特定施設の職員

が行う。そして，入居者自身が，外部の介護事業者と契約して，介護保険サービスの提供を受けることが出来る。

　欧米の高齢者施設では，この複合式サービスの例が多くみられる。例えば，給食はHACCP認定[3]の食品調理専門事業所で作り，施設へ1日に数回搬送して提供している。

(2) 有料老人ホームの経営類型とサービスのタイプ

(I) 介護付き有料老人ホーム
① 施設数：3576（平成24年12月日現在：全国有料老人ホーム協会資料）
② 介護サービス：施設の職員が行う。
③ 介護費用：施設利用料に含めて支払う。
④ 要介護度に応じて，一定額の介護料，介護サービス料を支払う。
⑤ 看護・介護職員は，要介護者3に対し常勤換算1人以上。ただし入居者30人以下では，常勤看護師1人以上。24時間，継続看護体制が求められる。

(II) 住宅型有料老人ホーム
① 施設数：2642（平成24年2月現在）
② 外部の介護サービス事業者と契約して，介護サービスを受ける。
③ 介護費用は受給するサービスに応じて支払う。
④ 人員の基準規定は特にない。
⑤ 重度化して，頻回の見守りが必要となれば，介護保険の上限を超える介護サービスが必要になる場合がある。

(III) 健常者型（タイプ）有料老人ホーム
① 施設の職員が，清掃，保安，レセプション等のみを行う。
② 利用料に介護料は含まれない。
③ 介護保険の給付を受給しなければ，自己負担10％の支払いは発生しない。
④ 詳細の規定はない。
⑤ 介護保険を利用していないこと。完全に自分で身の回りの始末を行える。

⑥　介護が必要になったときは，退去する。

(3) 入居一時金の問題（入居時に負担する慣行）

　2011年の老人福祉法の改正により，短期解約特例の返還金規定の法制化がなされた。多額の入居一時金を預託して入居したが，数年で退去した場合（例えば，家庭へ帰る，死亡退去等），入居金の1部を返還請求するのが通則である。退去時返還について詳細な規制が設けられた。

　返還する金額は，入居時の契約に基づき，適正に計算して，利用者および家族が納得するように返還すべきである。しかし，中途解約をした場合，余計な手数料を徴収されて紛争となるケースが多かったので法規制された。多額の一時金が家賃の前払いとするならば，慣行となった初期償却の制度を作ることが問題である。退去後に，全面的改装等の経費が必要ならば，入居金と分けて，リネン／寝具・福祉用品の製作費，塗装・水道工事等の実費を算定すべきである。

　返還金が不当に少ない場合は，「消費者契約法」に触れる可能性がある。入居時に，契約書に退去時の返還条件を明記し，確認しておくことが重要である。

　短期解約時の特例として，契約締結日から90日以内に契約を解除した場合に利用期間分の原状回復の費用を除いて，入居時の前払金（一時金全額）を返還することが望まれる。重要事項について説明書の作成交付，および入居契約書の確認が必須である。

　重要な事項は契約書に明記する，とくに前払金の返還額の計算，差し引かれる費用の内訳は必ず明記する（以下の3点）。

①　老人ホーム側からの契約解除の要件
②　必要な経費の内訳，料金改定の条件
③　短期で退去の場合のクーリング・オフ（契約の解約）制度

　情報開示の指導で2006年より，介護サービス情報の公示が制度化され，基本的な情報はネット上に公開されるようになった。

(4) 有料老人ホームの資金調達

　ホーム側からすれば，投資資金を借入金〈入居一時金〉で全額調達すれば，銀行借入れは不要で，借入金の利息負担もなく経営ができる。経営に利用できる手元現金は潤沢となり，経営のリスクは緩和される。高齢者施設の入居一時金の制度を欧米に見ると，①一時金，②預り金，③家賃の前倒し等の名目での利用者からの入居一時金の預かりは行われていない。

　わが国でもいずれ，PFIによる医療・福祉への投資が増加し，土地の価値の高い中心地を避けて，建設投資が少なくて済み，一時金のない高齢者施設が多くなると見込まれる。

(5) 有料老人ホーム経営のリスクマネジメント

　先進国でも，数万床を経営する大規模の高齢者施設が，①診療報酬の引下げによる減収，②入居者の退去増加，③入居者高齢化等の要因で経営破綻した例がある。そのため高度な技術を適用する多面的なリスクマネジメントが必須である。入居者の高齢化は，介護費，医療・医薬品費等のコスト増加要因となる。インフレで電力費，介護職等の人件費や医療・衛生材料等が高騰すれば同様にリスクとなる。

(6) 有料老人ホームの財務戦略

　わが国の公的高齢者施設は，公的資金，補助金で作られてきた。近年，財政事情の悪化で，特養など公的高齢者施設の新設は抑制されている。

　有料老人ホーム等の民間施設への入居者需要は急増している。しかし，設備投資はあくまで，リスクマネジメントの管理技法を実践して長期計画を策定することが必須である。無登録で無届の営業も多くのトラブルが多発している。欧米では，資金調達は，年金財団・教員の共済積立金等，低金利・安定資金の活用，また，PFIの安定・低金利資金の利用が著増している。入居一時金はない。

(7) 有料老人ホームの中途退去者が多い要因

　わが国の高齢者施設は，要介護の高齢者が入居して療養生活をするのに必要とされる要望に充分には応えていない。

　例えば，①入居後に建物の瑕疵（基礎工事の杭が不十分等）で工事，②追加工事費を請求された，③毎月経費の値上げ，④地震で被災し改修が必要になる，⑤居宅として生活する環境でない（趣味や教養，社会的習慣の違う人達が住み：深夜・早朝の車，排水音），⑥保健・衛生状態の問題（ペットの不始末，油絵の揮発性油臭），⑦住居として，パブリック・スペース，食堂や談話スペースが狭隘，⑧食事メニューや企画などライフスタイルにフイットしない，⑨食事時間，入浴，面会時刻等，自由度が少なく生活が窮屈で潤いがない等，があげられる。

4. 米国の高齢者施設はノーマライゼーション

　州政府の基準に基づく24時間継続看護で医療行為を行う高度看護ホーム（SNH:Skilled Nursing Home）は，全米に約250万床，専ら看護・介護ケアを行う中間施設（ICF：Intermediate Care Facility）は，約120万床あるといわれている。近時，注目されるのはレジデンス型とコミュニティ型の高齢者施設であり，規制緩和で近時，急成長している。近い将来，レジデンス型とコミュニティ型CCRC[4]が高度看護ナーシングホームを上回るといわれている。コミュニティ型で有名なのは，フロリダ州のサンシティ[5]であり，類似のコミュニティは数千カ所あるといわれる。

　一方レジデンス型は，250～650戸の経営単位である。高齢者が，自立して生活ができる様に，質の高い生活環境が整備されている。経営主体は，民間が主で，教職員共済系，大手ホテルチェーン，住宅会社，国際的開発企業等があり，すでにカナダ等で6カ所の高齢者複合施設（congregate）を展開し経営実績を上げている企業もある。規模は一事業所380～1,200人収容の高齢者施設で，その施設を介護度に応じて業態を変えて運営するケースが多い。すなわち，単身者住居，ケアハウス，介助ホーム，中間施設，高度看護ホーム等を併設す

る複合型である。

(1) 成功の共通点とライフスタイル

　成功例をみると，居住した住民が知的な文化的活動に関心があることがわかる。マーケットの市場が中産階級であり，けっして対象は高所得者・大富豪ではない。綿密な市場調査を行い，入居したい人の欲求やライフ・スタイルに焦点をおいている。

　つまり知的で文化的な関心があり，趣味に合った生活を望み，プロアクティブ・行動的で，健康意識が高い人達をターゲットにしている。

　そして，快適で質の高い生活が送れるようホテル業等で培った技術と経験をフルに生かして，シックで格調ある，質の高い総合サービスを提供している。

　例えば，①ここでの生活で成長する，②挑戦する，③友人と生活経験を分かち合う，②学習の機会をもつ，④コミュニティに参画する，⑤ボランティア活動（例，留学生に講義），⑥セミナーに参加，⑦外部の活動に参加，等である。

　このような施設の特徴をまとめると以下のようになる。

　◎入居者の特性　入居者の平均年齢82歳，構成・女性78％，男性22％，配偶者と入居13％，○元の職業，公務員，事業経営，会社員，教員，弁護士，パイロット，医師，看護師

〈施設運営のノーハウの特徴〉

　○全員が一堂で会食できる大食堂がある。居住者は食事での交流が円滑である。昼1時間，夕食2時間落ち着いて歓談できる美しい豪華設備，セッティング・メニュー[6]，HACCP認定の施設で調理された料理をサービスする。

　○女性は，朝の整容は日課であり大きな設備がある（ドライヤー10台）。入居者同志が，幹事を選び，趣味・文化活動に積極参加。施設内の社会的，交流は活発。○館内の中央廊下は広く，中央に街路灯とベンチ，両側には，（模擬）16軒の商店街。○外部との交流が盛ん。家族，昔の上司・上官，街の住人，銀行職員，学生等。

　○レストランは市民（会合）に開放。○家族等には応接室・寝室開放。学生

に声楽・語学レッスン（留学生）。○欧米の入浴は一般にシャワーだけか，転倒防止に配慮した浅いバスタブを利用している。入浴時間も自由である。

(2) 行き届いたアメニテイ・快適な環境

夕刻，音楽（BGM）を聴きながら，食堂に隣接するアトリュウムのバー兼談話室に皆さんが，集まってくる。誕生日やお客との会食室（20人収容）も用意されている。趣味の集いの室が大小（70席，25席）あり，美術アトリエ，フイットネス・体操（ロッカー室併設）ダンス，大極拳，ヨガ，コーラス，読書会，ビリヤード，大画面での映画鑑賞，ブリッジ等のグループ活動に利用されている。

理・美容室（女性は日課として朝は整容する）は，50～100人が利用できる設備がある。リハビリ設備としてジャグジー用プール（滅菌消毒装置付き）があるが，アルツハイマー予防も兼ねて利用の希望が多い。

立派な郵便受け；電話室（各階にある，外部とのコミュニケーションを確保するように設置の指導がある）。洗濯・アイロン室，新聞雑誌スタンド：洗濯・アイロンは健康の為に各自行う，洗濯待ち時間中，雑談するソファも用意してある。図書館は25席（大きい文字の書籍棚）。医療ケア室，カウンセリング相談室，冬の温暖な室（ウインターガーデン・ガレージ）は，1人で車を数台所有するケースもあるが無料（車で外出はほとんどなし）。街へのバスのサービスあり。来客用のガレージ：来客用の応接間がある。居住者は，ロビー・廊下等，施設内の何処でも友人と談話できるよう椅子があり，随所にアールコープが設備してある。

市の行政指導で，窓には防燃の厚い飾織カーテンが降りている。日中カーテンは全部開けない。レースのカーテンが2重に窓を飾る。

厚いカーテンは光を遮り，写真撮影が出来ない位である。強い光線が高齢者の健康に問題を与えることは，医学の論文で公知である。

入居者相互の施設内の社会的参加・交流を盛んにするように，いろいろの工夫が図られている。

銀行員の出張室は，オープンカウンターで週に1～2回で営業日は少ないが，

年金の日は行列ができて孫への送金，買い物の支払い等，街の銀行の雰囲気と同じである。通信販売の代金の送金等の利用が多い。売店は，月刊雑誌，ギフトのXmasカード，化粧品・衛生・福祉用品，郵便封筒等を扱っている。

　これら，居住者の日常生活に必要なものを提供することが重要である。

(3) 日中の活動

　午前9時から午後5時の間，個人の居室に閉じ籠っている人はいない。寒い日は，館内の散歩や大極拳，温水のジャグジーをして活動している。

　施設の車（リンカーン）で買い物，映画・観劇等で外出する。クラブ活動，リハビリ運動，庭の園芸の手入れ，または，それ以外にも定期的に進められるアクテビティもあり，月から土曜日まで，何らかのグループ活動に参加している。とくに，全員参加の毎週のビンゴゲームは，1等賞品が美容クリーム，2等はCD音楽等，ありきたりなものであるが大盛況。ニュージャージー州は，仙台に似た気候で，冬季は暖房をしているが，広い館内を1日中歩いているので，高齢者の健康維持に良い効果があるといえる。

(4) 医療サービス・看護・介護ケア

　この施設は，積極的に医療を行わない方針である。82歳という平均年令を考えても，慢性疾患があって街の主治医に登録して受療している人が多い。施設には，診察用医療室・処置室（メデイケアの公的医療保険で治療できる医療は常駐の看護師も治療に当たる）がある。1部のベッドを医療保険適用病床として利用するケースがあり，介護病床（酸素，圧搾空気の配管）も用意されている。

　個人的ケアが必要なときは，外部の在宅ケアエージェントや訪問看護を月額 \$1,200〜\$1,300（￥156,000）で随時利用できる。さらに，必要な人は，月額\$1,300，1時間\$100〜\$195程度の負担で，PT・OT・STのリハビリテーション，看護ケアを受けられる。

　ワシントン大学関連の高齢者施設では，介護，看護ケアの質を高く維持するために，PPC（Progressive Patient Care）のシステムで健康状態・介護度（看護度）を5段階にクラス分類して，入居条件，および介護・看護ケア方法を計画

している。看護体制は，容態が軽度から重篤へと介護度に応じて，人員配置，看護介入等を計画し実践する。したがって，比較的少ない経費，人員で質の高いケアサービスを提供できる。

毎月の生活の利用料を，仮に＄3,450〜＄4,270（2寝室，2居室）とすると，この中に高度看護か必要になったとき，ナーシングホームで長期療養を受けられる私的保険の保険料が含まれている。館内に，州政府の認可を得た，ナーシングケア病床が数床あり，重度の疾患の看護ケアを受けられる。

医療や介護の費用，利用料は，インフレ率で修正して例を紹介したが，個人情報の保護，各居宅の面積等生活内容がいろいろあり不明である。

(5) 品質保証（QA），生活の事故少ない

ベランダ・階段から落ちたとか，熱傷等の事故は少ない。床，壁，階段等の建物は国家安全標準規格（ANSI）に基づく設計であるから，浴場の転倒・熱傷，乱反射による幻覚，火災等の事故となる要因がすべて事前に防止されている。

5. 高齢者と年金

(1) 高齢者と仕事

わが国の65歳以上の高齢者で働いている人は，2015年現在458万人で，65歳以上の人口に占める割合は27.6％に達している[7]。働きたい希望は40％の人が持っているから，働く機会があれば，もっと多くの高齢者が働くと見込まれる。働く動機の調査では，①生活費等の経済的理由，②能力発揮，生きがい，③健康の維持のためがあげられる。なお，この質問の中で，③の心身の健康維持がトップである。

定年は65歳まで延長され，一般企業の47.9％で採用されている。しかし65歳からの生活設計を，健康や家族のことを含めて考える必要がある。労働人口

の減少でさらに，高齢者の就業機会は広くなるであろう。しかし，加齢とともに体力も低下するので，働き方を変えていくことになろう。長年勤めた仕事と関係ない領域で成功している人も多数いる。

高齢者，障害者，若い人，女性，すべての人が就業意欲を実現できる全員参加型社会の構築に向けて，それぞれが福祉の心をもって参加することが求められる。

(2) 年金制度あらまし

わが国の老後の収入について調査した統計を見ると，公的年金，貸家等資産収入，預金などの取り崩しによる人が大多数である。70歳〜80歳になっても，仕事を続けている人も多数いるし，今後増えると見込まれる。しかし，長寿社会になれば，いずれにしても医療費，交際費，交通費等の支出の増加が見込まれる。公的年金制度も，税の一体改革によって，年金制度が将来，より公平に運営されるという信頼性が高まった。インフレや国際的な経済動乱でも乗りきれる仕組みが構築され，生活を守る手段として評価されている。公表の年金の給付額統計は，保険料の繰り上げ支給，遺族年金等を含めた平均値である。平均値は国民年金が約4.5万，厚生年金も約14万である。満額であれば，加入期間等で異なるが，国民年金が約6.6万円，厚生年金は約23万円となる。

高齢の夫婦の生活費は，20%の人が借家であり医療費など含め30万円とすれば，年金だけでは収入不足である。その差額は，401k年金など個人的年金を準備すべきである。すなわち，公的年金と私的な年金401kの2本建ての生活設計を準備すべきである。

(3) 公的年金のしくみ

① 公的年金は一定の期間加入していて原則，保険料支払を条件に給付する社会保険である。

② 全国民を単一の制度で経営する。被保険者を幾つかの集団に分けて，別々の保険制度を設けて運営する多元的制度もあるが，わが国は単一制度である。

③　年金額の設定，年金の1階部分は，一元化を図り1985年基礎年金制度を導入した。2階部分は2012年，共済（公務員，教員）等も厚生年金を適用して，被用者保険（勤労者）の一元化を図った。

④　年金額の算定は，最低生活を保障する一律定額方式があり，わが国の国民年金の1階基礎年金部分に採用されている。また2階部分（被用者保険）は，退職前の賃金を重視する報酬比例方式となる。なお，混合方式もある。

⑤　年金支給開始年齢，欧米では65歳が多く，わが国でも原則65歳である。そして，繰り上げ支給，繰り下げ支給という制度がある。

⑥　社会保険方式は，加入者が払う保険料を財源とする。国が公費（税）で補助する国が多く，わが国は基礎年金の3分の1が国庫の補助である。英，独等の欧州諸国の補助も約30％である。

(4) 年金制度の最近の施策

①　「年金改革法」，「国民年金法」が2004年改正され，年金の財政安定のため，保険料水準を固定し，マクロ経済スライドによる年金額自動調整が導入された。保険料について17年以降は，厚生年金は標準報酬の18.3％，国民年金は04年価格で16,900円とする

②　安定財源を確保し基礎年金の国庫負担割合を2分の1に引き上げる。

③　概ね100年間で財政均衡を図る方式とし，財政均衡期間の終了時に給付費1年分程度の積立金を保有する。それを後世の給付に充てる。

④　受給開始時点の所得代替率は，現役の勤労者の平均年収の50％を上回る。

⑤　基礎年金国庫率は2分の1。

⑥　平均賃金の上昇から，労働力人口減少率と平均余命の延びを控除して年金額をスライド，すなわちマクロ経済スライド制度を実施する。

社会保障・税の一体改革により，消費税を年金の財源とすることが法定された（第1章参照）。

現在の被用者年金は確定給付制度であり，給付される年金額の所得代替率は，

現役の人の所得に対し約50％であるが、必ずしも充分でない。退職後はライフスタイルを全面的に変えることが求められる。しかし、生活費（ガス、光熱、住居費用）や交際費等は退職しても簡単に減額出来ないし、むしろ、医療費や旅行等の支出は増える傾向がある。このことからも、個人が自己責任で運用できる確定拠出年金で、将来の生活設計のため貯蓄することが必要であるといえる。

なお開始年齢は、国民年金はすでに65歳、厚生年金［定額部分］も支給開始は65歳なので公的年金に併せて、私的年金（401k型等）を準備することも重要である。

(5) 確定拠出年金401K

公的年金制度をカバーして退職後の生活の安定を目途に、公的年金（厚生年金、国民年金、共済年金）、厚生年金基金、適格退職年金等の企業年金とは別途の年金制度である確定拠出年金制度が施行された（2002年施行）。この確定拠出年金制度は積み立てる掛け金の金額が確定していて、その運用は加入者に任されている。老後の年金の受取り額は、個人が選択する運用の方法によって異な

図表6-2　確定拠出年金制度

国民年金基金	（個人型401K）確定拠出年金	厚生年金基金	確定給付企業年金	確定拠出企業年金	職域加算部分
	26万人	363万人	782万人	578万人	
		代行部分			
		厚生年金保険			共済年金
国民年金（基礎年金）					
（自営業者）	（第2号被保険者の被扶養配偶者）	（民間勤め人）			（公務員等）
←第1号被保険者→	←第3号被保険者→	←第2号被保険者→			約441万人
約1,742万人	約932万人	約4,039万人			
約6,713万人					（平成27年）

（出所）厚生労働省HP、企業年金連合会HP（2016年5月末公表）より。

ってくる。従来，一般に年金といえば，受け取る給付額が確定している国定給付付き年金を指すが，この確定拠出年金は，拠出額だけが確定しているので，確定拠出年金と呼んでいる。

確定拠出年金の種類としては，①事業所が掛け金を拠出する企業型と②個人で掛け金を支払う個人型がある。②の個人型には，1）公的年金の基礎年金（国民年金の第1号　被保険者）だけの個人事業所の方，2）企業年金制度がない事業所の社員（国民年金の第2号被保険者）が対象である。

確定拠出年金の対象外であるのは，①共済年金に加入している公務員，教員，②国民年金の第3号被保険者，③従来の企業年金制度があり，企業型を導入しない企業の社員であるが，特に，この制度への加入を勧めたいのは，公的年金に加入している60歳未満の人である。

例えば，30歳の人が，退職まで，401kに加入して，30年間以上定期的に積み立てプランに加入する。低利回りであっても，減税の優遇制度の適用を受けて運用すると，さらに満期で60歳以上は払い出しができ，満期時にも税制上の優遇措置が受けられる。401kは，加入年金プランを移動できるポータビリテイが特色といえる。転職したり，中途退職して別の事業所へ再就職した場合でも，加入している確定拠出年金を移すことができる。産業構造が変動して会社の合併等，組織の改編で再就職する人が多いから，現実に適応した制度である。

積み立てプランは，銀行，信託，投資運用基金，証券会社等が企画し提供する。投資する対象は，信用度一流ランクの国債，社債，株式，外貨等多種多様であるが，収益性とリスクの評価は難しい。

年金の運営・管理を主に民間ベースで行う事例は，米国のフェルドシュタイン等の民間運営の年金理論をベースとする確定拠出型年金である。

〔注〕
1) 50歳まで1度も結婚したことがない男性の男性人口に対する割合をいう。
2) 内閣府『高齢者の生活と意識に関する7回国際比較調査』2010年，内閣府『高齢者の健康に関する意識調査』2007年，内閣府『高齢者生活白書』2015年。
3) Hazard Analysis Critical Control Point（危害要因分析重要管理点）の略で，あらゆる汚染の原因をあらかじめ分析して，安全な製品を得る，重要管理点を定め事前に現場で，管理するシステムをいう。

4) Continuing Care Retirement Community の略で，継続的なケアを受けられる高齢者の地域共同体をいう。
5) サンシティ　フロリダ州，80万㎡の規模，水道・電力・道路全てのインフラを開発 CCRC型で4万人居住，保安，消防，町の管理等，住民の自治でなされている。
6) 食堂，大きなシャンデリア，大理石の暖炉，美術工芸品やオブジェが随所に飾ってある。食器には，入居者のイニシアルが入れてある。ブランドのカットグラス，美しい色彩のテーブルクロス・ランプ等が楽しい雰囲気を演出している。夕食はメニューを選択できる。個別に，減塩食，低蛋白，低脂肪，低コレステロール，kosher（ユダヤ教徒の食事）の料理など栄養管理を行っている。また，栄養管理の基準に限定することなく一流レストランと同様の変化に富んだメニューと，利用時間をフレックスにして，皆で食事を楽しめるように運営されている。
7) 総務省「労働力調査」「国勢調査」「人口推計」（2015年国勢調査人口速報集計）より。

〔参考文献〕
杉山孝博［2013］『認知症の9大法則50症状と対応策』法研。
渡辺孝雄・小島理市・佐藤美香子［2010］『医療の生産性向上と組織行動』診断と治療社。
＊企業年金連合会HP〈nenkin-navi.jp/PORTAL NAVI/files/topic/topic-20160803〉。

（渡辺　孝雄）

第7章

最新の高齢者サービス

1. 福祉機器

(1) 福祉機器の定義

　一般的に福祉機器という言葉は，「福祉用具」「介護機器」等と同義語として用いられている。また，その定義は各行政機関や団体が交付する法律や理念によって異なっている。以下にいくつかの福祉機器の定義を示す。

① 福祉用具の研究開発及び普及の促進に関する法律（福祉用具法）
　「福祉用具とは，心身の機能が低下し日常生活を営むのに支障がある老人又は心身障害者の日常生活上の便宜を図るための用具及びこれらの者の機能訓練のための用具並び補装具をいう」

② 介護保険法での定義
　「福祉用具とは，心身の機能が低下し日常生活を営むのに支障がある要介護者等の日常生活上の便宜を図るための用具及び要介護者等の機能訓練のための用具であって，要介護者等の日常生活の自立を助けるためのものをいう（第8条第12項）」

③ WHO（国際保健機関）のICF（国際生活機能分類）[1]の定義
　「障害のある人の生活機能を改善するために改造や特別設計がなされた，あらゆる生産品，器具，装置，用具」

④ ISO（国際標準化機構）の「障害者のための福祉用具―分類と用語」

「障害者によって使用される用具，器具，機具，機器，ソフトウェアであって，機能障害，活動制限，参加制約を予防，補償，検査，軽減，克服するもの。特別に製造されたものであると，汎用製品であるとは問わない」

近年，老人・障害者・要介護者等に配慮されたアクセシブルデザイン（汎用品）やユニバーサルデザイン[2]の理念が広く浸透してきた。実際に福祉機器は汎用品から専門品まで幅広く用いられていることから，ISOの定義が最も現実的である。

なお，公益財団法人テクノエイド協会は，利用者が適切な福祉用具を選定できるように，福祉用具情報システム（TAIS: Technical Aids Information System）で，福祉用具の「使用」「機能」「性能」等の情報を公開している。

(2) ロボット技術を応用した福祉機器

ロボットとは，経産省のロボット政策研究会報告書（2006年5月）において「センサー，駆動系，知能・制御系の3つの技術要素（ロボットテクノロジー，RT）を有する機械システム」と定義されている。

経産省と厚労省は，ロボット技術による介護現場への貢献や新産業創出のため，2012年11月にロボット技術の介護利用における重点分野を公表。さらに，翌年6月に閣議決定された日本再興戦略においてロボット介護機器開発5カ年計画の実施を揚げ，介護現場のニーズに応える安価で実用性の高いロボット介護機器の開発が推進している。

現在，重点分野は5分野8項目（図表7-1）で，今後，科学技術や社会状況の変化に応じて適宜見直すとしており，食事支援，コミュニケーションロボット，認知症の方への行き先案内・スケジュール管理が検討課題として挙げられている。

また，新エネルギー・産業技術総合開

図表7-1　重点分野のロボット介護機器

分野	項目
移乗介助	装着型
	非装着型
移動介助	屋外型
	屋内型
排泄支援	
認知症の方の見守り	施設
	在宅
入浴支援	

発機構（NEDO）が09年から5カ年計画で実施した生活支援ロボット実用化プロジェクトでは，ロボット介護機器の研究や産業化を加速するために，ロボットの安全性基準の整備が進められ，その成果は2014年2月の生活支援ロボット（Personal Care Robots）の安全性に関する国際規格（ISO13482）[3]の正式発行に結びついた。

04年に筑波大学発ベンチャーとして設立されたCYBERDYNE社（代表 山海嘉之氏　筑波大学大学院教授）のロボットスーツHAL（福祉用）は，13年に世界で初めてISO13482の認証を受け，さらに医療機器の品質マネジメントシステムであるISO13485の認証，欧州域内で医療機器として流通・販売できるCEマーキングの取得，16年4月「ロボットスーツHAL」の医療保険適用など，日本の介護ロボット技術の先駆的な役割を担っている（図表7-2）。

介護人材の不足で，生産性の向上のためにも"何を人間の仕事，何をロボットができるか"の選択を迫られる時代も遠くない。

図表7-2　ロボットスーツHAL

CYBERDYNE社HPより。

(3) 聴覚ケア（補聴器）

聴覚の障害は，情報収集の不足，誤った言葉の認識，危険回避の遅れなどにより，人間関係の悪化や意欲の低下を招き社会参加の機会を大きく制限する。

加齢に伴う難聴に対して補聴器の装着は有効であるが，補聴器装着率は低い。その理由として，①中等度の難聴者に対して公的支援がほとんどない，②装着しても言葉が歪んで聞こえる等の性能の問題，③年寄り臭い等の補聴器のイメージが良くない等が挙げられる。

近年，一見して補聴器と分からない音楽プレーヤー型の補聴器や電源を使用せず共鳴作用を用いた補聴耳カバー，音声処理技術を採用した補聴器等が開発

されている。中には，携帯端末と接続することで，携帯端末を補聴器のコントローラーとして使用できるもの，音楽や動画，電話音声を補聴器で聞くことができるものも開発されている。将来，海外旅行での自動翻訳，地図と道案内も可能な進化形ウェアラブルギアとしての可能性も期待されている。

2. 医療ケア

(1) 在宅療養を支える医療ケア

　医療技術の進歩により，在宅での医療ケアが増えた。通院の手間が少なく，自分のライフスタイルを重視できる点で有用である。医療ケアの例を示す。

　① 在宅血液透析（Home hemodialyisis：HDD）

　医療施設の指導の下に，自宅に透析機器を設置して，自分自身で透析を行う。透析の一連の手順（装置の立上げ，穿刺，返血，後片付け）は全て自分で行う。利点として，ⓐ自分の生活スタイルに合わせて治療を行える，ⓑ十分な透析（頻回または長時間透析）を行えるため，飲水・食事制限がなくなる，ⓒ合併症リスクが減る等があるが，反面，適正な自己管理が必要，自己穿刺ができること等の制約がある。また，腹膜透析（Peritoneal Dialysis：PD）として，連続携行腹膜透析（Continuous Ambulatory Peritoneal Dialysis：CAPD）や自動腹膜透析（Automated Peritoneal Dialysis：APD）も行われている。

　② 人工呼吸器（Home mechanical Ventilation：HMV）

　AC／DC／バッテリーの3電源，さらにシガーライターも使用可能で，外部電源がなくても長時間使用可能な小型軽量化された人工呼吸器の登場は，呼吸管理が必要な人（乳幼児・小児・成人）の在宅療養や外出を可能にした。

　③ 在宅酸素療法（Home Oxygen Therapy：HOT）

　携帯型の液体酸素に加えて，ポータブル型酸素濃縮器等，便利な在宅酸素療法用機器が増えてきた。HOT事業者のネットワークも全国的に整備され，外食，長距離旅行なども可能となった。酸素吸入器具の列車，航空機への持込み

は可能であるが，酸素ボンベに制限があるため事前の確認を要する。

④　糖尿病のSAP療法（Sensor Augmented Pump）

SAP療法とは，持続グルコース測定（Continuous Glucose Monitoring：CGM）とインスリンポンプを組み合わせた治療法である。CGMにより皮下の組織間質液中の糖濃度を一定間隔で継続的に図り，血糖値に合わせてインスリンの持続投与が行われる。インスリン変動が少なく，予期せぬ高血糖や低血糖のリスクが低減できる特徴がある。

⑤　上記以外の医療ケア

人工膀胱・人工肛門（ストーマケア），経腸栄養（経鼻経管栄養，胃ろう，腸ろう），在宅経静脈栄養法（Home Parenteral Nutrition：HPN）[4]，自己血糖測定，インスリン自己注射，尿管管理（バルーンカテーテル），喀痰吸引ケア等がある。

(2) 救急医療

① ドクターヘリ

ドクターヘリ[5]は，救急医療用の医療機器等を装備したヘリコプターである。医師・看護師が同乗して救急現場に向かい，医療機関に飛行中に患者に救命医療（航空救急）を行う。ヘリの活用は，1990年代以前から離島，僻地，船舶からの急患移送として行われていた。90年代以降，ドクターヘリの運用実験が行われ有効性が確認されてから各地で導入が進められている。

② ドクターカー

患者監視装置等の医療機器を搭載し，医師・看護師などが同乗して直接現場へ出動する救急車の一種である。搬送中から救命治療を開始し救命率の向上を図る。ドクターカーには，①病院に消防署救急隊の出張所を救急ワークステーションとして設置しドクターカーとして運用する形態，②医療機関等が独自に救急車を調達し医師を派遣する形態がある。また，2008年4月25日に道路交通法施行令改正によって，簡易的な車両も緊急自動車（欧州型ドクターカーとも呼ばれる）として認められた。なお，傷病者の搬送は消防機関が行う。また，ドクターカーの中には，新生児搬送用，循環器専用（モービルCCU[6]）に特化

したものある。

3. 住宅設備

(1) 健康アレルギー対応住宅

アレルギーの原因となる物質（アレルゲン）は，食物以外にも，たばこ，大気汚染，食事，食品添加物，酒，呼吸器疾患（カゼ），運動，気象変化，ストレス，不規則な生活，化学物質等が知られている（図表7-3参照）。

アレルゲンになる物質を住宅内から減らすことは，症状を軽減するだけでなく，予防としても重要である。

シックハウス症候群とは，住居内での室内空気汚染に由来する様々な健康障害の総称である。近年，住居の気密化や高断熱化が進み，エアコンや絨毯の使用など住まい方も変化した。また，化学物質を含有した新建材も多用されている。合板の接着剤のアルデヒド系材やビニールクロスの柔軟剤の成分は，規制されているが，家具・キッチン・洗面台の有害物質は見逃されがちである。

健康住宅とは，一般的には無垢材や漆喰の塗り壁等の自然素材を使用し，新建材を減らした家をいうが，シックハウス対策は室内の化学物質対策だけにとどまらず，カビやダニ等のアレルゲン対策，二酸化炭素濃度や温度・湿度，さ

図表7-3 アレルギー性疾患の症状とアレルゲン

疾患名	症状	アレルゲン
アトピー性皮膚炎	皮膚のかゆみ・湿疹	チリダニ，食物，化学物質
気管支喘息	喘鳴，呼吸困難	ハウスダスト，ダニ，動物の毛，食物，化学物質
アレルギー性鼻炎	鼻水，鼻づまり，くしゃみ	花粉，ハウスダスト，ダニ，カビ，化学物質，その他
アレルギー性結膜炎	眼のかゆみ，充血等	花粉，化学物質，その他
アレルギー性胃腸炎	腹痛，下痢	食物，薬物，化学物質
じんま疹	皮膚や粘膜の発疹	食物，植物，薬物，化学物質
花粉症	鼻・眼・皮膚・耳の症状	花粉（スギ，ヒノキ，ブタクサ等），化学物質

らに臭気対策まで考慮することが重要である。花粉や温度差アレルギーであれば，「熱交換型換気扇」を採用するだけで90％は解消できる。

これらは低燃費住宅とも呼ばれており，エネルギーパス，自宅の品質表示，自宅の燃費等を知ることは，省エネ化が叫ばれている時代に必要である。

(2) 防火住宅

2014年度中の住宅火災（放火自殺者等を除く）による死者数は1,006人で，69.5％が65歳以上の高齢者である。住宅火災の多くは，タバコやストーブなどの火種が，布団，衣類，カーテンや内装・建具類等に着火し延焼拡大したものである。繊維製品や壁紙，布団，衣類等を燃えにくい性質に改良するだけでも，多くの人命が救われることになる。なお，住宅用火災報知器の設置[7]は義務化されている。

(3) 転倒と衝撃吸収フロア

要介護状態になる原因は，脳血管疾患（23.3％），認知症（14.0％），高齢による衰弱（13.6％），関節疾患（12.2％）に次いで骨折・転倒（9.3％）が多い。転倒による受傷防止策として，衝撃吸収を行う床材も考案されている。

4．食事・栄養管理

(1) ユニバーサルデザインフード

タンパク質，エネルギー，リン，カリウム，塩分，カルシウム，鉄分，食物繊維，オリゴ糖，プリン体等が調整された冷凍食品，チルド品，レトルト食品，常温品や咀嚼・嚥下能力に対応したユニバーサルデザインフードが普及している。

(2) 保健機能食品

健康食品とは，日常の食生活で不足する栄養素の補給や保健の効果を有する食品の総称である。健康食品の安全な利用を促す目的で，「健康増進法」および「食品衛生法」において，基準となる内容成分や効能の科学的根拠が明らかなものを保健機能食品と定めている。保健機能食品には，①特定保健用食品（トクホ，特保），②栄養機能食品，③機能性表示食品の3つがある[8]（図表7-4参照）。

図表 7-4 健康食品の分類

いわゆる「健康食品」	機能性表示食品 （届出制）	栄養機能食品 （自己認証制）	特定保健用食品 （個別許可制）	医薬品 （医薬部外品を含む）

← 健康食品 ────────────────────→ ← 医薬品 →
　　　　　　　　← 保健機能食品 ───────→

（出所）厚生労働省。

(3) クックチルシステム

クックチルシステム（Cook-Chill：新調理システム）[9]は，1968年にスウェーデンで大量調理とその保存方法として開発された。HACCP（Hazard Analysis and Critical Control Point）管理[10]により，計画的に加熱調理した食品を急速冷却，チルド（0〜3℃）状態で低温保存し，必要時に再加熱して提供するシステムである。利点として①作りたてに近い食事が味わえる，②食中毒の予防，③コスト合理化，④品質保証の実現等がある。

5. 余暇活動

(1) 旅行・外出

ユニバーサルツーリズム，医療ツーリズム，ヘルスツーリズム等といった企画が増えている。これらは，国内・海外の交通，施設等のバリアフリー状況

や医療機関（救急救命サービス，透析設備等），補助犬同行受入等を確認した上で企画されている。旅行に際しては，トラベルヘルパー，手話通訳者が同行。旅行先のNPOを介助者として，積極的に活用している例もある。また，医療サポーターとして看護師，理学療法士，臨床工学技士等が同行するツアーもある。

団塊世代をターゲットにした国際的クルーズ船も，人気が高い。クルーズ船の中には，病院と同等の医療設備を配備し，手術や遠隔医療サービス[11]を導入している例もある。

また，是非郷里がみたい，お盆のお墓参り，冠婚葬祭や同窓会の出席等の個人ニーズに対応したものもある。

(2) 外　食

飲食店の中には，食が細くなった高齢者に対して，全体のボリュームを抑え栄養バランスがとれた食事を提供する店もある。また，咀嚼や嚥下の機能に合わせた摂取しやすい介護食を出すレストランもある。シニア向け居酒屋なども人気である。

一方で，ユニバーサルデザインを意識して，高齢者向けに特化せず誰にでも向くメニューで高齢者を獲得している例もある。

(3) 買い物

百貨店や大手スーパーの中には，シニア向けに，朝7時開店，食べきりサイズ・使い切りサイズの商品の充実，拡大鏡付きカートの導入，近隣を回る無料のワゴン車による送迎，エスカレーターの速度の減速，休憩用の皮革椅子の設置等の様々な工夫がみられる。また，コンビニエンスストアでは，シニア層向け商品ラインナップや店舗レイアウトの変更，保険薬局や介護ショップを併設した店舗ある。

(4) 読　書

加齢による視力低下が原因で，高齢者の読書離れが進んでいる。文化庁の国

語に関する世論調査（2013年）によれば，1カ月に1冊も本を読まないと回答した人は70歳代以上で59.6％であった。主な理由は，視力などの健康上の問題で，70歳以上で63.6％であった。

視力低下に対して，拡大読書器やルーペあるいは電子書籍も販売されている。また，大活字本（large-print book）等，通常よりも2～3倍に文字を拡大した書籍も徐々に普及してきている。

(5) フィットネス

フィットネスクラブの会員は，健康志向の高まり等によって60歳以上（特に女性）で上昇している。その形態は，安価と短期のコンビニタイプのもの，女性専用のもの，栄養と運動指導を組み合わせたもの等，多様化している。

6. 生活リスクの管理

(1) 民間保険

介護費用の増大は，国の保険財政の直接的なリスクとなるため，政府は介護報酬改定に関与することで介護費用の総額を制御してきた。
また，日本は諸外国に比べ要介護認定の幅が広く，サービスの種類も多い。要するに，介護費水準を低く押さえた守備範囲の広いものとして提供されている。社会保障費の急速な増加と保険財政の悪化は，保険料上昇や給付縮小をもたらす。実際に居宅・施設等で，守備範囲は徐々に狭められている。

今後，介護サービスの縮小により必要なサービスを介護保険で全て補える保障はなく，安心の介護，QOL（Quality Of Life: 生活の質）の高い介護を求めた場合，介護保険外サービスに頼らざるを得ない。

保険とは，家計経済の破綻に対するリスク分散を行う相互扶助の仕組みであり，民間保険は生命保険，損害保険に大別される。民間介護保険は，生命保険に含まれる。その目的を以下に示す。

① 介護保険で受けたサービスの自己負担分の費用補填
② 介護保険で受けたサービスの利用限度額を超えたサービス分の費用補填
③ 保険外サービスで受けたサービスの費用補填
④ 介護費用以外の介護に関わる様々な負担の補填

　民間保険は，公的保険と違い定額保障，現金給付が基本である。また，保険加入者から集めた保険料収入の範囲で保険金給付を制御する収支相等の法則と高リスクの加入希望者を選択できるリスク選択で運営されている。

　さらに，給付は，①要介護状態が続く間，一定金額を毎年給付する年金型，②一定の条件を満たすと，まとまった金額を出す一時金型があるが，免責期間（指定の介護状態が90～180日続くなど）や要介護度2以上などの要件がつく場合がほとんどである。

　日本の場合，公的保険の守備範囲が極めて広いため，民間保険の役割は限定的だが，諸外国のように守備範囲の狭い保険制度では，公的保険と民間保険の併用が一般的である。また，給付も実際の介護支出を保障する実損補償型が普及している。

　将来発生する介護リスクに対して，年金収入のみでは不足することも考えられ，セーフティネットをつくる意味でも民間保険の充実と活用が期待される。

(2) テレワーク（就業）

　情報通信技術（Information and Communication Technology：ICT）[12]を活用した，場所や時間にとらわれない柔軟な働き方としてテレワークが注目されている。テレワークは働く場所によって，①自宅利用型テレワーク（在宅勤務），②モバイルワーク，③施設利用型テレワーク（サテライトオフィス勤務等）の3つに分けられる。テレワークの導入は，妊娠・育児・介護などの理由，身体障害，あるいは怪我などにより，恒常的または一時的に通勤が困難な人や高齢者の人材活用として普及が望まれる。

7. 介護保険外サービス

　このサービスは，介護保険で補いきれないサービスや個人の嗜好や思いを支援する自費サービスである。既に述べた事柄以外にも，介護事業者やNPO法人等によって多様なサービスが考案されている。具体的事例については，2016年3月「地域包括ケアシステム構築に向けた公的介護保険外サービスの参考事例集」（厚労省・農水省・経産省）で詳しく紹介されている（図表7-5参照）。

〔注〕
1) 1980年に世界保健機関（WHO）によって定義された国際障害分類（International Classification of Impairments, Disabilities and Handicaps : ICIDH）を，2001年5月22日の第54回国際保健会議（WHO総会）において国際生活機能分類（International Classification Functioning Disability and Health : ICF）に改定したもの。ICFは「社会生活モデル」と呼ばれ，生活上の機能障害の原因を，従来の機能不全や能力低下に限定するのではなく，外・内的な環境因子との関連も視野に入れて包括的に捉えることの必要性を重視している。
2) ユニバーサルデザイン（Universal Design, UD）は，1985年に米ノースカロライナ州立大学デザイン学部のロナルド・メイス博士によって提唱された。「全ての人が利用可能なデザインにすること」を基本として施設・製品・情報の設計（デザイン）を行うことである。アクセシブルデザインは，より多くの人が使える汎用品を意味し，ユニバーサルデザインに包含された概念。どちらも対象を障害者に限定しないことが，バリアフリーとの違いである。
3) ロボットおよびロボティックデバイス—生活支援ロボットの安全要求事項（personal and robotic devices-Safety requirements for personal care robots）である。この規格は，NEDOの生活支援ロボット実用化プロジェクトの参画メンバーが中心となり草案が作られた。
4) 在宅経静脈栄養法（Home Parenteral Nutrition : HPN）には，末梢静脈栄養法（Peripheral Parenteral Nutrition : PPN）と中心静脈栄養法（Total Parenteral Nutrition : TPN）がある。TPNは高カロリー栄養補給が可能。
5) 2007年6月「救急医療用ヘリコプターを用いた救急医療の確保に関する特別措置法（ドクターヘリ法）：法律第103号」が制定された。15年の時点で45機運用が運用中。ドクターヘリの普及には，①費用負担，②基地病院内や病院間の横の連携，③医師の確保，④乗員の養成システム，⑤ヘリポートの不足，⑥夜間離着陸，⑦運行経費の医療保険からの補助等の課題がある。医療提供体制の効率化や再編が行われる中で，医療過疎となる地方ほどドクターヘリの導入が望まれる。ドイツではドクターヘリ導入後は，交通事故による死亡者が3分の1に激減したとの報告もある。

第 7 章　最新の高齢者サービス　127

図表 7-5　介護保険外サービス

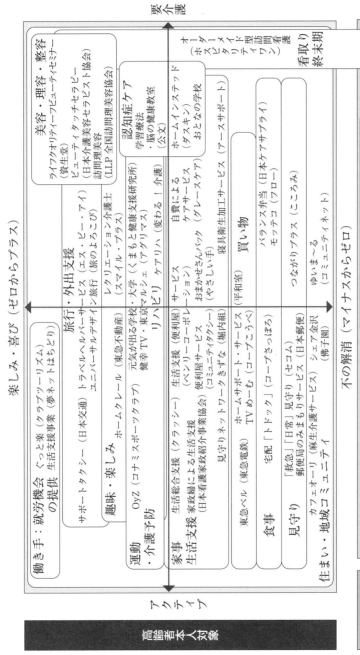

(出所) 厚生労働省・農林水産省・経済産業省 [2016]。

6) CCU（Coronary Care Unit：冠疾患集中治療室）とは，心臓疾患の患者を専門的に管理する治療室のこと。急性心筋梗塞や急性心不全等の手術や心臓カテーテル治療等の緊急対応が可能。
7) 2015年6月1日時点で，全国の住宅用火災報知器の設置率は81.0％（条例適合率66.4％）。さらに，消火器，防炎製品，住宅用スプリンクラー，安全調理器具，安全暖房器具等の開発・普及が望まれる。
8) 保健機能食品には，次の3つのものがある。①特定保健用食品（トクホ，特保）：1991年に導入。実験データに基づく審査を受け，科学的根拠があると認められたもの。②栄養機能食品：2001年に導入。特定の栄養素が厚生労働省の設定した基準に従い含まれていれば，食品衛生法に基づき表示することができる。③機能性表示食品：2005年に導入。事業者責任において安全性・機能性の根拠に関する情報を消費者庁長官へ届け出ることで認可される。
9) クックチルシステムは，1970年代，米国や佛の病院や老人ホームでも導入された。77年には英国政府によって衛生・安全面の「ガイドライン」が作成されている。介護施設や病院などへの導入は，①厨房人件費の削減，②厨房スペースの有効利用，③水道・光熱費の節減，④栄養管理・減塩・刻み食等の対応および禁食への対応，⑤O-157やノロウイルスの予防などの利点がある。宅配でのクックチルシステムは，酸化や微生物の増加を抑えるため「真空窒素ガス封入包装」を採用している事業者もある。
10) 食品の製造・加工工程のあらゆる段階で発生するおそれのある微生物汚染等の危害をあらかじめ分析し，その結果に基づいて，製造工程のどの段階でどのような対策を講じればより安全な製品を得ることができるかという重要管理点を定め，これを連続的に監視することにより製品の安全を確保する衛生管理の手法をいう。
11) 映像を含む患者情報の伝送により遠隔地から診断，指示などの医療行為および医療に関連した行為を行うことをいう。自院に専門医がいなくても，他の専門医からアドバイスを得られるなどの利点がある。
12) 情報・通信に関する技術の総称。IT（Information Technology）に代わる言葉。医療・福祉分野では，地域の医療機関や介護事業者による迅速かつ適切な患者・利用者情報の共有・連携，ビッグデータの構築として期待されている。

〔参考文献〕

厚生労働省・農林水産省・経済産業省［2016］『地域包括ケアシステム構築に向けた公的介護保険外サービスの参考事例集　保険外サービス活用ガイドブック』。
渡辺孝雄・服部治・小島理市編著［2008］『福祉産業マネジメント〈新版〉』同文舘出版。
「ロボットスーツHALにCEマーク―日本のロボット，欧州市場へ―」国立研究開発法人新エネルギー・産業技術総合開発機構HP
〈http://www.nedo.go.jp/news/press/AA5_100215.html〉（2013.8.5.）。
「作業・介護支援用装着ロボットに初の国際安全規格　―『ISO13482』の認証を取得』―」国立研究開発法人　新エネルギー・産業技術総合開発機構HP
〈http://www.nedo.go.jp/news/press/AA5_100215.html〉（2014.11.12.）。
『平成27年度版　消防白書』総務省消防庁。
『平成25年度版　国民生活基礎調査』厚生労働省HP。

（白井　正樹）

第8章
多職種協働とヘルスコミュニケーション

　日本の医療・福祉現場のコミュニケーションは，経験重視型の対応がとられていることが多い。このため，経験が少なかったり，コミュニケーションをとらなくてはならない相手が苦手なタイプだったりする等，経験に基づいたアプローチ方法を持たない場合には，悩みや問題が生じやすい。医療機関と福祉施設間で協働していきたくてもうまくできない，職場内の人間関係が悪く職員の離職率が高い，利用者やその家族とうまくコミュニケーションがとれないというのは，その一例である。しかしそうしたとき，ヘルスコミュニケーションを知っていると，こうした悩みの解決の道が見出されやすくなる。

1. ヘルスコミュニケーションとは

　「ヘルスコミュニケーションとは，人々に，健康上の関心事についての情報を提供し，重要な健康問題を公的な議題に取り上げ続けるための主要戦略のこと」と世界保健機関（以下，WHO）により定義づけられている[1]。人の認知プロセスや行動パターンを，科学的に根拠があることが証明されている心理学や行動科学，社会科学といった分野における理論をもとに理解し，その上で，アプローチ方法を検討，創造して，対象となる個人や集団とコミュニケーションをとり，その効果を評価する，という一連の流れを研究する専門分野が，ヘルスコミュニケーションなのである[2]。
　ヘルスコミュニケーションには，利用者とのコミュニケーションといった対

個人のレベルやヘルスキャンペーン等の対大衆のレベルもあるが，ここでは，多職種協働に焦点を当てて解説する。

2. 多職種協働に不可欠なコミュニティ能力

ところで，医療・福祉現場において多職種協働の必要性を理解し，その熱意があっても，うまくいかないことがある。それは，なぜなのか。

その理由には，コミュニティ能力が低いことが考えられる。

コミュニティ能力とは，社会全体や公衆衛生の問題を明確化し，人々を動員し，取り組む能力のことである[3]。この能力は，①ネットワーク・パートナーシップ，②知識伝達，③問題解決，④インフラストラクチャー，の4つにより構成されている。協働の必要性があるのに，うまくできていない場合，これらの能力のいずれか，あるいは全てが低いことが多い。

能力1） ネットワーク・パートナーシップ

まず1つ目のネットワーク・パートナーシップとは，コミュニティやネットワーク内の集団や組織間の関係のことである。これは，すべての関係組織が含まれているかという「関係の包括性」と，関わりの本質は何かという「関係の質」から成る[4]。

この能力が低いと，必ずしも利用者にとっての必要なサービスを提供することが最優先であるわけではないために，利害関係のある，特定の権威の系列組織だけが地域包括支援ネットワークに入っており，利用者にとって必要なサービスが提供できないといったことが起こる。

能力2） 知識伝達

2つ目の知識伝達とは，集団や組織内，あるいは組織間の，情報開発，情報交換，そして情報活用の能力のことである。

この能力が低いと，いつも特定の人のところで情報が止まってしまう，情報

が歪んでしまう，最新情報を伝えてもそれが活用されなかったということが起こる．

能力3)　問題解決

3つ目の問題解決とは，協働に向けての行動計画を開発し，実践していくなかであがってきた問題を明確にし，解決する方法を，集団や組織が使える能力のことである．

この能力が低いと，行動計画をつくっても，実際に推進していく力がなく，進まないといったことが起こる．

能力4)　インフラストラクチャー

4つ目のインフラストラクチャーとは，集団や組織が，協働の推進・継続させていくための土台づくりに必要な投資レベルのことである．ここでいう投資には，協働に必要な金銭的投資や人材の確保，施策やプロトコールの開発等が含まれる．

この能力が低いと，多組織から成る地域包括支援ネットワークを築き，これからは協働していこうという機運が盛り上がっても実際に行動に至らなかったり，継続できなかったりする．

協働をいきなり打ち出す前に，多組織から成る地域包括支援ネットワークや多職種から成る職場等，自分が協働を進めたい集団や組織，地域のどの側面の能力が高く，あるいは低いのかという現状を，まず把握することが，多職種協働を促進する戦略を練る上で重要なのである．

3. 組織変容の4段階モデル

現状を把握したら，今度は，組織等が変容するプロセスを理解する必要がある．組織変容の4段階モデル[5]によると，組織は，①意識の向上，②採用，③

実施，④制度化の4つの段階を経て変わる。

そこで，各段階の特徴と，そうした特徴を踏まえ，どのようなヘルスコミュニケーション戦略を立てると，うまく協働を促進することができるのかを説明する。

段階1）意識の向上

段階1は，職員全員の意識の向上である。現状に健康を脅かす問題が存在することを明らかにし，その問題には解決の可能性があり，そのために既存の組織を変容させる必要があることに，気づいてもらうのが，この段階である。

1）2種類のモチベーション

ところで，意識やモチベーションの低い人たちにも，「多職種協働は重要な問題で，私たち全員が力を合わせて取り組まなくてはいけないことなんだ」という気持ちを持ってもらうためには，どのようなコミュニケーションをとるといいのだろうか。

このとき，ありがちなのは，意義や必要性，方針等をある一部のトップや担当職員等が考え，それを残りの職員に一方的に伝え，強いるということ。しかしこれをすると，各職員が持っている内発的動機を失わせることになるため，オススメできない。

実は，モチベーションには，外発的動機づけと内発的動機づけの2種類がある[6]。外発的動機づけというのは，自分の外の要因によって動機づけられ，特定の行動や態度がとられることである。昇給のために仕事をがんばったり，上司の命令をきかないと叱られるからといった賞罰のために行動するのが，これに当たる。

内発的動機づけは，自分の中にある要因によって動機づけられ，特定の行動や態度がとられることをいう。利用者を助けるしくみがつくれて嬉しいからといった内なる欲求のために行動するのが，これに当たる。

これら2種類のモチベーションを比べると，内発的動機づけにより生まれた行動のほうが外発的動機づけにより生まれた行動に比べ，質が高く，持続する

ことが確認されている。例えば，トップからの命令で，多職種と協働していくことが求められた場合，異動で担当を外れたり，組織の方針が変わったりしたら，その行動をとらなくなる。こうした外に行動の動機がある場合には，目的を達成したらその行動をとる意味がなくなるので，持続が期待できない。一方で，自分の中に行動の動機がある場合には，「利用者の問題を解決できるようになって嬉しいから次はこんなしくみをつくっていこう」というふうに感じられ楽しいので，仮に状況や働き方が変わっても，多職種協働の姿勢を持ち続けられる。こうした姿勢が，仕事の質にも当然影響し，内発的動機づけによる行動のほうが高い成果をもたらすことがわかっている。

　また，評価や競争，締切日の設定，目標の押し付け，監視，昇給や昇進といった外発的な刺激を与えられると，もともとあった内発的な意欲が下がってしまうことも明らかになっている。こうした外発的動機づけ要因は，一時的にはモチベーションが高まったかのような行動をとらせることができるのだが，それがなくなると取り組まなくなる等，もともと持っていた内発的な意欲や自律性の欲求を失わせてしまう。しかも，一度失った意欲はなかなか高まりにくいことが確認されている。

　このため，どれだけ良い内容であっても，一方的に伝え，強いる形のコミュニケーションには，注意が必要といえる。

2）内発的動機づけを引き出す2つのコミュニケーションのポイント

　では，質も持続力も高い内発的動機づけを引き出し，やりたいと思わせるには，どうしたらいいのか。

　この場合のコミュニケーションのポイントは，2つある。

　1つ目は，職員全員の自律性を尊重し，協働作業で，変化への動機を引き出すこと[7]。職員全員が主体的に考え，発言できる機会を設け，互いの発言から学び合う姿勢を持って，方針の策定等の結果形成に関わらせるのである。

　意識やモチベーションの高さ，職種による専門知識や価値観の違いによって，自分とは異なる意見を言う人がいるかもしれないが，そうした人に対して，この人は，どうして必要性がわからないのかと思っていると，相手を非難する気

持ちばかりが大きくなる。そうではなく，どうして私は，この人のことが理解できないのだろうと探求する姿勢を持つことで，相手に対する理解を深め，思いを1つにさせていくことができる。こうしたプロセスを経ることが，思いや価値観の異なる人に，自分もこのコミュニティの一員なんだと感じさせ，取り組む意義を心から理解してもらうために不可欠である。

2つ目のポイントは，協働できていないからこんな問題が起こっているという，問題に目を向けそれを取り除こうとするネガティブなアプローチではなく，利用者も，その家族も，私たちサービス提供者も，皆が安心して元気に暮らせる場をつくろう，という安心や元気に着目した，ポジティブなアプローチをすること。心に余裕がない人，意識の低い人，重要性を理解していない人，利害関係を超えた協力であるがためにやりたくない人には，こうしたポジティブなアプローチが効果をもたらすことが，ヘルスコミュニケーションや行動経済学分野の研究で確認されている[8]。

段階2) 採用

段階1で協働の意義を共通認識できたら，次は，段階2の「採用」に進む。段階1で共有した価値観のもと，これから自分たちの組織をどうしていきたいのかという目標を考え，目標を達成するために，各職員はどう動くと良いかという具体的な行動計画を立てていくのが，この段階である。

これは既に多くの組織で取り入れられている，学習と改善のためのプロセス「PDSAサイクル」〈Plan（計画）→ Do（実施）→ Study/See（結果からの学習）→ Act（改善の実施）〉でいうと，最初のP（計画）がこれにあたる[9]。多くの失敗が，すべての基盤となるこの段階に時間をかけないことにあるため，非常に重要である。

1) 確実に前進できる行動計画のつくり方

まずは，各関係者にとって，安心して元気に暮らせる場とは，それぞれどういうものかを，職員全員で主体的に話し合い，明確にすることが重要である。前述の通り，こうした職員主体の話し合いが，内発的動機を引き出すのに効果

的だからである。

　一人暮らしの利用者のサービスが断片化されることなく利用者が困ったときや不安なときにすぐに連絡がとれる，利用者の家族が明るい見通しをつけられる，支援職員が心の余裕を持って利用者と接することができる等，各関係者にとっての安心して元気に暮らせる場について明らかにするのである。

　次に，そうした場を手に入れるために，何が必要かを考える。すると，いまは，関わっていないけれど，皆が安心して元気に暮らすために，関わってもらわないといけない人や集団・組織の存在に気づけるかもしれない。つまり，ネットワーク・パートナーシップ能力（2頁参照）が現状では低いことに気づき，改善のきっかけとなる可能性もあるのである。

　それから，その必要なものを手にいれるために，各職員が，どう動いたらいのかを明確にしていく。最初は，現実的に実行できそうか等は考えず，自由に意見をどんどん出し合うブレインストーミングをすると良い。これをすることで，意見が出やすくなるためである。

　多様な選択肢があがったら，次は，全ての意見を，SMART[10]の視点から見直す。SMARTというのは，S（Specific：具体的か），M（Measurable：できたかどうか測定・確認できるか），A（Achievable：難しすぎず，達成できそうか），R（Relevant：これは適切かつ，効果がありそうな行動か），T（Timed/Time-bound：限られた時間・期間内でできそうか）から構成されている。

　例えば，利用者の介護のため仕事をやめた家族が，利用者共々貧困状態に陥らないように支援をするといった行動は，具体的ではなく，いつ，だれが，何を，どこで，どのように遂行していくのかが不明確で，結局，行動に移せないまま，時間だけが過ぎるということになりかねない。仮に，各職員が自分なりの解釈で何かに取り組んだとしても，限られた時間の中での実施はかなり難しいため達成できず，業務が増えて大変なだけだったという残念な結果を生む可能性もある。こうしたことは，行動計画がSMARTでないから起こることである。

　一方で，ケアマネジャーがケアプラン作成時に，自治体の生活福祉課の情報

を提供する，月初めの訪問看護師の訪問時に家族を含む生活状況を確認するという行動ではどうだろう。これなら，各職員がどのような行動をとるのかが具体的で（S），できたかどうか評価でき（M），簡単にでき（A），情報提供や確認といった行動は適切で（R），限られた時間内でできるため（T），実行に移しやすいのではないだろうか。そんなSMARTな行動を考えるのである。小さくても確実に一歩，前に進める行動を考えよう。

　行動計画策定時には，その行動がとれたかを測るプロセス評価の測定方法だけでなく，一定期間，協働体制を築いてみて，どんな成果があったかという協働体制構築前後の変化を測るアウトカム評価の測定方法も決めておくことが重要である。

2）多組織協働の連続体モデル

　また医療機関と福祉施設というように自分の組織以外の組織，あるいは，所属部門以外の部門と協働する場合には，どの程度，深く関わり合うことになるのかを予め，共通認識しておくことも重要である。連携やネットワークという用語がよく使用されているが，これらの用語の違いが意外と知られておらず，どの程度の関係性を築きたいのかが共通認識されないまま話が進み，後に不満や問題が生じることがあるためである。

　多組織協働の連続体モデルによると，複数の組織や部門が協働する方法には，ネットワーク，提携，パートナーシップ，連携，全面的協力の5つがある[11]。

　1つ目のネットワーク（network）とは，差し迫った要求のない，最もゆるいつながりのことである。有事のときには協力し合う旨を話している，有志で集まって勉強会を開催しているといったレベルのつながりが，ネットワークの一例である。

　2つ目の提携（alliance）とは，いくらかの新しい資源が導入され，仕事も調整しながら行う，非公式な連結のことである。契約を交わしているわけではないけれど既に協働しているというのが，このレベルである。

　3つ目のパートナーシップ（partnership）とは，人やお金等，新たに資源が導入され，その活動により得られる報酬やリスクが共有され，正式な契約が結

ばれた関係のことである。

4つ目の連携（coalition）とは，共同経費で，新たな資源が導入され，関係者全員による意思決定がなされ，正式な同意が結ばれた関係のことである。

5つ目の全面的協力（full collaboration）とは，ビジョンが共有され，意思決定も一致されており，正式な職務として書面の同意書もあるレベルである。

1つ目のネットワークが最もつながりが緩く，5つ目の全面的協力が最も強固なつながりであるが，複数の組織や部門が協働する場合，まず，どの程度，強固な関係を築くのかを互いに確認することで，活動開始後，組織・部門間で生じるトラブルを最小限に抑えることができる。

WHOでは，こうした協働のことを「多部門による保健活動（intersectoral action for health）」と呼び，多方面にわたる複数部門が，人々の健康と生活の質を向上させるための公共政策の計画ならびに実施に参画することで，保健医療部門だけで取り組むよりも，より効果的，協力的，あるいは持続的な成果が得られるとして推奨している[12]。

段階3） 実　　施

段階2の「採用」で，これから自分たちの地域や組織をどうしていきたいのかという目標を考え，目標を達成するために，各関係者はどう動くと良いかという具体的な行動計画を立てたら，今度はその計画に沿って進める「実施」の段階に入る。

実施段階では，評価が重要である。

実施中の行動や遂行具合を測るプロセス評価により，行動計画の中で順調に遂行できている行動とできていない行動とが明らかになるため，早い段階で改善が図れる。また，各職員の日々の努力や工夫，行動が可視化されるため，モチベーションの向上につながる。

さらに，協働の体制が構築された前後の変化を測るアウトカム評価を実施し，成果が得られたことが確認できれば，やってよかった，この調子でこれからもがんばろうと職員のモチベーションを高めることができる。

プロセス評価により遂行具合を確認しながら改善を重ね，アウトカム評価に

より成果が確認できれば，次の段階4に進む。

　もしうまく遂行できていないようであれば，あるいは成果がないようであれば，また，話し合いの場を設け，うまく遂行するには，あるいは成果を出すには，どこを改善したらいいのか，再度，全員で行動計画を見直すのが，この段階である。

　PDSAサイクルでいうと，実施し（D），その経験や結果から学び（S），もう一度行動計画を見直したり，協働に向けた変化を採用したり，協働への試みを破棄したりする（A）というのが，これにあたる。

段階4）　制度化

　段階3でうまく実施でき，成果も確認できたら，今度は，持続可能なしくみをつくるための「制度化」の段階へと進む。

　持続的な取り組みを行うには，専門職等へのトレーニングや人的・金銭的資源等に対し，持続的な投資を行うことが重要である。最初は，提携レベル（8頁）の協働だったけれど，うまくいっているから，もう少し安定した資金と人材を投入して，パートナーシップのレベルで協働していこうというように，この段階で多組織協働の連続体のつながりが，より強固になることも少なくない。また最初は2部門間で協働していたけれど，これからは本病院の全ての部門に広げようというように，協働の幅が広がることもある。

　さらに，モニタリングや質管理のシステムを確立していくのも，この段階である。

4. 多職種協働を効果的に進めるための6つの質問

　ここまでで，コミュニティ能力や，多職種や多組織が協働していくプロセスや各段階のアプローチ方法について解説してきた。

　今度は，多職種協働を効果的に進めるための6つの質問[13]を紹介する。既に，多職種協働に取り組んでいるのに，うまく推進できていない場合には，これら

の質問に YES と答えられない項目があるはずである。

質問1）必要性

協働したい相手がその必要性を明確に認知しているか。

　　　問題や解決の定義が医療専門職と福祉専門職と異なったり，経営層か現場かといった組織内の層によって求めるものが異なったり，実践するうえで担うことになる役割への理解が不十分だったりすることが足かせになることは少なくない。

　　　こうした問題がある場合には，4頁から9頁に前述した「段階1：意識の向上」と「段階2：採用」を再読しよう。

質問2）機　会

適切に機会を活用できているか。

　　　話し合いの場を設け，口頭でどれだけ必要性を説明しても，わかってもらえず，意識の向上につながらない場合もある。

　　　例えば，いま担当している利用者のサービスが，多職種協働がうまく機能していないがために断片化されていて，それがどれほどの問題をもたらしているかを関係者に伝えても，問題なのはわかるけど，金銭的，時間的余力がない等の理由で，見送られることは少なくない。そうしたときには他の自治体で，協働体制がうまく構築・機能していないがために悲劇が起きたといったニュースのタイミングを活かし，再度，話し合いの場を設けることで，うまくいくこともある。

　　　一度，試みて，うまくいかなかったとしても，機会を活用することで，案外スムーズに進むことがあることを覚えておいてほしい。

質問3）能　力

その協働に向けての行動計画を遂行するとき，それに着手する能力があ

るか。

これには，まず各職員のコンピテンシーが含まれる。コンピテンシーとは，仕事上の役割や機能をうまくこなすために，個人に必要とされる，測定可能な知識，技術，能力，行動，およびその他の特性のパターンのことである[14]。特に多職種協働において，自分の意見を相手を攻撃することなく伝えるアサーション，利害関係を超えて協力を得るために必要な交渉能力，モチベーションを高めるコミュニケーション能力（5頁参照）等も欠かせられない。

また能力には，個人的要因だけでなく，現在の業務と両立できる構造になっているかといった組織的な能力も含まれる。「段階2：採用（6頁）」で前述した通り，安心して元気に暮らせる場を手に入れるために，何が必要か，その必要なものを手にいれるために，各職員がどう動いたらいいのか，どの程度の協働をしていくのかを明確にしていくなかで，こうした組織的な能力についても検討し，環境整備をしていくことが求められる。

質問4）関　係

達成可能な目標を明確に定義・提示し，「どの程度の協働をしていくのか」互いに共通認識できているか。

「段階2：採用」の段階を経ること，特に多組織協働の連続体を関係者全員で共通認識しておくことが重要である。できていない場合には，8頁から9頁を再読しよう。

質問5）評　価

お金，人材，空間，情報，管理支援等の資源配分が計画に含まれていて，評価できるようになっているか。

「段階2：採用」と「段階3：実施」の段階を経ることが重要である。できていない場合には，6頁から10頁を再読しよう。

段階 6）持続性

協働関係が継続できるようなしくみやインフラがあるか。
「段階 4：制度化」の段階を経ることが重要である。できていない場合には，10 頁を再読しよう。

5. むすび

本章では，多職種協働を効果的に進める方法をヘルスコミュニケーションの視点から解説してきた。複数の組織から成る地域包括支援ネットワークの構成員や多職種から成る職場の職員が，現状を理論に基づいて整理し共通認識したうえで，お互い尊重し，多様性を受け入れ，明るく前向きに話し合う文化のなかで，主体となって考え，発言し，まとめるというコミュニケーションのプロセスを経ることが，内発的動機づけや，意識の低い人を巻き込むこと，持続可能な良好な関係を築くこと等において重要なことが，ご理解いただけたのではないだろうか。

多職種間の協働が円滑に進み，利用者やその家族だけでなく，支援職員の健康にも多少なりとも役立てたら，筆者としてこんな嬉しいことはない。

〔注〕
1) WHO［1996］.
2) 蝦名［2013］。
3) Rothman［2001］.
4) 蝦名［2013］。
5) Goodman, et. al［1998］.
6) Deci［1996］.
7) 蝦名［2016］。
8) Petty and Cacioppo［1986］. Kahneman［2011］.
9) Deming［1993］.
10) 蝦名［2013］。
11) Nutbeam and Harris［2004］.
12) WHO［1997］.
13) Nutbeam and Harris［2004］.
14) Shippman［2000］.

〔参考文献〕

蝦名玲子［2013］『ヘルスコミュニケーション：人々を健康にするための戦略』ライフ出版社。

蝦名玲子［2016］『生き抜く力の育て方：逆境を成長につなげるために』大修館書店。

Deci, E. L. and R. Flaste [1996] *Why We Do What We do: Understanding Self-Motivation*.（桜井茂男訳［1999］『人を伸ばす力―内発と自律のすすめ』新曜社。）

Deming, W. E. [1993] *The New Economics For Industry, Government & Education*, Cambridge: Massachusetts Institute of Technology Center for Advanced Engineering Study.

Goodman R. M., A. Steckler and M. C. Kegler [1998] "Mobilizing organizations for health enhancement: Theories of organizational change," in K. Glanz et al., *Health Behavior and Health Education: Theory, Research and Practice*, 3rd ed., CA: Jossey-Bass.

Kahneman, D. [2011] *Thinking, fast and slow*. NY: Farrar, Straus and Giroux.

Nutbeam, D and E. Harris [2004] *Theory in Nutshell: A Practical Guide to Health Promotion Theories*, 3rd ed., NSW: McGraw-Hill.

Petty, R. E. and J. T. Cacioppo [1986] *Communication and Persuasion: Central and Peripheral Routes to Attitude Change*, NY: Springer-Verlag.

Rothman, J. [2001] "Approach to community interventions," in J. Rothman, J.L. Erlich and J.E. Tropman eds., *Strategies of Community Interventions*, IL: Peacock.

Shippman, J. S., et al. [2000] "The practice of competency modeling," *Personnel Psychology*, 53, 703-740.

World Health Organization (AMRO/ PAHO) [1996] *Communication, Education and Participation: A Framework and Guide to Action*, Washington: WHO.

World Health Organization [1997] *International Conference on Intersectoral Action for Health*, Geneva: WHO.

（蝦名　玲子）

第9章

高生産性・良質サービスの基本：
適正コスト情報

1. コストの定義と範囲

　医療や福祉におけるコストの取扱いについては，その定義や範囲に注意が必要である。国民医療費や社会保障費などのように，国全体で医療や福祉に要する費用という意味で，医療費や医療コストを用いる一方で，診療報酬を得るためや福祉サービスの提供に対して費消した経営資源という意味で原価やコストを用いるなど，マクロ的視点やミクロ的視点により異なる定義でコストの表記が用いられている。

　このため，診療報酬を医療費やコストと表記することで混乱が生じる事例もあることから，特に自施設で原価計算を実施する際や，組織内部でコスト情報を活用する場合には，後者の定義でコストを用いる必要がある。

　そもそも，原価計算において「原価とは，特定の目的を達成するために，犠牲にされる経済的資源の，貨幣による測定額をいう」[1]とされており，そこには経営目的達成のために費消された経営資源として示されているのである。このように，定義を明確にしてコストを考える必要がある。

　次に，コストの範囲であるが，図表9-1に示すように，一般的には総原価は製造原価と販管費から構成され，製造原価は製造直接費と製造間接費から構成される。

　これを医療や福祉に当てはめると，医療や福祉サービスそのものに対して費消されるコストは製造原価に対応すると考えられる事から，筆者は医療分野に

図表 9-1　原価構成と販売価格

			利益	販売価格＝（診療報酬）
		販管費＝（医業管理費）	総原価	
	製造間接費＝補助部門原価・中診部門原価	製造原価（医療原価）		
直接経費・直接労務費＝直接材料費	製造直接費＝（診療部門）			
素価				

（出所）　櫻井［2010］102 頁より改変。

ついてこれを医療原価と称している。一方，販管費に相当するコストについては，筆者はこれを医業管理費と称しているが，その定義は明確であるとはいえない。これは，特に医療において原価計算を行う場合，従来は病院会計準則に基づく費用区分が用いられてきたことに起因する。病院会計準則では，損益計算書原則の損益計算書区分に，「損益計算書には，医業損益計算，経常損益計算及び純損益計算の区分を設けなければならない。(1) 医業損益計算の区分は，医業活動から生ずる費用及び収益を記載して，医業利益を計算する。(後略)」とあり，この注解として「医業において，診療，看護サービス等の提供と医薬品，診療材料等の提供は，ともに病院の医業サービスを提供するものとして一体的に認識する。このため，給与費，材料費，設備関係費，経費等は医業収益に直接的に対応する医業費用として，これを医業収益から控除し，さらに本部会計を設置している場合には，本部費配賦額を控除して医業利益を表示する」[2]とある。このように，病院会計準則においては，医療にかかる費用は主に材料費・給与費・委託費・設備関係費・経費に区分されており，そこには製造原価と販管費を区分する概念がないのである。

このため，従来の病院原価計算においては，その多くが総原価を対象とした原価計算が行われてきた。

しかし，経営目的達成のために費消されたコストを算出するという，原価計算本来の目的を達成するためには，医療分野においても，医療原価と医業管理費のように総原価を区分する必要があると考えられる。

例えば，診療報酬を決定する目的で原価計算を行う場合には，総原価を対象としなければならないが，診療科別の業績評価を行う場合は，医療原価を対象とする方法が想定される。さらに，医療現場における業務改善を目的とした場合は，直接費のみを用いた原価計算を行うことも想定される。

このように，医療や福祉分野においても，単に原価を計算することを目的とするのではなく，その経営課題に応じて，コストの範囲を明確にした上で原価計算を行うことで，より適切なコストの把握が行えるようになる。

一方，経営プロセスに着目してコストを考えると，経営目的達成のために費消されたコストを算出することだけではなく，医療や福祉サービスの提供という生産物に対して，どのくらいのコストが許容されるか，というように，事業計画に対応したコストを設定するという視点も考える事ができる。つまり，事業計画や予算などと連携して，提供すべき医療や福祉サービスに必要なコストをシミュレーションする，いわば戦略的視点も考える必要がある。

2. 効果的コスト測定の方法

次に，効果的にコスト測定を行う方法について考える。

前述の通り，コスト測定はその目的に適合したコストを把握しなければならない。これには2つの管理ポイントがある。

まず，コスト測定の前に，財務会計段階において，収益と費用が対応関係になるように，財務会計を洗練化する必要がある。例えば，病院内に売店が設置されており，その運営を外部業者に委託しているような場合，病院は外部業者から場所使用料などの収益を得るような契約になっていると思われる。このような場合，委託業者から得る収益は医業収益ではなく医業外収益として計上することになる。一方，売店の運営にかかる光熱水費や固定資産税等は，病院会

計準則上は医業費用の経費項目として計上するが，これらは電気メーターを別に設置したり，売店の面積分の固定資産税を計算したりすることにより，医業外収益を得るための医業外費用として，明確に区分して計上しなければならない。これらを明確にしないと，コスト測定の元になる費用がゆがんでしまうからである。つまり，コスト測定を行う以前に，費用を配賦するなど，財務会計においても管理会計的処理が必要となるのである。このような財務会計の洗練化を図るためには，実務における業務フローの見直しにより，コスト情報を日常業務の中から自動的に取得できるようにするなどの工夫が必要である。また，財務会計の業務においては，会計処理の仕訳の際に，当該コストの部門が特定できるよう，部門コードを付けて入力するなどの工夫を行う事により，効率的にコスト測定を行うシステム構築が可能となる。

特に戦略的に経営資源を投入する事業計画を実行する場合，その事業の成否は病院経営に多大な影響を与えることから，このような事業をセグメントとして認識し，その採算性を把握して評価を行う必要が生じる。また，診療科や部門の上位概念としてセグメントを位置づけ，セグメント別の会計を実施することになる。場合によっては，組織図上も診療科や部門の上位概念として事業単位を位置づける必要もある（図表9-2）。

このように，Step1として病院が行う事業をセグメントとして認識し，財務会計段階において区分することにより，医療原価と医業管理費を区分することが可能となる。図表9-2に示したように，情報システム部門や管理部門のコストを医業管理費として区分し，また病院や健診や介護などを病院が行う各事業単位として区分する事で，医療原価が明確になるのである。

一方，これを元にStep2として，病院事業をさらに診療科などに区分し，診療科別原価計算や部門別原価計算に展開する事で，コストを効果的に測定する事が可能となる。

このように効果的にコスト測定を行うためには，その準備段階として，財務会計の洗練化だけではなく，病院が行う事業の認識およびこれと整合した組織図の管理も求められる。また，各組織のコストを把握できるようにするために，病院各部門の業務プロセスにおいて，コスト発生部門を明らかにできるような

第9章 高生産性・良質サービスの基本：適正コスト情報 147

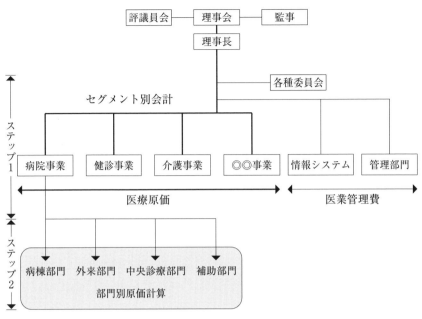

図表9-2 セグメント会計の構成例

（出所） 渡辺［2014］114頁。

データ入力やコード体系等をあらかじめ体系的に整理し，実務においても運用する必要がある。

つまり，効果的なコスト測定を行うためには，組織運営上の業務プロセス自体を洗練化することが求められるのである。

3. コスト情報の活用

コスト測定を実施しても，この段階ではまだコストデータを算出した段階に過ぎない。このデータを分析し，考察を加え，コスト情報として活用することが重要となる。

そこで，このコスト情報を活用するための要素や，その活用事例について考

える。

　コスト情報を活用するためには，そもそも病院経営のプロセスを理解しなければならない。図表9-3にそのモデルを示す。

　図表9-3に示すように，病院は医療サービスの提供を通じ，安全・安心・良質な医療の提供といった社会的責任を果たすと共に，その事業継続のために必要な利益を確保しなければならない。ただし，医療機関は医療法第7条の規定により，営利目的では開設が許可されないことから，非営利が原則となる。

　コスト情報の活用を行うためには，前提としてこの非営利を正しく理解しなければならない。病院などの非営利組織において，「医療は非営利なのだから利益を出してはいけない」といった発言がなされることがあるが，これは正しい理解とは言えない。営利・非営利は，事業を通して得た利益を，出資者である株主等に分配するか否かによる区分であり，非営利は株主などに利益を分配しないということなのである。したがって，「非営利組織は利益を出してはいけない」のではなく，利益を外部に分配せずに，「次の事業のために使用する」と考えるべきなのである。

　このように考えると，医療サービスの提供（OUTPUT）により利益を得るためには，どのくらいの経営資源の投入（INPUT）が許容されるか，という視点においてコスト測定を行う事で，予算管理や事業計画立案にコスト情報が貢献できることが分かる。

図表9-3　病院経営モデル

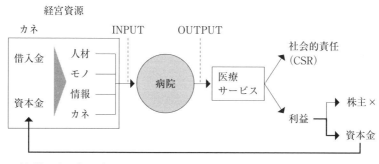

（出所）　渡辺［2014］iv頁より一部改変。

また，医療サービスの提供（OUTPUT）のために，経営資源をどのくらい費消（INPUT）したか，という視点においてコスト測定を行う事で，コスト情報は業績評価に活用する事ができる。

この業績評価は，図表9-2で示した通り，STEP1のセグメント会計として事業別の業績評価を行うものと，STEP2のように診療科別に業績評価を行うなど，病院内部をさらに詳細に分析する方法がある。セグメント会計による事業別の業績評価については，図表9-4に示した事例のように，例えば全体として2億2千万円の利益改善が必要な場合に，これを事業別に展開し，病院事業では1億円の増収を計画しつつ，管理部門では4千万のコスト削減計画を策定・実行する，といった管理を行う事ができる。つまり，全体の損益改善目標を，事業別の損益改善目標に展開する事ができるのである。このように，コスト情報をセグメント別に提供することは，各事業単位における詳細な改善計画の立案と実行に貢献することにつながるのである。

図表9-4　セグメント会計情報の活用事例

-220百万円の内訳 (-1.1%)		収支改善するためには…
病院	+1,700百万円	100百万円増益
予防医療	+100百万円	10百万円増益
△△事業	-10百万円	
○○事業	-360百万円	10百万円削減
情報システム	-680百万円（対収益3.0%）	40百万円削減
管理部	-970百万円（対収益4.3%）	60百万円削減

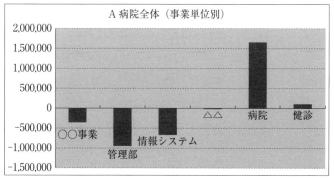

220百万円改善！

さらに，STEP2で行う原価計算により測定されるコストデータをもとに，図表9-5に示すように，診療科別に採算性を抽出し，さらに図表9-6に示すように，その内訳を示し，原価構造の具体的な内容分析を行い，改善策の検討と実行につなげる，といった活用を行う事が可能となる。

　このように，コストを測定すること自体を目的にするのではなく，その分析を通じて考察を加えることで，業績評価や業務改善などにコスト情報を活用することができる。

　一方，コスト情報は事業計画や予算策定においてもその活用が求められる。図表9-3に示した通り，医療や福祉サービスの提供を行うために必要な経営資源を投入する，というプロセスにおいて，事業計画や予算の構築は，事業を継続するために必須となる。そこで，事業計画と予算構築において，当該事業の責任者は，経営資源の投入の質と量を管理しなければならない。具体的には，次年度の事業計画に対して必要なコストを測定するだけではなく，適正なコストで運用するための計画を策定し，実行することが求められるのである。

　例えば，検査部門の次年度の事業計画において，検査機器を新たに導入する計画を立案する場合を想定する。この場合，どのような患者を対象に，この検査機器を使用する事で，どのように診断や治療の能力を向上させ，医療の質の向上にどのくらい寄与するのか，というように，事業計画は医療面においてやりたいこと，やれること，やらなければならないことを検討して立案するはずである。しかし，これだけでは事業計画は不十分なのである。立案した事業計画は病院全体のビジョンに合致しているのか，病院の基本方針や戦略に沿っているのか，それは本当に必要不可欠なのか，という視点で事業計画を検証する必要がある。また，この事業計画の実行に必要となる費用はどのくらい必要なのかについて，事業計画の立案者は理解し，責任をもって計画作成を進めなければならない。このように事業計画は資金計画も同時に立案する必要がある。この検査機器導入の事例で言えば，その機器の金額を算出し，相見積もりを取ったり，価格交渉などを行ったりしたうえで，購入可能かどうかを判断しなければならない。

　これに加え，事業計画を実行した結果を予測し，医療や福祉サービス提供面

第 9 章　高生産性・良質サービスの基本：適正コスト情報　151

図表 9-5　診療科別損益のフィードバックの事例

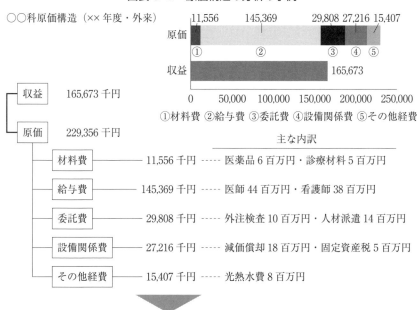

図表 9-6　原価構造の分析の事例

○○科原価構造（××年度・外来）

原価	11,556	145,369	29,808	27,216	15,407
	①	②	③	④	⑤

収益　165,673

①材料費　②給与費　③委託費　④設備関係費　⑤その他経費

```
┌ 収益 ──── 165,673 千円
│
└ 原価 ──── 229,356 千円
     ├ 材料費 ───── 11,556 千円 ----- 医薬品 6 百万円・診療材料 5 百万円
     ├ 給与費 ───── 145,369 千円 ----- 医師 44 百万円・看護師 38 百万円
     ├ 委託費 ───── 29,808 千円 ----- 外注検査 10 百万円・人材派遣 14 百万円
     ├ 設備関係費 ── 27,216 千円 ----- 減価償却 18 百万円・固定資産税 5 百万円
     └ その他経費 ── 15,407 千円 ----- 光熱水費 8 百万円
```

　　　　　　　　主な内訳

利益：-63,683 千円

の成果と経営面の成果を考慮しなければならない。医療や福祉サービス提供面の成果は，社会的責任を果たすという点において最も重要な側面であるが，事業を継続するという側面においては，その採算性も重要な側面として考えなければならないからである。

コスト情報は，この採算性分析に必須の情報であり，具体的には，損益分岐点分析などの手法が用いられる。

損益分岐点分析は，コストをその性質により固定費と変動費に区分し，売上高との関連から収益＝原価となるポイントである損益分岐点を算出することで，売り上げ目標やコスト管理を行うものである。図表9-7に示すように，売上高を PQ，変動費を vPQ，固定費を F，利益を G とすると，損益分岐点は $PQ = vPQ + F$ となる。一方，コスト管理を考えると，売上高から変動費を控除したものを付加価値（mPQ）とした場合，損益分岐点は $mPQ = F$ となる。このことは，売上高から変動費を控除した残りで，固定費をカバーする，ということを示している。

固定費は，図表9-8に事例を示したように，例えばMRI検査機器をリースで購入した場合，検査件数にかかわらず，毎月のリース料は一定額支払わなければならない。

このことから，固定費を回収するためには，効率的なMRI検査の実施により，多くの検査件数を確保する必要があることが分かる。

図表9-7 損益分岐点の要素分解

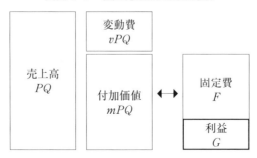

（出所）協和発酵工業(株)［1978］48頁より改変。

図表 9-8　固定費の考え方の事例

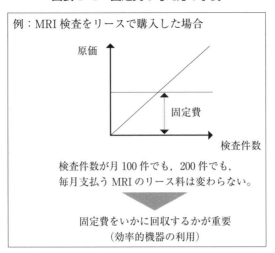

　これらを事例で考えると，前述の検査機器を導入した場合に，この検査1回あたりに得られる診療報酬が10万円であり，1回当たりに使用する診療材料や薬剤などの変動費が4万円であれば，1回当たりの付加価値は10万円－4万円＝6万円となる。この検査機器の固定費（リース料など）が1カ月30万円とすると，損益分岐点は30万円÷6万円＝5件となる。つまり，この検査機器を導入した場合，ひと月あたり5件以上の検査が行われないと採算が取れない事がわかる。そこで，この分析結果を用いて，検査機器導入の判断材料として活用する事ができるのである。

　このように，事業計画を実行するために必要な経営資源の投入のコストは，図表9-3に示したように利益を資本金として循環させることにより確保する必要がある。利益がマイナスの場合は，この資金は預金を取り崩して確保するか，借入金により確保しなければならないが，赤字が長年続いた場合は，預金が底をつき，銀行から借入金が得られなければ，事業は継続できなくなるからである。このことからも，コスト管理の重要性は明らかである。つまり，医療や福祉サービスをより充実したものに展開するための源泉が利益であり，その利益を確保するためには，事業計画と資金計画と採算計画を関連させ，これらの整

図表 9-9 事業計画・資金計画・採算計画

事業計画 ⇔ 資金計画 ⇔ 採算計画

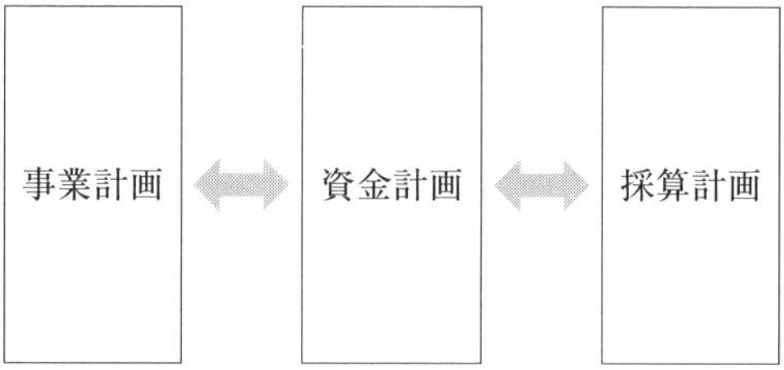

（出所）渡辺［2014］151頁。

合性をしっかりと分析した上で，事業計画を実行しなければならないのである（図表 9-9）。

このように，コスト情報は事業計画，資金計画，採算計画を立案する場合に必須となる情報として活用される。これは，事業計画を予算化する際の優先度を判別する情報提供が可能となるからである。つまり，策定した事業計画が採算性の改善につながるものであるか，患者サービス向上や安全性や質の向上につながるものか，業務効率化や省力化につながるものか，将来に向けたシステム投資や人材への投資か，という視点で予算化の優先度を判別することで，経営資源を人材に投資するのか，設備に投資するのか，将来のために内部留保するのか等，重要な経営判断を行う際に，コスト情報はそのエビデンスとなるのである。

これらのことからも，コスト情報は，医療や福祉サービス提供に対する経営意思決定に有益かつ重要な情報として活用できることが明らかである。

4. コスト情報を活用するための課題

このように，コスト情報の活用は，医療サービスや福祉サービスの効率的・効果的な提供に貢献することが可能となるが，その実践については，いくつかの課題が想定される。

まず，経営管理者がコスト情報の重要性と有用性を認識しなければならない。

前述のように,「非営利組織は利益を出していけない」といった認識や,「コスト情報は意思決定に不要である」といった認識では,コスト測定も十分に行えず,適正なコスト情報に基づいた経営管理が行われない事になる。この点において,経営管理者の理解は重要な課題として認識しなければならない。

コスト情報は,財務会計によって得られるものと,原価計算のように管理会計によって得られるものがある。財務会計は,定められた会計基準に基づき,過去の業績を表すことから,経営管理者は,病院や介護施設の経営状況について,理事会をはじめステークホルダーに対して,説明責任を果たすための情報として活用することになる。そのためには,会計資料の正確性と信頼性の確保が必須であることから,会計監査などを通じて,これらを担保しなければならない。

一方管理会計は,経営管理者が,経営意思決定や業績評価などに用いる。すなわち,病院や介護施設が経営方針を遵守し,効率的・効果的な業務運営を行っているか等について,有用な情報が迅速に示されることで,経営管理者のマネジメントツールとして活用される。

これらのことから,財務会計と管理会計の役割を経営管理者が正しく理解し,活用しなければならない事が分かる。

次に,コストデータ抽出の手法と精度をどこまで精緻に行うか,ということを考えなければならない。

例えば,医療原価であれば,患者別日別にコストを算出するためには,電子カルテなどからこれに対応したデータを自動的に抽出できるように,あらかじめデータウェアハウスなどを整備しなければならない。また,間接費の配賦についても,精緻に配賦するためには,配賦基準となるデータも精緻に抽出できなければならない。例えば,検査部門のコストを診療科に配賦するのであれば,検査を行った患者の件数によって診療科に配賦する場合と,検査の内容によるコスト負担を考慮して,検査別に等価係数を付加した上で配賦する場合とでは,配賦されるコストは大きく変化することになる。前者の方法で配賦する場合は,単純に診療科別の検査件数データを抽出すれば,配賦係数を算出することができるが,後者の方法で配賦する場合は,検査別のコスト負担についてタイムス

タディ法やエキスパートオピニオン法などの手法を用いて，検査毎のコスト負担を計測し，これを計数化した上で配賦係数を算出しなければならない。しかし，この場合は配賦係数を算出するために時間と労力を要する事になる。

このように，コストデータ抽出の手法と精度は，そのデータを抽出できるかどうかを見極めると共に，作業時間とコストを考える必要がある。何よりも得られたコストデータの納得性を担保することが重要となるため，時間と労力を検討し，最適なポイントを決める事が必要である。

もう1つの課題は，原価計算担当者や経営企画室など，コスト情報を扱う組織の編成や担当者の育成である。効果的にコスト測定を行うためには，財務会計をはじめ，管理会計に関する知識を持った職員が必要である。これに加え，この職員は病院や介護施設の運営に関する業務プロセスを理解していることも求められる。なぜならば，コスト情報を取得するために，業務を負荷することは，本末転倒になるからである。情報システムなどを駆使し，業務プロセスから自動的にコスト情報を取得することが理想であるが，そのためには，担当者は会計知識に加え，業務プロセスも熟知していなければならないのである。

さらに，この担当者には分析能力も求められる。これは，コスト測定はそれだけでは単なるデータ抽出に過ぎず，経営管理者が経営意思決定などに活用できるようにするためには，抽出されたデータを分析し，考察を加えなければならないからである。データに考察が加わって，「コストデータ」は「コスト情報」に転換されるのである。

このように，担当者の配置および能力の育成と担当部署の設置は，コスト情報を活用するための組織体制面の課題として認識される。

一方，情報システムの洗練化もコスト情報活用の課題として認識される。これは，前述の通り，コストデータを抽出するために必要な機能であるが，情報システムの整備には多額の費用がかかることから，求める精度と費用とのバランスを踏まえた洗練化を行う必要がある。

適正コスト情報を経営管理に活用するためには，これらの課題を踏まえ，組織全体の課題として取り組むことが重要である事を認識しなければならないのである。

〔注〕
1) 岡本［2000］11頁。
2) 新日本監査法人医療福祉部［2005］117-118頁。

〔主要参考文献〕
岡本　清［2000］『原価計算』国元書房。
協和発酵工業㈱［1978］『人事屋が書いた経理の本』ソーテック社。
櫻井通晴［2010］『管理会計（第四版）』同文舘出版。
新日本監査法人医療福祉部［2005］『病院会計準則ハンドブック』医学書院。
渡辺明良編著［2014］『実践病院原価計算』医学書院。

（渡辺　明良）

第10章

地域包括ケア時代の品質保証

　民間企業における製造物の品質向上は，6Σ（シックス・シグマ）[1]・100万分の1の誤差を追求するレベルに至っている。これに対し，福祉サービス事業を含め，サービス業界においては，製造業における商品に該当する「物品」がなく，人による人への行動・スキル・システムが商品に該当する。また，病院では医師，介護施設ではホームヘルパー・PT・OT等，ケアギバー[2]という人材を商品と捉えることもできる。本章では利用者に対し，高い品質のサービスを定常的に提供し，高い社会的評価を得る方法について，社会的観点・組織経営の両方から考察する。すなわち，福祉サービスにおける高い品質のケア＝秀逸なケアとは何かを考え，それらの具体的な行動基準として見える化[3]を図り，同時に社会にそれらを開示することと言える。

1. 品質向上運動と品質管理

(1) 品質管理とは

① 品質向上運動と事故

　品質管理（QC：Quality Control）は本来製造業において，何千とある部品を組み立てる場合，1部品を製作する下請け業者の不良品を出す確率が100万分の1であっても，製造する100万台の車に1台は不良品が発生する。もし他の

1,000種の部品も同じ確率で不良品を出せば，最悪の場合1,000台に1台の欠陥車が出ることになる。この高い精度が要求される度合は飛行機や車であれば，エンジンではいかなる小さな部品でも100万分の1より数段高い基準が要求されることは自明である。この事例から推察して，福祉サービス事業において，ケアギバー1人が100万人の利用者に対応して同一のサービスが間違いなく行われるかと問うてみると，サービス業界全般の品質の精度に関する概念の確立がまだされていないことが判明する。

② 品質向上運動と組織風土改革

　物品を製造する現場は福祉における現場と同様，管理者の目の届かないところにある。例えば，食品加工場において従業員・パートが悪意を持って異物を混入させた場合，消費者に与えるダメージと恐怖は測り知れない。これに類似する事件が実際にあったが，間違ってもそのような事態にならない方策を事前に検討し，最高の品質に向け改善する活動がQC運動の基本である。管理者の目の届かない現場において品質向上を実践する主体は，職員であって管理者ではない。

　QC運動における管理者の役割は確認行為に限られ，職員全体の責任・チームワークで行わざるをえない。チームワークは生産性向上に優れた機能を持つことは自明であるが，個人で改善を提案しても同意する者が少ない場合，集団・組織の力にならないという団体行動のマイナス面もある。QC運動は消極的な組織風土に汚染されることやマンネリ化することもよくあるので，QC運動で成果を出し続けるためには管理者の応援，支援や他グループの活動を知ることによる刺激も必要である。QCの大会やイベントの企画はそのためにあるが，それらで十分な対策になっているとは言えない。そこでこれらの弱点をカバーするために，外部の第三者による品質チェックで認証を受ける品質保証（QA：Quality Assurance）という社会的仕組みの活用がある。

③ 品質向上運動とイノベーション

　QC運動は弱点もありながら一方で大きなメリットがある。それは職員自ら

が知恵を出し，前向きに参画することで，組織の成果が向上し，改善への自信が連鎖反応を起こし，思いもつかない発見・発明そしてイノベーションにつながる可能性がある。経営者が QC 活動に期待する点は，このイノベーションとそれを生む建設的な職員の経営参加の姿である。自発的（ボトムアップで）に問題解決できる職員集団は，組織の宝である。民間企業で輝かしい成果をあげている優良企業の多くが，過去において職員がイノベーションを起こしていて，その前向きな組織風土が，超優良企業への土台にもなっている点は大いに着目されるべきである。

④ 品質管理と社会的責任

QC（品質管理）活動の具体的な状況を外部に向けて公表することを，ガバナンス[4]（経営の最低限度の義務）と捉えることは，社会的責任（CSR：Corporate Social Responsibility）[5]の遂行となる。低品質による事故は製造物だけでなく，病院の医療事故，介護施設等における事故を想起すれば，それらが社会的責任における瑕疵，信頼の喪失であることもよく分かる。しかしながら，職員の多くは自己の仕事・職務が社会的責任につながっているという自覚・意識に乏しい。作業をしていることそのものに意味・価値があり，仕事であり，強いて言えばインテリジェント・ワーク[6]であるという概念は，優秀な管理者の日々の指導なくしては自覚にまでは至らないことが多い。それは教養の問題ではなく，「習錬により鍛えあげられるもの」だからである。QC を社会的責任に結び付いたガバナンスに昇華させるには，全職員の価値観を日常の作業・行動から仕事（インテリジェント・ワーク）という目で見る錬成の中で，知覚[7]を養っていくという高次元の意識改革へ挑戦しなければならない。

(2) 品質保証とは

① 品質管理と品質保証の相違点

品質管理（QC）は組織内部から品質を向上させようという自発的グループ活動であるが，グループでの取組みから組織全体の取組みである総合的品質管

理（TQC：Total Quality Control）へと拡大する中で，日本の企業は多くの成果をあげてきた。しかしながら，TQCにおける活動テーマはいまだ現場色が強く経営の成果からは離れているとか，経営理念・経営戦略のブレイクダウン[8]が薄いという反省から総合的品質経営（TQM：Total Quality Management）と形を変えて，経営課題との直結を志向するようになった。その結果QCにおける職員の自発性や創造性のエネルギーが低下したため，さらに品質強化を図るため，外部の第三者による客観的評価，すなわち品質保証（QA：quality assurance）の認証を受ける動きが活発化した。これは組織の上部からの直接的指示・命令というスタイルを避け，外部の第三者の指摘で職員自らによりその方向性を決めることができるので，職員の自発性が尊重される点が評価されている。

② 品質管理から品質保証への連続性

▶現状は品質管理（QC）と品質保証（QA）は不連続の状態にある：原因はQAの評価基準が真の品質から乖離していることにある。

　QAの認証を受けることは，かならずしも市場における質の高さを絶対的に保証するものではない。この品質保証認証制度は社会的認知度が低く，QA認証施設においても頻繁に事故が発生している。すなわち，QA認証は，施設の経営者のニーズであっても利用者のニーズとはマッチしていない。QA認証制度が現場の実力を的確に評価するものであれば，もっと社会的地位が確立するはずである。QAの評価項目には，まだ改良すべき余地があると考察される。

▶本来のあるべき品質保証（QA）とは：第三者機能評価の内容が問題（行政指導の影響が強い）

　福祉サービス事業におけるQAは，医療におけるQA[9]を参考に第三者の評価である点に重点が置かれていて，ケアする職員数，設備のチェック，目標管理（MBO）の導入，経営スタイルのチェックに終始している。すなわち，現場でケアする人の態度・行動・言動，さらにノウハウを抜き打ちで検証する段階には及んでいない。ケアの品質で問われるのは，現場職員の態度・行動・言動の秀逸さとその背後に潜む利用者満足度を認識し，

実践するというケアする人の価値観である。

③ 4層レベルの品質保証（QA）

図表10-1は，QAが4層重畳的に用意されている現状を示したものである。このことは，利益優先・商業主義の企業では良質な品質がいかに保たれないかということを逆証明していると理解できる。最も信頼の高い品質保証とは，利用者への情報開示と現場観察（モニターを含む）をいつでもできる体制（見学や

図表10-1　品質保証の4層レベル

国際レベル	国家レベル		地域・業界レベル	事業所レベル
国際標準化機構 (ISO:International Organization for Standardization)	PL製造物責任法	JIS日本工業標準規格	シルバーマーク	事業所の理念・倫理基準
	GMP医薬品優良工程	SG安全ガイド	オンブズパーソン	サービス運営基準
	ハートビル法	消防法	諸・業務ガイドライン	重要事項説明書「利用契約書」
	交通バリアフリー法	景品法 金融商品販売法	協会（資格）認定（各協会及び専門職学会の基準）	サービス利用契約書
WHO・ICD-10 (国際疾病コード― ICD:International Cord of Disease)	憲法25条	生活保護法		事業所内業務規定・基準
	個人情報保護法	医療法	第三者機能評価機構	リスクマネジメント委員会
	医師法	医療保険制度	診療録管理士制度	感染防止委員会 感染防止作業標準
国際病院評価機構 JCI (Joint Commission International)	薬事法・薬剤師法	保険医療機関・保険医の療養担当規制	福祉機器・用具等レンタル規制	個人情報保護責任者
	社会福祉法	老人福祉法	福祉住環境コーディネーター	ケアマネージャーの業界通年研修
	介護保険法 高齢者居住法	成年後見制度	「ケアマネジメント」ソフトのレベルアップ	科学的管理手法の明示（看護必要度・MDS等）
	高齢者虐待防止法	障害者虐待防止法		

（注）太字は福祉サービス事業に直接的に関わる項目を特に抽出した。法規における準則・条例などは割愛した。
（出所）渡辺孝雄 [2006] より作成。

モニタリング・システム）を整えることである。もちろん，QA認証は利用者にとって安全のシグナルであることは間違いないが，最低限度のものだという認識が重要である。

2. コア・コンピタンス経営

(1) コア・コンピタンス経営[10]とクオリティー・インディケータ

　福祉サービス事業が第三者評価の認定を受けるようになって，個室の数や従業員数などが外部からもチェックされるようになってきた。前節で述べたように，QAで利用者のニーズを満たす品質の確保はいまだ難しく，各事業者が社会の信用を獲得すべく，自前の行動基準を設定しなければ，高品質な業者とは認められない厳しさがある。福祉サービス事業の核（コア）は職員の行動で，その品質向上を戦略とすることがまさしく，コア・コンピタンス経営である。それには，独自の行動基準すなわちインディケータの樹立および社会的責任（CSR），ガバナンスの2つを行動基準として，社会に開示する必要がある。CSRおよびガバナンスについての詳細は他の章に譲り，ここではクオリティー・インディケータ（QI：Quality Indicator）[11]について説明する。

① インディケータの樹立
　まず何をインディケータに設置するかが重要であり，例えば以下のようにケアの品質に関わる部分を抽出する。

　　▶経営理念と実施の具体策およびその実践状況（数字化）
　　▶転倒や虐待の防止に対する具体策と取組み現状（数字化）
　　▶職員の採用・教育等，人的資源管理の方法と具体策
　　▶転倒や虐待の現状を開示する（できれば過去5年以内の比較情報の開示）
　　▶ケア・スキルの向上やモチベーションアップの具体策の開示

② ケアの行動基準をインディケータに設置

　ここでは，ユマニチュードの行動基準を採用する。（なお，ユマニチュードについては次のコラムを参照のこと）。

コラム　ユマニチュード（Humanitude）

　知覚・感情・言語による包括的コミュニケーションに基づいたケアの技法。1995年に，イヴ・ジネスト＆ロゼット・マレスコッティの2人が開発した。この技法で，その後35年間，病院や施設でケアの改革に取り組み，「人間は死ぬまで立って生きることができる」と提唱してきた。それは体育学の専門である2人の「生きている者は動く，動くものは生きる」という思想と文化に基づいている。

〈定義の詳細〉
　様々な機能が低下して他者に依存しなければならない状況になったとしても，最期の日まで尊厳をもって暮らし，その生涯を通じて「人間らしい存在であり続けることを支えるために，ケアを行う人々がケアの対象者に『あなたのことを，私は大切に思っています』というメッセージを常に発信する。つまりその人の『人間らしさ』を尊重し続ける状況こそユマニチュードの状態である」と定義づけた。

〈ケアのレベルを設定する〉
　レベルに応じたケアができていないことが，状況を悪化させている。
　①健康の回復をめざす，②現在ある機能を保つ，③死の瞬間までその人に寄り添う（①および②が不可能な場合）

〈ユマニチュードの3つの柱〉
　①　その能力や状態を正しく観察し，評価と分析を行う。
　②　「見つめ」「話かけ」「触れる」「立つ」ことや移動を効果的にサポートする。
　　▶「見つめ」……目があって2秒以内に話しかける（恐怖間を与えないため）近くまで寄って視線をつかむ手法が重要である。
　　▶「話しかけ」…返事がなくても，これからするケアの予告やケアの実況中継を話しかけ続ける（オートフィードバック）。これで瞬き1つでもあれば，コミュニケーション成立である。
　　▶「触れる」……顔や手の敏感な部分には触らない，作業で急ぐ場合は背中や上腕から，5歳児程度の力で，上からではなく下からつかむ。指ではなく手の平を使う。（指は広げてサスル要領で！）
　　▶「立つ」………人間の尊厳は「立つ」ことによりもたらされる面が強い。脳・血流・筋力・骨格の活性を促す。着替え・洗面・清拭は40秒立てれば作業はできる。その連続で1日20分立位でのケアを目指す。

③　以上の行動の抑制も強制も行わない。
　以上の環境をつくることができれば，ケアを受ける人の能力は改善できる
〈心をつかむ６つのステップ〉
　①出会いの準備…「あなたに会いに来た」というメッセージを伝える。
　②ケアの準備……相手の視覚・聴覚・触覚のうち２つに情報を同時に伝える。
　　　　　　　　　同時に腕をつかむ，いやなところに触れる，マイナス行動はしない。
　③知覚の準備……ケアを受ける人が心地よく感じる「知覚の連鎖」を用いる。
　　　　　　　　　笑顔・穏やかな声・優しいタッチ等を組み合わせる。
　④感情の準備……ケアについて共感・感情記憶を残す。良い時間を共に過ごしたことを振り返る。今日できた行為を努力・協力と認め感謝の意を伝える。
　⑤再会の準備……再会を約束する。日・時をメモに残してくる。約束してくれたという感覚が社会との繋がりを取り戻した実感を得る。
（出所）　ジネスト＆マレスコッティ（邦訳）［2014］」より抄訳。

(2) 新しい品質評価項目：ネットワーク作り

　外部からやってくる利用者の健康状態を理解するには，前施設からの患者・利用者についての情報が非常に重要である。例えば，介護施設から病院に入院する患者にMRSAに感染しているかどうかの情報は，病院にとって決定的に重要な情報である。それを病院が感染者を送りこんでくる質の悪い施設だと理解する動きがあれば，正確な情報は添付されなくなる。その結果，院内感染が拡大することは明白である。各施設が本当に必要とする情報は何か，忌憚なく言える信頼関係の構築ができている必要がある。

　①　医療機関同士の連携（診療所⇔診療所・診療所⇔病院・病院⇔病院）
　病院間の連携でも組織風土の違いは大きく，互いにそれを公開したところで，コミュニケーションの温度差はかなり大きいと推察される。ところが，病院と診療所在宅医療（かかりつけ医）のコミュニケーションや情報に関する温度差はさらに大きいと推察される。そこでは両者の窓口担当者にお任せ，トラブル解決もお任せになり，その結果互いの担当者の責任を問う形での幕引きが起きかねず，次の担当者のなり手がいないという悪循環が想定される。

　②　福祉施設（居宅介護）と医療機関の連携
　病院間同士の連携トラブルより深刻な問題が起こる可能性がある。相互の組

織文化が大きく異なるため，トラブルの意味もわからず，感情的なしこりだけが残ることもありえる。

③　福祉施設同士との連携

同業者同士ということでコミュニケーションは実務レベルで分かりあえる可能性が高く，トラブルは管理者のリーダーシップで調整がつくと推定される。問題は利用者の認知症の度合（徘徊の頻度と問題行動の程度）に関する情報が食い違った場合であるが，想定される問題だけに，その時両施設の誰が同意形成を図り，問題解決するか事前にシステムを構築しておくことが重要である。

〔注〕
1) 6Σ（シックス・シグマ）とは，統計学の正規分布，ゼロ6個すなわち100万個に発生するミス発生率を3.4回以下に抑える品質基準をいう。米国モトローラ社が，1980年代に開発したQC手法・経営手法。精密業はじめ正確さを要求される分野ではよく知られている「ばらつき」（不良品）の発生する確率の目標値を示す。その精度が6Σは厳しすぎて現実的でないという批判もあるが，全体的に精度向上レベルは高くなっていることは世界的傾向である。
2) ケアギバー（Care giver）に該当する的確な訳語がなく「介護士」と訳されている場合もある。ケアが気配り，お世話等とも訳される点から保育士や教師もケアギバーと称される場合すらあるが，ここでは医療も介護も包括する概念の中で，医療・介護を含めたケアを提供する者という意味で使用する。
3) システム化という表現より幅の広い言葉で，文字化・映像化・記録保存・説明責任・管理者および職員のリテラシー能力まで問われる。多くの職員，多くの職種を保有する職場で，チームワークを必要とする場合は，方針や価値観や問題点を共有していることが生産性向上の条件である。そのために「見える化」が，マネジメントの課題となる。しかし，この本来の主旨が徹底及び教育されていない現場が多いのも事実である。
4) ガバナンスについて，詳細は12章参照のこと。
5) CSRについて，詳細は12章参照。
6) 仕事には必ず目的があり，その目的に添った合理的判断が必要である。その仕事は何のためにするのですかと職員に質問して，明確な返事が返ってこない職員の仕事ぶりは作業員にすぎない。目的が分かれば，次に担当する人への仕事の渡し方まで注意が及んでチームワークとなるが，単なる作業では，次に担当する人に仕事を放り出すことにすぎない。組織における仕事とは，意味の連携・連鎖で，インテリジェント・ワークなのである。
7) 知覚とは，本来の目的・意味を伝えるのに的確な行為ができることを意味する。含蓄のある言葉で，十分な考察が必要である。実例を挙げると，コミュニケーションという言葉は，専門的には信頼関係を構築する行為であり，相手の意見を聴き，正しく反応することだが，単純に双方の情報伝達と通常は理解されている。しかしながら，信頼関係構築が目的なら，目線を合わせる，言葉だけでなくボディーランゲージ（笑顔・うなずき）やボディータッチなどの事前行為がかなり重要で，これらの行為がコミュニケーション

かと聞かれると，はたと首をかしげるのは，いまだ知覚に至っていないと言える。
8) トップ・管理者から職員までの立場上の具体策の展開，また各組織・部門ごとへの細目への展開。この一貫した展開のチェックのシビアさが，組織の実力といえる。
9) 日本医療評価機構（JCQHC：Japan Council for Quality Health Care）が，1980年厚生労働省と日本医師会が発起に関わり設立され，2008年時に2,530病院が認定された。患者ニーズを反映していない等まだ問題はあるが，改善を重ねてきており，病院全体のレベルも上昇していることは事実である。
10) 組織の事業の中核（コア）に，集中的にノウハウやイノベーションを構築することを経営戦略とする経営スタイルのこと。例えば，少し以前まであった総合病院を例とするならば，どの診療科目にブランド的価値があるか不明であったが，この経営戦略により中核となる診療科目を決め，経営に「柱」「売り」ができ情報発信が強まり，顧客満足度追求やマーケティングが明確になる。その結果，競争力がつき，現代的課題がクリアできるというもの。
11) 組織の品質のグレードを示す指標（インディケータ）を設定すること。特にサービス業において顧客に提供するサービスの質を具体的に提示することは，組織の信頼度を高める。看護や介護における職員の行動基準を具体的に明示したQIは，品質保証（QA）を超える目標となり，CSRにも叶う。

〔主要参考文献〕

ジネスト，イヴ＆ロゼット・マレスコッティ（本田美和子訳）［2014］『ユマニチュード入門』医学書院。
塚本一朗・関正雄編著［2012］『社会貢献によるビジネス・イノベーション―「CSR」を超えて』丸善出版。
ハメル，G.＆K.プラハード（一條和生訳［1995］『コア・コンピタンス経営―大競争時代を勝ち抜く戦略』日本経済新聞社。）
福井次矢監修・聖路加国際病院QI委員会編［2012］『Quality Indicator 2012［医療の質］を測り改善する』インターメディカ。
渡辺孝雄［2006］『環境の変化とその対策―医療・福祉サービスの経営戦略Ⅱ』じほう。
渡辺孝雄・服部治・小島理市編著［2008］『福祉産業マネジメント』同文舘出版。
「企業行動憲章実行の手引（第6版）」
　〈https://www.keidanren.or.jp/policy/cgcb/tebiki6.pdf〉

（小島　理市）

〈ケーススタディ〉
地域包括ケアにおける医療と介護のケア融合の事例

1. 介護保険制度における看護小規模多機能型居宅介護の位置づけ

　本書の第3章「介護保険制度」のなかで，小規模多機能型居宅介護については，簡単に述べられているが，制度の内容を図示したのが171頁の図表10-2である。そこで，ここでは事業運営者の視点から，地域包括ケアシステムの評価および具体的なメリットを述べる。

(1) 施設中心の「看護・介護」の限界のサポート
　医療とりわけ病院が生き残っていくためには，診療報酬に適合させた施設運営が必須の課題である。特に急性期病棟・病院の生き残り戦略には，平均在院日数の短縮や看護必要度要件等，様々な数値目標の同時クリアが迫られている。それらの諸要件のクリアと，高い病床稼働率への追求に集約される状況下では最低限の課題，患者さんの命中心の治療を最優先せざるを得ない。必然的に看護も，保健師助産師看護師法に定められている看護職の職務である診療の補助と療養上の世話の内，診療の補助業務のウェイトの方が高くなってきている。本来，看護の独自性は療養上の世話の方にあると多くの看護職は考えているが，その独自性を発揮できる時にはすでに退院が迫っているのが現状である。看護職には実践したくてもできない状況の中で，充実感・達成感の不足から離職原因にもなっている。この現実に対する解決策として，病院―病院，病院―診療所，病院―介護施設，等の多様な連携の強化が求められるようになったが，施設中心のケアの提供だけでは今後急増する後期高齢者や認知症高齢者への対応がインフラの面で対応できないばかりか，ケアの質においても患者・利用者ニ

ーズを組むことができない。その点，地域密着型サービスは，施設中心のケアの限界をサポートする角度の異なる新しい制度といえる。

そのためには，まず既存の各施設や各事業所が信頼しあいながら，必要なケアが切れ間なく提供されなければならない。施設や事業所の役割や性格を強みの点から再度見極め，効果的にタッグを組める連携づくりを職員目線で主体的に実践することである。これが新しい地域包括ケアシステム[1])の取組みの一歩になると考えられる（図表10-2）。

(2) 医療の現場と地域密着型サービスとのハザマで聞こえる「生の声」

現在の医療は，病院の規模および歴史に応じてそれぞれ特化した役割分担が成されている。急性期ではまず命を救うことを優先せざるを得ず，限られた入院期間の中では，患者に対し生物的側面への対応に優先順位を置かざるを得ない。一方，介護では利用者の生活者としてのありたい姿が優先順位になる。地域密着型サービスの立ち上げに当たり，先行事例の学習体験を通して，介護の現場から聞かされた本音の言葉は下記2点である。

① 医療従事者の対応の中で，利用者の終末期の意向が最期の時に施設看取りから医療に切り替わることがあり，救急搬送すると「何で連れて来たの」と医師から言われ，付き添った職員が辛い思いをした。

② 施設であれば身体拘束をせず，早い時期から嚥下訓練対応や離床に取り組めるが，治療の見極めが瞬時につかめないために，心身の機能低下が著明となり，介護処遇の変換が余儀なくなった。また，介護の現場は，医療に対し苦言を呈したくとも言うことが出来ない。

以上の問題は，社会的に見て「ケアの継続性」が実現できていない現実を示している。医療と介護の両現場の乖離や葛藤は将来にも尾を引いて残る懸念があり，社会問題になりかねないと危惧する。最後に被害を受けるのは，患者・利用者である。地域密着型サービスは，こうした現状を打破するために誕生した窮余の策と考察される。

図表 10-2 新たなサービス体系の確立（地域包括ケアシステム）

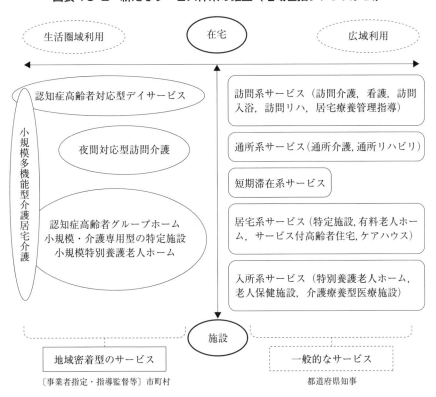

（出所）厚生労働省老健局「地域包括ケアシステムについて」2013年6月より作成。

(3) 地域密着型サービス（生活圏域）の特長

特長として，次の4点があげられる。

① 自宅に近いエリアで，利用者や家族とのコミュニケーションがとりやすい。また小規模で移動しやすく，個室や風呂場・その他設備等の住環境が家庭に類似して多機能で，安心感が得られる。

② 少人数の利用者に対して利用者への1対1の属人的ニーズに配慮したキメ細かいケアが提供できる。

③ 利用者のニーズに合わせた多様なサービス体系を有し，必要とされるケアを量ではなく質で判断し，臨機応変に対応できる。

④ なじみの職員からなじみの関係をベースにした関わりが出来る。事業によっては，介護支援専門員も専従であり，一体的なケアマネジメントが可能で，利用者の状況に応じてサービスを柔軟に計画し，提供できるのが最大の強みである。

2. 看護小規模多機能型居宅介護事業の事例

(1) 経営母体である所属法人「B病院」の概要

所在地　：C市（人口22.5万人，首都圏のベッドタウンであり，高齢化率は22.8％，全国平均26.8％との差が縮小），50％台の地区もある。2025年問題を控え，高齢化対策の強化が必須の地域（2015年調査より）

法人内病院の規模：267床（ICU4床）・DPC対象病院

併設施設：傘下にクリニック，人工透析センター，健診センター
　　　　　介護老人保健施設，訪問看護ステーション，地域包括支援センター，居宅介護支援事業所等の13介護事業を展開

地域医療：開設当初から地域医療の中核をなすべく在宅診療や訪問看護を開設本部長は，市の医療・介護・福祉連携会議の立ち上げにリーダーシップを発揮，本会議は毎年発展。年3回程度，当市および近隣地域の医療・介護・福祉の関係者が一堂に会し，連携方法についての研修やケーススタディを行い，参加者が増加。市および近隣地域の他業種と顔の見える関係づくりの場として，医療・介護・福祉の課題を共に考え，共有化する重要な拠点になっている。

(2) 看護小規模多機能型居宅介護事業所「A」の概要

① 開設時の状況

2016年4月に，市のほぼ中心部に近いエリアへ複合型施設の中の事業所として「A」が開設された。施設内には，C市で初めての重症心身障害児の多機能型事業所3事業（児童発達支援，放課後等デイ，生活介護）があり，また点在していた訪問看護ステーション，訪問介護事業所が移転同居した。合わせて，サービス付高齢者向け住宅も併設されている。バックボーンに医療法人が存在することで，利用者の往診や状態悪化時の対応への連携もしやすい環境にある。

② 事業所周辺の環境（関連機関の状況）

病院数：事業所から車で10分圏内に5病院（市立病院を含む）

診療所：内科3件（内1件が在宅療養支援診療所），歯科7件，耳鼻科1件，合計11件

調剤薬局：エリア内は7件（最寄駅が近く駅周辺には多数あり）

介護施設：居宅介護支援事業所10軒，訪問介護事業所10軒，訪問入浴介護事業所1軒，訪問看護事業所4軒，訪問リハビリテーション事業所3軒，居宅療養管理指導事業所2軒，通所介護事業所13軒，通所リハビリテーション事業所2軒，短期入所生活介護事業1軒，短期入所療養介護事業所2軒，福祉用具貸与事業所2軒，特定福祉用具販売事業所2軒

近隣の施設：C市消防署本部，C警察本部，保育園，老人憩いの家，公民館，その他（駐車場，ガソリンスタンド，美容院，理容店，スーパー・マーケット，クリーニング店，飲食店，商店街）

③ 事業所の受入れ体制

事業所への登録要件は，市内在住で，要介護度1〜5の方である。登録定員29名以下，通い定員18名以下，宿泊定員6名以下の事業所で，なじみの職員が1つの事業所から一体的なサービス提供を行っている。さらに，障害者の基

準該当の生活介護と短期入所の認可も受けており，同時期に開設した，重度心身障害児者の方々の緊急事態に備えた体制もとっている。

④ 事業所の利用者の状況

事業所開設に当たって相談に来た方は，下記3種類である。
Ⅰ．過去にバルーンカテーテル・チューブ管理等があり，他の介護サービス事業で受け入れ困難な方々
Ⅱ．介護施設が混乱や不穏で対応困難な方々
Ⅲ．介護度ごとの基準限度額内では賄いきれない介護サービスが必要な方々

⑤ 利用者の受入れプロセス

a) 利用相談が入ると，専従の介護支援専門員（以下，ケアマネ）が現任ケアマネと利用者情報を受け，面談や事業所内案内・見学を通して利用者の心身状態をアセスメントして，暫定ケアプランを作成する。

この時アセスメント表として使用するのは，介護保険の居宅支援事業所ケアマネが使用しているフェイスシート[2]およびアセスメントシートで，後者にはMDS-HC方式等の5つのパターンがある[3]。介護報酬算定のため居宅ケアマネは，このシートと表を使用することが多い。

b) 暫定ケアプランが作成されると，事業所では多職種協働の総合マネジメントカンファレンスを開催し，様々な角度からプランの内容を検討してプランを整える。

c) その後利用者の自宅で関係者[4]によるサービス担当者会議が開催され，利用者の同意を得てサービスが開始される。サービス開始後は，3日間隔で事業所カンファレンスにて心身や生活の状態の評価と看護介入等プランの修正を行う。その結果をもって原則月1回，ケアマネが利用者宅をモニタリング訪問し，ケアプランの修正やプロセス確認等のサイクルを繰り返す。

⑥ 事業開始後に確認されたポイント

実際に事業所のサービスを開始してみると，以下のようなポイントが確認で

きた。少人数利用者の対応をなじみの職員が対応する効果も出ているが，一方で職員の資質の差が品質にバラツキを発生させない取組みに磨きをかける必要がある。

a) 1カ所で看護，介護，リハビリが行えること。
b) 医療面の対応・処置のカバーが可能なため，薬剤管理が正確に出来ることや異常の早期発見・対応が可能になり，病状安定に繋がる。
c) 認知症対応も含め，利用者の想いをしっかり受け止めて対応することで，不穏等が軽減する。
d) 継続的に摂食嚥下訓練を行うことで，食事機能が向上した。
e) 当事業所のサービスでご家族の生活の自由度が向上し，同窓会に参加できた，久しぶりに入浴で浴槽に浸かれた，集中して深い睡眠がとれた，等々の喜びの声が聞かれる。

⑦ ステークホルダー（利害関係者）との関係および社会的責任

　事業所と地域との繋がりづくりや事業のモニタリングおよび質の評価を行う場として，原則2カ月に1回「運営推進会議」が開催されている。構成員は，地域代表・利用者（家族）代表・行政・職員代表等，様々な立場の方であり，事業の実態把握や質の評価・地域との絆づくり等がなされていく。事業所は開設後間もないため，運営面の細部に不十分な所もあり，ご意見を頂くこともあるが，貴重な業務改善のチャンスと捉え，速やかにカンファレンスで納得いくまで話し合って，スタッフ全員で改善に繋げることをルールにしている。この積み重ねが，信頼の増幅と事業所の品質向上へのノウハウと考えている。このポジティブな姿勢が社会的責任（CSR）であると位置付け，ガバナンス（組織が事故を起こさない統治）として情報の開示を予定する。

3. 看護小規模多機能型居宅介護事業所の課題と将来展望

　社会保障制度の取組みの現実においては，医療現場では担いきれない介護へ

の対応や，医療対応に限界がある介護現場の現状が存在する中で，その両方のニーズがある患者・利用者に必要なサービスが不足している実態が拡大している。例えば，介護者が入院をすると，医療ニーズがある利用者を預かってくれる施設や事業所がなく，不必要な入院で対応しなければならない。その結果，本来必要なサービスが滞り，心身の状態が低下した，等の声がある。

(1) 現状と課題

　厚生労働省の「介護事業所・生活関連情報検索」の「介護サービス情報公表システム検索」によると，医療と介護の隙間を埋める役割である看護小規模多機能型居宅介護事業所の全国の開設数は，2015年10月時点で237事業所，全事業所で登録可能な人数は6,873人と示されている。最も多い地区が北海道で28事業所，次いで，神奈川の25事業所，東京の16事業所と続く。しかし，山梨は0事業所であり，1事業所の都道府県も，岩手・富山・長野・岐阜・滋賀・奈良・徳島・宮崎・沖縄と9県に渡る。

　各都道府県の人口との比率を見ると，全国の人口に対する登録可能比率は，同時期の65歳以上人口33,921,000人では0.02％，75歳以上人口16,405,000人では0.04％の方しか登録できない状況と言える。

　国が推奨している中学校区に1事業所設置の面でも，15年10月，全国中学校基本調査による全国の中学校数は10,247校であり，現存の事業所数との差は，マイナス10,010事業所で，国が目指すところとの乖離は圧倒的に大きい。

　日本看護協会は，12年から開始している「複合型サービスの効果と課題について」で，複合型サービス（現，看護小規模多機能型居宅介護事業）を推進するための課題として，①複合型サービスの趣旨の周知・理解が進んでいない，②看護職員や介護職員の確保が難しい，③複合型サービスの効率的な経営・運営方針がわからないの3点を挙げている。

(2) 事業所における問題解決の事例

　①　事業母体のB法人内への周知に多くの場や時間を費やした。開設後も，関連する他の事業所に看護小規模多機能型事業所の説明を繰り返す。看護職は

法人内の訪問看護ステーションと一体型にすることで，数人の看護師採用にとどまる。介護職は，ハローワークの求人エントリーや施設見学相談会等の利用，中断していた初任者研修の再開により採用。母体の法人の規模が大きく，人材育成の仕組みや評価体系も整っているが，今後の離職防止が鍵になる。

② 日々の実践を通じ出会った患者・利用者の個人ごとに，誠実に関わり続けることが周知・理解に繋げる早道と捉え，丁寧な対応・工夫を心がけている。

③ 複合型施設内には，地域交流スペースや地域に開放された研修室も用意している。「認知症カフェ」を立ち上げて，認知症実態やケア理解を深める活動をしていく方向である。また地域の介護事業所と交流して行う研修等を通じ，楽しい職場づくりに努めている。

④ 事業所を立ち上げに際しては，エリアのニーズや競合をアセスメントし，強みを発揮して特性を出していくことが重要である。家族から，あの事業所なら安心して任せられる，困ったらあの事業所に相談しようと評価されることを目標としている。

(3) 推察される制度の課題

① 収益率の向上

医療・福祉・介護の隙間は，まだまだ公的サービスだけでは埋められてはいない。ニーズはあるものの，在宅での介護生活を支える居宅サービス事業所の経営状況は，依然苦しく，近年若干の改善がみられた程度である。図表10-3によれば，民間企業の人件費率に相当する給与比が50％以上で，70％台が多いことが顕著であり，利益率に相当する収支差率も10％以下が大半で，とても現在の職員の処遇改善や将来に向けた積極的投資は不可能である。この事情を反映し，経営困難を理由に撤退する事業所もある。非正規雇用の活用にも限界が見えている。また賃金引上げの社会情勢も鈍く，利用者の意識はお世話になるばかりではと控えめな伝統的日本人思考パターンもある。これらを勘案すると公助（社会の政策・制度），共助（コミュニティ，企業，NPO等）や自助（住民）でも埋め難い現実の大きな壁をいかに克服するか懸念される。

図表 10-3　居宅サービス事業所の収支差率

	2011 年		2014 年	
	A	B	A	B
認知症対応型共同生活（介護予防含む）	56.4%	8.4%	55.9%	11.2%
訪問介護（介護予防含む）	76.9%	5.1%	73.7%	7.4%
夜間対応型訪問介護	75.8%	4.6%	83.0%	3.8%
訪問看護ステーション（介護予防含む）	80.0%	2.3%	76.6%	5.0%
通所介護（介護予防含む）	55.6%	11.6%	55.8%	10.6%
通所リハビリテーション（介護予防含む）	61.2%	4.0%	59.3%	7.6%
短期入所生活介護（介護予防含む）	57.5%	5.6%	59.2%	7.3%
小規模多機能型居宅介護（介護予防含む）	63.7%	5.9%	63.4%	6.1%

（注）　A：収入に対する給与費の割合，B：収支差率
（出所）　厚生労働省介護給付分科会第 9 回「資料 1-1　介護事業経営概況調査結果の概要」より抜粋。

② **難しい専門職の多能化**

　多能化とは，職員の自由度（時間および資金）を作り出す工夫で，専門学校・資格取得，技師の免許取得等で 2 つ以上の専門能力を身に着けることである。多能化は，事業所の採算と利用者へのサービスを途切れないようにするために，必須の課題である。そのため現職員の後継者として，他福祉施設に勤務のベテラン退職者の雇用に期待せざるを得ない。

③ **管理者の資質**

　この事業における管理者は，マネジメントの責任者であると同時に専門スタッフの一員としての役割も期待される。しかも，多くのケア専門職でリーダーシップを発揮するには，ケア施設の入所・出所を決める看護職[5]が要望される。現役時代に経営に近いところで，看護職のキャリアを有する人材を雇用することは容易いことではないと推察される。事業の登録が極端に低い原因は，人材の確保にもあると考察される。

〔注〕
1) 地域包括ケアシステムは，保険者である市町村や都道府県が，地域の自主性や市体性に基づき，地域の特性に応じて作りあげていくことが必要であり，住民の住まいからおおむね30分以内（生活圏域）に必要なサービスが提供される日常生活圏域（具体的には中学校区）を単位として想定される。そして団塊の世代が75歳以上となる2025年を目途に，重度な介護状態となっても住み慣れた地域で自分らしい暮らしを人生の最後まで続けることができるよう，住まい・医療・介護・予防・生活支援が一体的に提供される地域包括ケアシステムを実現する。また今後，認知症高齢者の増加が見込まれることから，認知症高齢者の地域での生活を支えるためにも，地域包括ケアシステムの構築が必要である。さらに人口が横這いで75歳以上人口が急増する大都市部，75歳以上人口の増加は緩やかだが人口は減少する町村部等，高齢化の進展状況には大きな地域差が生じることが想定される。
2) サービスを利用する前に，施設が利用者の氏名，年齢，性別，家族構成，健康状態の基本データをまとめる用紙。調査票の表紙に添付されるところから，フェイスシートと称される。データを統計的に分析する場合には，不可欠の情報である。
3) ケアプランを作成するために必要な情報を記録する用紙。フェイスシートと1つにまとめたものもある。この用紙の様式には，①MDS-HC方式（Minimum Data Set Home Care），②包括的自立支援プログラム，③日本介護福祉会方式，④日本訪問看護振興財団方式，⑤ケアマネジメント実践記録様式，の5つのパターンがある。様式の良否は利用者全般に適用できる網羅性を重視すれば，利用者に一定の傾向がある場合は，不要欄が多くなるなど使い勝手や診療報酬請求実務にも適したスタイルを優先する施設もあり，決まった様式が定着していない現状である。MDS-HC方式もアセスメント様式の1つ。ケアの領域30を機能面・感覚面・精神面・健康問題・ケアの管理・失禁の管理に区分している。在宅高齢者のQOL（を生活の質）を重視していて評価が高い。
4) 医師，PT，OT，栄養士，介護福祉士。
5) 筆者の場合，たまたまケアミックスのD病院（認知症病棟を含む）[O1]において看護部長として2014年6月まで勤務しており，定年直前で次のライフステージを模索していたところ，地域密着型サービスを立ち上げる人材を探している情報を得て，同年7月に現職に転職できた経緯がある。D病院は，C市にあり職住接近という環境にも恵まれ，病床数182床（一般48床・療養80床・精神54床），診療科目16科（リハビリ科・麻酔科を含む），その他に介護事業所4つを併設している。ここでの新規事業の開設や経営の見える化としてTQC等に携わったキャリアが大いに役立った。ただ法令遵守の点から，患者・利用者も人権の擁護・尊重・保護や後見人制度等について，弁護士・行政書士・民生委員との連携を通して，法規の学習や情報の収集の必要を痛感している。

〔主要参考文献〕
（株）日本総合研究所［2014］「事例を通じて，我がまちの地域包括ケアを考えよう『地域包括ケアシステム』事例集成―できること探しの素材集―」3月。
田中滋監修［2015］『地域包括ケア サクセスガイド―地域力を高めて高齢者の在宅生活を支える―』メディカ出版。
足立里恵［2015］『兵庫・朝来市発 地域ケア会議サクセスガイド―地域包括システムのカギが，ここにある！』メディカ出版。
東内京一監修，宮下公美子著［2015］『埼玉・和光市の高齢者が介護保険を"卒業"でき

る理由―こうすれば実現する！理想の地域包括ケア』メディカ出版。
平成24年度老健事業「地域包括支援センターにおける業務実態に関する調査研究事業報告書」2012年。
厚生労働省老健局　「地域包括ケアシステムについて」2013年。
中央社会保険医療協議会　「わが国の医療についての基本資料」2011年。
厚生労働省　「介護事業所・生活関連情報検索，介護サービス情報好評システム」2015年。
全国中学校基本調査「平成27年10月版」2015年。
日本看護協会「複合型サービスの効果と課題について」社保審―介護給付費分科会第101回・参考資料1　2014年。

（山田　豊美）

第11章

福祉マネジメントにおける人的資源管理の実践

　人的資源管理（HRM：Human Resource management）の経営活動における比重は，ますます増大している。福祉マネジメント分野においても，同様の傾向となっており，事業の成長・発展のカギは，当該組織，当該事業所の人にかかわっているといえよう。つまり人としての人材をどう確保し，育成して，活用，さらに評価・処遇に結びつけて有効に運用していくかが経営力を決めることになる。

　今日の福祉事業において，当面する人材の問題は，①確保，②育成，③活用，④評価・処遇の各領域のどこにあるのかを確認し，改めて事業所レベルで検討し再構築していく段階に来ているといえる。こうした現状の人にかかる問題について，体系的にとらえ，補充計画の設定，実施を図らねばならない。

　具体的な展開様式は，次の形態となる。「欲しい人材を採用する」⇒「採用した職員は事業所，施設にふさわしい人材に育てていく」⇒「職員の能力・意思をうまく活用する機会，仕事と適応させる」⇒「職員の仕事ぶり，成果・業績を反映した処遇（賃金・昇格・昇進）に結びつける」。こうした人的資源サイクルの運用で大切なことは，人を大切にするという基本行動姿勢である。人を大切にする思想・行動は，世話する側の人，世話される側の人にとって共通のものとなって定着しているだろうか。そうでない現状を直視しなければない。

　現状を一歩ずつ改善していくか，大幅に改善となるのか。今日の福祉事業は人的資源管理の面からも，改善，さらに改革への確かな取り組みが課題となっている。福祉サービス事業は小規模経営と言えども，ベテランの専門職による，少人数で多能な職員の集団を目指さなくては，ケアの高い品質や採算を維持で

きない。その意味で，人材の確保の見える化された魅力ある経営が必要であって，HRM は相応しい概念である。

1. 人的資源管理（HRM）の体系

　人的資源管理領域の取組みについては，前述した４つの領域の動きを対象にして有効な展開を進めていかなければならない（図11-1参照）。人的資源確保→人的資源育成→人的資源活用→人的資源評価・処遇のサイクルは，管理運用面では常に思考の底流に置いて実践していくことが大切な点である。

(1) 職員の採用・確保
　福祉事業への関心の高さに比べて，応募する比率は高くないのが実態である。そうした認識をどう転換させられるか。現在，進めている福祉サービス事業としての特色（採用・処遇面）を育成・活用・評価・処遇と直結しているヨコの意味連関でまず確認すべきである。そのうえで，採用活動はタテの意味連関，「人材の採用活動」→「人材の量調整」→「専門能力職員の確保」→「就業形態の多様化への就業管理」について，いま集中すべきテーマはないか，等を戦略的に対応すべきテーマとして検討していく。そこで見えてくるのが小規模経営のマンパワー確保の点から，ベテラン専門職でも多能（最低２つ，例・看護師でケアマネジャー）であることがベストとなる。そして雇用された職員の休暇や欠員になることも想定し，従来の人事概念である補充採用を急いで行うのではなく，以下のように長期の戦略的観点から設定しておくべきであろう。
　① 多能化のサポート計画を職員別に作成（平均２つの職種を３つにするための支援プランの作成）
　　事実上のキャリア開発計画（CDP：Career Development Program）[1]となり，モチベーション向上にもなる。
　② 専門職の権限委譲（プロフェショナルフリーダム[2]の確保と責任の明確化）

図表 11-1　人的資源管理における領域対応課題

人的資源「確保」の領域	人的資源「育成」の領域	人的資源「活用」の領域	人的資源「評価・処遇」の領域
▶人材の採用活動 ・人材採用戦略に基づく人事計画 ・求人活動 ・定期採用 ・不定期必要時採用 ・派遣社員採用 ・パートタイマー採用	▶OJTによる個別育成の推進 ▶OFF・JTの運用 ・層別・部門別教育訓練 ・外部機関への参加型研修 ・海外・国内留学研修	▶配置による能力発揮と活用 ▶異動による適応能力の発見と活用 ▶昇格による能力向上と活用 ▶昇進によるリーダーシップ向上と活用	▶人事評価制度の運用 ・評価要素と要素比率の独自性の改訂 ・評価結果の導入 ・上司評価の検討・理解 ▶成果・貢献度の評価比率の拡大 ▶必要人数と現状との対比分析
	▶自己啓発支援制度の実施 ▶管理職キャリアアップ研修	▶権限委譲による能力活用の機会設定	▶目標管理による実施成果の分析と点検
▶人材の量調整 ・契約満了時の更新・解除 ・出向・転籍の手続と実施 ・正規・非正規／職員比率の調整	▶CDPによる計画的長期育成 ▶即戦力化の教育研修	▶自己申告制度との連結による能力活用	▶組織成員能力と職場能力の相関度検討
	▶エンプロイアビリティ（他職種・他施設への再就職能力）研修でライフ設計支援	▶目標管理との連動による成果達成意欲の醸成 ▶出向・派遣による適応能力の拡大	▶能力発揮度と成果・貢献度の符号分析 ▶職能給・職務給賃金制度の運用 ▶成果・業績対応の報酬方式
▶専門能力職員の確保			
▶就業形態の多様化への就業管理	▶職員意識・マインド刷新への働きかけ	▶職務拡大・職務充実と現有能力の組合せ	▶人件費コストの計画化と現状分析
▶国際活動担当者の採用	▶従業員満足（ES）の配慮対応	▶高年齢層・潜在的有資格者の戦力化・活用への促進態勢 ▶TQC/TQMへの参加	▶国内人材の活用評価 ▶海外人材の採用・活用・評価運用

(出所)　服部・谷内編 [2006] 6頁より作成。

責任は明確にするがトラブル解消には，全員参加と善良なる組織風土の維持を前提に運営する。
③　ネットワーク化の推進（ネットワークの主催は管理者）
職員として参加できる可能性のある人を見つけ，データベース化と交流の「場」を常設する。

(2) 人材の育成

ベテランの専門職とは言え，さらなる多能化や既存の専門能力をさらに向上させる人としての成長を促す。TQC（全社的品質管理）やカンファレンスにおけるリーダー（輪番制）を担当させる，雑誌や論文の投稿，進学への応援，外部研修への参加の応援等，チーム全体で理解し支え合う。

(3) 人材の活用

職員各人の能力をどのように開発し，発揮する機会をどのように作っていくかが大事な点である。それには，まず直属の管理者が日常の活動を通じて，育成と活用について，工夫し機会を作るよう運用していくことが望まれる。職員メンバーの能力発揮の場づくりに，もっと工夫していかねばいけない。

(4) 評価・処遇

人の能力発揮には，環境や機会等の要素が折れ込まれて場を作ることになる。また，小規模経営での早急な成果主義の導入は，良きチームワークの風土を破壊する危険もあり，次元の異なる職務の成果を公平に評価する難しさもある。対応の１つとして，長期にわたる公平な処遇や誰もが認める成績優秀者には，管理者からの感謝状や賞品で組織としての褒賞の意思を明らかにすることが望まれる。

2. いま求められる福祉分野の強い現場力

　組織は，成員の活動を通じて，その運用効果を確認する。運用の効果は，具体的に活動成果・業績となって表現される。そこには，常にスタッフの能力を活用して組織目標を達成しょうとする管理者（リーダー）の働きかけがある。

　福祉マネジメントの運営活動の原点は，日々の仕事遂行の場にある。日常活動にとっての職場を〈働いている現場〉ととらえるとき，その現場はどのような状態なのか。スタッフの活動態勢は，方針・目標に即応させて，利用者の満足・サービスの向上・信頼の共感に直結していることが等しく望まれるところであろう。日々の活動の中で，問題が出てくる，予期しないアクシデントが発生する，利用者からの笑顔に接する，スタッフの協力で事態を円滑に乗り切ったなど。実態は様々な様相，場面をつくっている。プラスの場面，マイナスの場面等の動きは避けられないところである。その際，やむを得ないと受け止めるのか，どう改善，工夫してプラス面につなげるのかが分岐点となるわけで，強い現場力は改善，改革の場面づくりの姿勢と行動を常に保持している。当該福祉事業の経営活動において，展開する人的資源管理の領域課題にどう取り組んでいるか，問われるところである。

　スタッフ，管理者の活動については，3つの能力領域が重要との観点から，ヒューマック研究室の提案が注目されている（図表11-2）[3]。それぞれ当該事業所

図表11-2　管理者に必要な3つの能力領域

ストラティジィ・アビリティ (Strategy Ability Zone)	ヒューマン・アビリティ (Human Ability Zone)	エキサイティング・アビリティ (Exiting Ability Zone)
意思決定力	ネットワーク形成力	場面演出力
戦略策定力	ストレス対応力	自己活性力
リーダーシップ力	コミュニケーション力	ビジョン構想力

　（出所）　ヒューマック研究室編［1994］に基づいて筆者作成。

の方針に応じて，期待する能力像を設計していくことが要件である。

3. 安心・信頼・満足への適応体制

　21世紀における高齢化の進行，それに伴う福祉マネジメントの重大性をどう受け止めて適応できるか，態勢づくりと運営をめぐって，新規参入と現状事業の改革が進められつつある。新しい情勢の台頭に着目しながら人と組織の活動を軸に，安心・信頼・満足が緊要課題となっている。そうしたキーワードとしての安心・信頼・満足行動の下に現場を統括し，職員能力を有効に活用できる事業所長，管理者の役割は大きい。福祉事業者，経営トップの活躍は等しく社会的責任を担っていると確認しなければならないだろう。

　それぞれの活動現場の能力をうまく発揮し，利用者の安心・信頼・満足を得られるための態度や遂行成果度の把握は重要である。

　強い現場力をつくるうえで，それを構成するリーダーとメンバーの関係が基盤となっている。福祉事業において事業所活動，職場活動にみられる様々な状況は，ある時は順調に，ある時はうまく進まない場面を作っていることが想定される。大切なことは，いかにしてプラスとなる場面を作って行くかにかかっている。目標達成を目指した強い組織の動きを，どう維持し好転させていくか，それぞれの事業所，職場管理に問われていると受け止めるべきであろう。

4. 職場マネジメントにおける共感性

　職場の動き，状態は一様でない。それだけに組織の活性化，元気な職場づくりは，管理者にとって，職員一人ひとりにとって共通の期待点である。そのためには，職場マネジメントを構成する管理者とメンバーの関係を良好なものに継続していかなければならない。職場の活性化を推し進めるうえで，どのような環境が望ましいのであろうか。その基軸には，目標を達成しようと取り組む

第11章 福祉マネジメントにおける人的資源管理の実践　187

図表11-3　共感のマネジメント・サイクルと管理行動

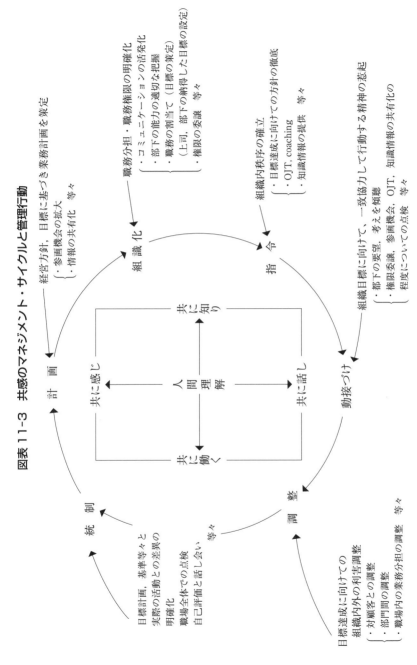

(出所) ヒューマック研究室編 [1994] 29頁より作成

管理者とメンバーの共感性が大きな影響力を持っていることに、改めて着目しておきたい（図表11-3）。

　仕事を進めていく、効果的な仕事成果の達成に頑張る職場、事業所では、共通してみられる形態がある。いま職場では、管理者と職員の間で、それぞれに任務を持って遂行していく中で、協力し課題を受け止め解決していこうとする強い姿勢・態度が実感されているだろうか、なかなか容易なことではない。極めて難しい課題といわなければならないだろう。そうした場面を改善していく、変えていくための要素としての共感のマネジメントに期待が寄せられている。

　共感のマネジメントでは、人間理解を基軸にして、管理者とメンバーの良好な関係をつくり、維持していく。そこでは、ともに感じ、ともに知り、ともに話し、ともに働く場面を形成している。福祉事業分野における特性は、常に人を対象として展開する職場活動であるということ。人間理解についての洞察と前向きな行動が、いつも求められているといえよう。

　したがって、福祉事業の推進する望ましい職場、元気な職場の風土は、当該職場における管理者とメンバーの共感性から生まれ維持される。職場の風土や雰囲気は入居者、介護を必要としている人たちに伝わってくる。安心・信頼・満足を高めていく福祉事業分野の職場づくりが、いっそう比重を加える時代となった。

　さて、そこで職場活動の展開において、さらに効果を高めるうえで目標管理の運用が期待されている。目標管理（MBO）は、運用の手法、進め方によって大きく結果は変わってくる。それだけに事業所、職場の状況、共感性の受容度などを分析・判断して導入を具体化していくことが大切である。

5.　目標管理の導入と運用の着目点

　目標管理の要件となる人間的側面を主唱したシュレー（E. S. Schleh）は、「具体的な目標こそが人間の力を引き出す」と強調し、経営活動における目標管理の効果を論証している。シュレイは、実務面からの観点に立って、目標をでき

るだけ具体的に設定することを重視した。すなわち，何をやるかだけでなく，「どれだけ」「いつまでに」やるかをできるだけ明確にせよと指摘する[4]。

　目標管理は，職員一人ひとりが自分の担当する仕事を的確にとらえ，達成すべき目標を設定し・提示する形をとる。目標は理想の数値ではなく，実現の可能性ある内容であることがポイントである。運用によって，個人の成長と組織の強化につながることが期待されている。PLAN・DO・SEE の進行に即して，上長と部下の関係を強めることは可能となる。目標達成に向けた協働感が醸成されていく（図表11-4）。

〈目標管理の導入設計と取組みのステップ〉
　▶ステップ１：自分の職場の仕事を全部洗いだして，整理してみる。

　いま自分が担当している仕事について，全容を確認して，その中で主要業務，担当する時間量，最も遂行すべき主課題などをまとめ，振り返ることが第１歩となる。全部を洗い出すことが難しい場合には，70~80%をめどにして内容，仕事レベルなどを分析してまとめる（統一形式の用紙配布）。

図表 11-4　目標管理の進め方

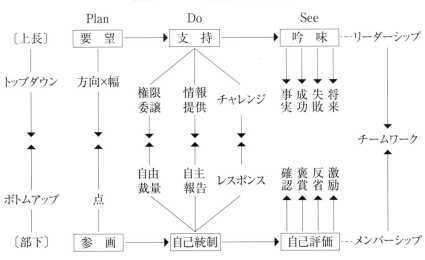

（出所）　労務行政研究所『労務時報』1994年第3170号を参考に筆者作成。

▶ステップ2：自分の職場の仕事のやり方について，理想的な形を描いてみる。

担当している仕事内容を的確に理解し把握しているだろうか。仕事遂行を通じて，自分の考えに基づく仕事内容レベル，仕事の重点度等を改めてチエックして，望ましいと考える理想的な形，仕事の内容をまとめる段階である。現在進めているやり方とは，異なる場合があるかもしれない。

▶ステップ3：理想的な形から導き出した現在改善可能な形を考えながら，現在の職場（あるいは仕事上）の問題点や懸念事項について書き出してみる。

この段階では，現在の位置に立って，改善すべきところ，解決を急がれる問題，長期にわたって先送りされている事項などを見直し，改善視点からまとめることが必要である。職場環境の変化に伴う新しい問題を提起する場面も予想される。

▶ステップ4：中核的な問題点を確定し，これを目標項目の形に書き直す。

担当している仕事の中で，最も主要な仕事を通じて問題解決を急ぐ内容を取り上げ，目標項目として記述する。解決達成を目指し，意識と行動を目標管理の推進に結びつかせるかどうかがカギといえる。

▶ステップ5 目標値（達成基準）を決める。

目標管理制度の運用において，うまくいく，いかないに大きな影響を与える段階。適切な目標管理は，本人の能力成長とともに，仕事への成功感を受け止める機会となる。達成の可能性を持つ基準の設定には，本人の努力度，意欲度もその中に織り込まれたものとするわけである。適正な達成目標は，本院にとって，組織にとってプラス現象を呼び起こすことが期待される。

▶ステップ6：目標達成のための施策と計画を作る。

目標値をもとに具体的にどう進めていくのか。施策を作り計画設定していく際には，その実現可能性に配慮して検討することになる。上長（管理者，リーダー）の助言も要件となる。組織目標と個人目標をどう調整し適合させるかについて面接の場面が生じる。

▶ステップ7：目標達成に必要な条件を確認し，整理しておく。

いよいよ目標を設定し達成へ向けた準備態勢を整える段階となる。達成を目

指すにあたって見落としているところはないか，願望だけが前面に出ているところはないか等，整理しておかねばならない。

▶ステップ8：目標以外の管理項目を整理しておく。

目標項目を確認した後，仕事（主担当）を分析し，関連している担当業務についても記述しておく。あるいは，仕事配分について見直す場合もある。

▶ステップ9：総仕上げでの点検

上記のように，ステップは9つの段階となる。

6. TQCとナレッジマネジメント

TQCについては，ここでは，福祉サービス事業体におけるイノベーション（創意工夫・新しい価値の創造）をいかに起こすかについて述べたい。それは見方を変えて，ナレッジマネジメントでもあることに言及することになる（TQCは第10章を参照）。

(1) TQCと福祉サービス事業

小規模経営において，個人の力を戦力としてどこまで評価することができるかは難しい点がある。それよりも，チームワークの良さで成果を出すことが，評価面で適している。チームワークもケアの品質に限定して，集団の知恵を出せば，かなりレベルの高いケアの創出になる。それを仕組み（制度）として設定するとすれば，TQCという形態になる。福祉サービス事業はよき風土の醸成等のテーマも常に背負っているので，管理者はTQCのマンネリ化と成果に結びつかなかった場合，活性化について配慮をする必要がある。TQCのテーマは，「いかに利用者を元気にするか（介護不要あるいは軽微な介護）―介護予防」「いかに利用者の立場・心境を理解したケアをするか」という寄り添う言動・姿勢・態度・行動になる。

管理者も一員として参加せざるを得ないが，ヒントの提供に心がけながら，創造的部分では大いに介入し評価するという高等技術が求められる。

(2) 福祉サービス事業における価値創造

　福祉サービス事業における創造的価値がどこにあるかを理解するには，介護が理解されない，嫌われる，就職希望者が少ない，離職する者が多い，という根本的原因がどこにあるかという問題と通底している。利用者の家族も福祉サービス事業に参加する若い人たちも，左脳的論理で評価することに慣れ切っている。福祉は，利用者の感情を理解する右脳的理解力[5]なくては寄り添えない。

　社会全体がサービスを受けるときの論理は，安くて・品質がよい，正確で・スピードが速いという左脳的価値観が大勢である。このような世の中の価値観の中で，利用者の食事介護・排泄介助の快適度は，利用者の感覚で決まるため，客観的に評価しづらい面がある。利用者のわずかな言葉・表情・素振りから判断するしかないが，その報告に基づいてTQCによる改善を提案するのも事実関係の情報収集に困難さがある。これらの情報を伝える報告書のフォーマットの工夫や職員の理解力の向上等，前提条件の改善も必要となる。そのうえでTQCにおける改善提案で合意と画期的な成果に結びつけるのは，定例的TQCという形式的な発表会では成果に結びつけるのは困難に思われる。

(3) ナレッジマネジメントの効用

　ナレッジマネジメント[6]の実施は，少なくともベテラン専門職員が個々に当たり前と思っている個人的常識（暗黙知）[7]を集団・組織のものに見える化，形式知[8]にする作業からTQCで開始する必要がある。また暗黙知に価値を発見する眼力は世間的発想を超えた価値観の養成が別途必要で，そのための外部からの啓発も必要である。問題はケアの小さな工夫，例えば排泄介助を拒む高齢者への有効な言葉かけ・言動などにみられる工夫は左脳的発想だけでは，知識創造と認めることができにくい。そういった職員の思考回路の変更も重要なポイントになる。

　福祉事業においては，それぞれの業務の推進活動を通じて安心・信頼・満足の広がりがどうなっているか，問われているといえよう。一人ひとりの活動が組織活動となって，現場力を形成していくことが要件となっている。

〔注〕
1) 職員の将来の希望する職種・職位に向けて能力開発計画を立て，指導していくこと。職員本人も気づいていないアンカー（よりどころ）や強みを分析し，その能力をいかんなく発揮させることを通じて，成長への挑戦の楽しさを気付かせ，仕事の意義や自己実現へいざなう管理職の重要なスキル。CDPがうまくいけば，職員の長期にわたるモチベーションを引き出すことができ，個人の満足度も向上する。
2) 医者とかエンジニアなどの専門家プロフェッショナルに対し，社会的に認められた自由裁量権のこと。余人をもって代えがたい職務やスキルを使わざるを得ない場合，信頼関係に託す以外ない。法律上認められた権利ではないが，暗黙の了解事項は社会には多くある。卑近な例では，料理人のスキル，パイロットの腕，交通機関の運転手，教師の教える技術，警察官の判断，等。
3) ヒューマック研究室は，人材管理における育成・評価・成果の観点から提言する。
4) シュレー（梅津訳）［1978］において，従業員への信頼が経営のカギであることを論及し，目標管理を解説している。
5) 左脳的理解力を重視する学校教育は，すべて知識の提供を中心にシステム化されてきている。友人や弱者への思いやりやマナー等の情動の育成は，家庭に委任されている。しかし家庭環境を見れば兄弟姉妹もいない，父母も働いていて家にいない，ゲームをして遊び，外で遊ぶ友達もいないのが実状である。右脳教育をする機関は，スポーツ団体が副次的に実施している程度と言える。
6) 野中郁次郎が『知識創造企業』で提唱したスキル。組織の中に埋もれている知識・知恵を組織の見える形の財産に変換するプロセス（5段階）での知識・知恵を管理する手法をいう。大手大企業の商品開発に実績が多くある。病院や福祉サービスにおける仕事を作業と捉えるのではなく，意味に価値を置くインテリジェント・ワークに意識を変えることが管理者の使命である。
7) 職務遂行上のスキル・知識が，個人の体験の中に秘められていて言葉にされない状態。職人（大工・料理人・伝統工芸）の職場では，見て技を盗め，何事も経験だ，辛抱しろが口癖の風土から垣間見える。この暗い風土には，左脳中心の若者にはなじめない。
8) 組織において職員の誰もが見ることができる見える化された知識・知恵をいう。例えば，組織の諸規程・通達・マニュアル・教本等。

〔主要参考文献〕

飯田修平［2012］『質重視の病院経営の実践』日本規格協会。
シュレー，E. C.（梅津裕良訳）［1978］『管理者の目標管理』ダイヤモンド社。
鐵　健司［2013］『TQMとその進め方』日本規格協会。
服部　治・谷内篤博編［2000］『人的資源管理要論』晃洋書房。
ヒューマック研究室編［1994］『管理者の進路設計プログラム』評言社。
野中郁次郎・竹内弘高（梅本勝博訳）［2011］『知識創造企業』東洋経済新報社。
三宅祥三編著［2010］『医療の終わりなき挑戦：武蔵野赤十字病院の取り組み』エルゼピア・ジャパン。
六車由美［2013］『驚きの介護民俗学』医学書院。

（服部　治）

第12章

医療・福祉，NPOの社会的責任

1. NGO・NPOの仕組みと役割

(1) NGO（非政府組織）

NGO（non-governmental organization）は本来，国連の経済社会理事会が定めた民間の国際諮問機関を指す用語である。国連憲章第71条では，「その権限内にある事項に関係のある民間団体と協議するために，適当な取り決めを行なうことができる」と規定している。これにより国連との協議資格を与えられた組織が，経済社会理事会NGOとして認定されてきた。営利を目的とする組織や政党は除外される。

現在では，国連NGO以外に国際協力活動を行う民間非営利組織も，一般にNGOと呼ばれている。日本の「特定非営利活動促進法」（通称，NPO法）では，NGOが，NPOの一分野である国際協力の活動を行うと規定されている。NGOは，NPO法に包含されており，NGOはNPOより格が上というのは俗説である。

(2) NPO[1]法

NPO法は，1998年12月から施行され，2016年8月末で51,197団体が全国で認証されている。最近では，毎月平均して300団体余の増加である。NPO法では，「公益の増進に寄与する」（第1条）ことを目的にしている。設立に当

たっては 10 人以上の社員（会員）を必要とする（第 12 条）ほか，役員は理事 3 人以上，監事 1 人以上を置かなければならない（第 15 条）。そして，役員のうち報酬を受けるものの数は，役員総数の 3 分の 1 以下（第 2 条）と規定されている。つまり，役員総数の 3 分の 2 以上は無報酬である。これは，NPO が営利を目的としない（第 2 条）と規定されている通り，非営利性（利益の非配分原則）とボランティア（無報酬）の側面を有している結果，これを法的に裏づけるためにつけられた要件である。専任スタッフ（事務局職員）は，報酬を受け取れる。

(3) NPO の活動分野

日本の NPO 法人は，宗教・政治の活動を禁止（第 2 条）されているが，その活動分野は当初 12 であったが，2003 年に 17 へ拡大された。現在は 20 分野を数えるように，NPO 活動への国民の理解が深まっている。その分野は，次の通りである。

①保健・医療・福祉，②社会教育，③まちづくり，④観光，⑤農山漁村又は中山間地域，⑥学術，文化，芸術，スポーツ，⑦環境の保全，⑧災害救援，⑨地域安全，⑩人権擁護，平和の推進，⑪国際協力，⑫男女共同参画，⑬子ども，⑭情報化社会，⑮科学技術，⑯経済活動活性化，⑰職業能力開発・雇用機会拡充，⑱消費者保護，⑲前各号の活動を行う団体支援，⑳前各号の活動に準ずる活動として都道府県又は指定都市の条例で定める活動支援。

これら 20 分野のうちで，最も多くの NPO 法人を数えるのはどの分野か。2016 年 3 月末時点の内閣府調査（複数回答を含む）によると，1 位は保健・医療・福祉が 58.7％。2 位は社会教育で 48.0％。3 位は NPO 法人への支援で 46.9％。4 位は子ども 45.4％。5 位はまちづくりが 44.1％。以上が NPO の 5 大活動分野である。

保健・医療・福祉が 1 位になったのは，2000 年度から介護保険制度が発足して，財源手当ができたこともある。さらに，NPO という地域密着で非営利性という事業形態によって，利用者から信頼を得やすかったことも大きな要因であろう。

ただ，条件が恵まれていたこともあって，保健・医療・福祉のNPOには，NPO本来の意義を十分に理解しているとは言い難い法人も散見される。マネジメントで企業管理システムを取り入れ，上意下達というNPOの原点に違反するものがある。市民社会の歴史の浅さを証明している。今後，ますます進む高齢社会において，気がかりなNPOである。

(4) 社会的経済セクター

EU（欧州連合）は政府部門，企業部門とは別に，非営利民間組織として社会的経済セクター（サード・セクターともいう）を支援する政策をとっている。これは1989年に，当時のEC（欧州共同体）委員会が，第23総局の第4部局として社会的経済部局を設置したことに始まる。その主旨は，EUの経済統合によって引き起こされるであろう社会問題を解決するには，域内共通の社会政策が必要になるという認識に基づくものである。

社会的経済セクターには，協同組合，共済組織，アソシエーション（NPOに当たる）を包括している。ヨーロッパでは，協同組合のウェイトが大きく，アソシエーションの規模は小さい。この社会的経済セクターは，社会的目的をもった自律組織であり，会員の連帯と1人1票制を基礎とする会員参加を基本的な原則としている。これを要約すると，①開放性（自発性に基づく加入・脱退の自由），②自律性（自治組織），③民主性（1人1票制），④非営利性（投機的利益排除と資本に対する人間の優位性）である[2]。①と②は組織原理，③と④は運営原則とされている。

(5) 米国のNPO

日本のNPO法の先行モデルになっている米国のNPOは，サラモン（L. M. Salamon）によって，次のように6つの固有な特徴が挙げられている。つまり，①公式に設立されたもの，②民間（非政府機関），③利益配分をしない，④自主管理，⑤有志（ボランティア）によるもの，⑥公益のためのものとされている[3]。ここで問題になるのは，ヨーロッパの社会的経済セクターが協同組合の会員に利益配分（利用者への剰余金割戻し）を認めているのに対し，米国NPO

はこれを認めないことである。米国流に解釈すれば，協同組合は非営利組織でなくなる。

　この矛盾は，米国 NPO が内国歳入庁によって，利益配分するものは NPO と認められず，税法上の特典を与えられないことにある。一方，ヨーロッパの協同組合は，1844 年に設立された英国のロッチデール公正開拓者協同組合以来，組合員（加入・脱退は自由）の利益を守ることを原則として，協同組合組織をヨーロッパのみならず世界中に拡大してきた歴史的背景がある。

　ヨーロッパ的感覚からいえば，前の社会的経済セクターの基本原則でみたように，非営利性は運営原則であって，組織原則ではない。社会的経済セクターの組織原則は，開放性と自律性にあった。つまり，組織についての判断では，その基本原則が優先される。それを受ける形の運営原則に関しては，組織そのものの判断において価値序列が下がるとみられる。ここで吟味すべきなのは，非営利性の解釈に 2 通りあることである。1 つは，事業目的のそれであり，もう 1 つは，構成員への利益非配分である。事業目的としての非営利性は，not-for-profit（利益追求を目的としない）である。その点では，協同組合も米国 NPO もまったく同じであるから問題を生じない。そうなると，協同組合構成員への利益配分は，事業目的そのものが非営利性原則に立つので，余剰である果実は極めて小さくならざるを得ない。したがって，協同組合員への利益配分も問題視するに及ばないのである。

　そうなるとなぜ，米国内国歳入庁が NPO の利益配分にこだわり，これに目を光らせているのかである。もちろん，税法上の特典を与えているためもあろうが，内国歳入庁は利益非配分を法的に担保して，NPO のステイクホルダー（関係者）に経営面での安心をもたらそうという，意図せざる側面も否定しがたい。しかし現実には，非営利組織の利益配分の方法は 25 通りもあるという[4]。利益配分問題については，規定の有無が問題ではなく，会員によるチェックの有無こそが重要である。

2. 福祉国家から福祉社会へ

(1) 福祉社会への模索

　第二次世界大戦後，英国を筆頭に先進各国は，揺りかごから墓場までの福祉国家建設に転換した。それまでの社会政策は主として非公式部門（家族）や民間非営利部門（ボランタリー・セクター）が担ってきた。それらの足らざるところを公的部門（政府）が補う意味で，残余的なものにすぎなかった。こうした社会政策のあり方は，残余モデルと呼ばれてきた。

　福祉国家は，この残余モデルを制度モデルに転換して，社会政策の前面に押しあげた。つまり，公的部門が社会政策の主体となり，非公式部門や非営利部門は後退した。これを可能にしたのは，ケインズの『一般理論』〔1936〕の登場とともに，戦後各国で，経済成長政策が採用されて，福祉国家の運営に必要な財源確保に成功したからである。だが，1970年代の2度にわたる石油危機の発生は，それまでの高い経済成長率を屈折させ，国家財政を赤字に転落させた。同時に，高い経済成長が地球環境破壊をもたらしたので，福祉国家批判への声を一層大きいものにした。福祉国家の維持は困難になった。

　高い経済成長率の達成による所得水準の上昇は，先進各国の国民意識を変化させた。価値観の多様化であり，国家による全国一律の福祉サービス供給に対して，国民が拒絶反応を示すに至った。ここに1980年代後半から，財政的，環境的，文化的な諸要因によって福祉国家の維持は困難になり，改めて，福祉社会への模索が始まった。もともと，福祉国家は福祉社会，つまり，個々人の自立と共同性に基づく市民社会をベースにして，その上に成立したという歴史的経緯がある。それは，かつての福祉社会への単純な回帰ではなく，新しい価値観，それは市民民主主義の定着・発展である。

(2) 市民民主主義

　福祉社会では，本章の1.で指摘したように社会的経済セクターが，福祉サービス供給の主体になる。その財源は政府支出になるが，その点では福祉国家と変わらない。だが，福祉サービスの多様化やコスト削減を実現し，さらに従来，福祉サービスの利用者と供給者は別々の存在であったが，今後，一体化した福祉サービスの共同生産システムを構築するようになる。つまり，市民民主主義が福祉社会の中枢概念となるが，それは次のような内容である。「市民民主主義は民主主義の波であり，市民的諸制度と対人社会サービス（福祉サービス）の民主化に基盤を与える」[5]と意義づけている。市民民主主義は，市民の社会参加や連帯などの公共的倫理を維持していくために不可欠で，これらの定着・発展が硬直化した福祉国家を若返らせるとみている。

(3) 21世紀の福祉サービス供給

　21世紀の福祉サービス供給は，市民民主主義の立場から，非営利の社会的経済サービスによって行なわれるのがよりよいことだとされている。社会サービスの供給者も利用者も一体となった，支え・支えられるという関係性が組織として定着すれば，市民民主主義が実現する。福祉サービスの特徴を挙げると，①人間的相互信頼性，②社会的専門性，③地域生活性，④基本的生活インフラ性[6]の4つになる。詳論すれば，①は福祉サービスの性格上細やかさが求められる。それには，供給者・利用者の双方に厚い人間的信頼性が必要になる。②は利他的で社会的な性格の強い特有の専門性が求められる。③はサービスが日常的に行われるので，地域独特の生活性が存在する。④は人間の養育期と老齢期に不可欠な，最も基本的な生活上のインフラである。

　福祉サービスの内容は，家事，介護サービス，デイサービス，移動サービス，食事サービス，施設入居者支援サービス，子育て支援サービス等に分類されている。いずれも，日常生活の延長に位置しており，日常の生活技術がそのまま適用できる分野でもある。したがって，前記4つの特質のうち②の社会的専門性を除けば，いずれも日常の生活技術の範囲内である。②を意味する専門的スタッフを補足する利用側としてのボランティアによって，福祉サービスの供給，

つまり，福祉サービスの共同生産が可能になる。

3. NGO・NPO と福祉活動

(1) 海外での保健・医療活動
　NGO の福祉活動の1つは，保健・医療活動である。発展途上国にしっかりと腰を落ち着けて現地の人々と信頼関係を築き，地域の風土病の撲滅に努力している。この結果，最先端の医療技術よりも，現地の事情にあった医療の提供が主目的である。公衆衛生の観点からは，生活インフラの整備が求められ，飲料水・トイレ改善等にも力点が置かれている。パキスタンの北西辺境で地域医療と保健衛生の NGO 活動を長年行っている1人が，中村哲医師（ペシャワール会所属）である。2002年のアフガニスタン戦争時には，その活動ぶりがマスメディアで紹介され，お茶の間で多くの日本人がそれを目の当たりにした。03年には，同医師がアフガニスタンで簡易水道工事を自ら行って，保健衛生活動に汗を流す姿も紹介されている。これが NGO 活動の原点ともいえる。利害にとらわれずに活動を続けるには，慎重を期さねばならず時間がかかる。しかしここで初めて，現地のニーズにかなった医療活動ができるのである。

(2) ウェイトを高める介護活動
　国内における NPO の福祉活動は，2000年度からの介護保険法の発足に伴ない順調に推移している。介護保険スタート時には，社会福祉事務所系が強みを発揮していた。その後は，NPO の介護活動が着実にそのウェイトを高めている。その理由は，福祉サービスに心を通わせているという，ごく当たり前のことにつきるようである。在宅介護サービスは30分，1時間単位の作業である。NPO の場合，規定時間を若干オーバーしてもサービスを切りあげず，区切りのつくまで作業を継続して利用者の信頼を得ている。ただ，サービス残業になる懸念はあるが，多少のオーバータイムはボランティア精神で処理しているよ

うである。NPO の福祉関係者は，訪問介護事業の 3 割程度のシェアをとれれば，ほかの福祉事業者にも大きな影響を与えられ，介護サービス全体の質の向上につながるとしている。

(3) 民間による地域福祉活動

　日本の NPO 法人は 2006 年末には 3 万を超えて，現在（2016 年）は 5 万 1 千を上回るが，その活動は次第に地域に根をおろしはじめた。ただ，それらのケースに共通しているものは，地方自治体と NPO など民間とのコラボレーション（協働）である。そのなかから一，二の例を上げておこう。以下の二例は，日本経済新聞の報道による。

　香川県詫間町（人口約 1 万 5 千人）では，町のスポーツ施設「たくまシーマックス」を民間に経営委託したが，入場者が開業 6 年余で 2 百万人を超えて盛況である。町の人口から見ても，この入場者数は驚異的であり，民の経営能力がいかんなく発揮されている。経営を民間委託した理由は，町民の運動が生活習慣病などを予防して，それが医療や介護費用を抑制する効果の他，一般会計から施設運営費を補助しなくても成り立つ自立経営を目指したとしている。公共施設の自立経営と町民の健康増進という狙いは，見事に成功したといえる。

　手厚い福祉サービスと民間委託で知られているのは，愛知県高浜市（人口約 4 万 2 千人）である。ここでは，市をあげて NPO 法人の育成強化に取り組んでいる。目的は，NPO をたくさん作り，市民の自立意識を高めて地域を支え合いながら暮らす仕組みを取りもどすことにあった。その地域単位は小学校区であり，夜間パトロールや，市立公園の管理代行などを行っている。これら市の取り組みを実現させるべく，すでに市では「まちづくりパートナーズ基金」を創設している。毎年，個人市民税の 1 %と民間からの寄付金を積み立て，NPO の設立支援や人材育成などに当てている。05 年度までにこの基金で 3 つの NPO 設立を実現させた。

4. 地域福祉サービスと共同生産

(1) スウェーデンの保育協同組合

　21世紀型の福祉サービスは，サービスの供給者と利用者による共同で，サービス生産に当たるのが理想であることをすでに指摘した。その具体例を，スウェーデンの保育協同組合の例においてみておこう。スウェーデンの保育協同組合は，親を組合員とする利用者(消費者)協同組合と，保育者を組合員とする職員(労働者)協同組合がある。多数を占めるのは前者である。保育協同組合が急増した理由は，1980年代の出生率の急上昇と，労働需要の増加による共稼ぎ世帯の増加が原因で，政府による保育所建設計画が追いつかない事態になったことによる。こうして自然発生的に，保育協同組合の新設になった。同保育所の規模は小さく，3～4人の保母に15～18人の子どもという規模が大半である。運営上の特徴は，父母の保育への積極的参加であり，週1回の保育参加を義務づけているところもあるほどである。財源は，経常費の8割が自治体の助成金，2割が親の私費負担である。保育内容については，父母の積極的参加に裏づけられて，満足度が高いものになっている。

　こうした共同生産である保育協同組合の場合，利用者の協同組合参加が，保母の労働環境の改善に大きく寄与しているというデータがある。大多数の女性が，地方自治体の保育サービス施設よりも，社会的企業(保育協同組合)で働きたいと考えているのは明らかである。自主性・自己裁量性が大きくなり，仕事の中の人間関係が良好になることを示唆したものである。

(2) エコマネーと地域福祉

　福祉サービスの共同生産という視点からみて，エコマネー（あるいは地域通貨等，呼称は多種多様。アメリカでは，タイム・ダラー，LETS（local exchange and trading system）等と呼ばれている）も重要な役割を果たす。このエコマネーが法

定貨幣と異なるのは，流通範囲の限定もあるが，根本的に違うのは貨幣の機能に関してである。法定貨幣の機能は一般的に，①交換手段，②価値尺度，③価値貯蔵手段である。エコマネーは，このうち，③の機能を欠いており，ため込んでも利息はつかない。

このエコマネーが，なぜ地域福祉と関わりがあるのか。市民民主主義である市民参加と連帯を象徴する社会的資本（経済学で用いられている社会的共通資本の意味でなく，相互信頼，市民道徳など，社会学的な意味に使っている）を基盤にして，地域福祉を振興させるからである。あらゆる人の時間が，同じ価値を持つことになる革命的な世界によって，人間の善意はみな同じ価値であることを示している。非市場経済である贈与社会における人間の価値（人間としての本来の価値）を，市場経済における経済的価値から引き離そうとする思想に基づく。換言すれば，高い報酬を稼ぐ弁護士の１時間も，稼ぎがはるかに少ない市井人の１時間も，善意では同じ１時間の価値である。人々の無償の善意がコミュニティを１つにし，心も経済も活性化させる。

これによって，人間の眠れる非経済的な潜在能力が活性化される。エコマネーの根底には，人間は誰でも他人のために役に立てる，という意識が存在している。エコマネーを媒介にして，地域における助け・助けられる関係性をつくり出し，本当の意味でのコミュニティ（feel at home と welfare の両面を備えている）が生まれる。

(3) PFI/PPP による医療サービス供給

すでに指摘したように福祉国家は破綻して，福祉社会に移行している。福祉社会においても福祉に必要な財源は政府が支出するが，そのサービス提供を民間に任せて，国家はそのサービスを購入する形態をとるものである。福祉国家時代はサービスの提供も購入もすべて国家が行った結果，非効率，官僚化といわれる問題を生みだして慢性的な赤字経営に陥った。その解決方法として，PFI（Private Finance Initiative）方式により，民間資金によるサービス生産を国家が購入するというシステムに切り替えて，非効率と官僚化の弊害を解決しようとした。これが現在は発展して，PFI/PPP（Private Public Partner）方式に拡大し

ている。

　これに先鞭をつけたのがイギリスである。まず，1979年にサッチャー保守党政権は国営事業全般を見直して民営化を図った。この民営化とは，国有事業を民間に売却するものである。この民営化が一段落した後，サッチャー政権を受け継いだメジャー保守党政権は92年，PFIの採用によって，民間資金を国営事業に取り込むシステムを作りだした。これは，公的な枠組みの下で民間資金によるサービス生産を公的部門が購入するもので，主導権は公的部門が握っている。

　97年，保守党政権に取って代わったブレア労働党政権は，PFIを継承しつつもさらに，PPP，つまり官民協働による提携を加味して，PFI/PPP方式へと発展させた。保守党政権時代のPFI方式が第一段階（公共事業型）とすれば，PFI/PPP方式は人的要素であるサービスを中心に据えたPFIの第二段階（医療・福祉・教育型）へと進化させたものである。イギリスが生んだ官民協働のビジネス・モデルである。このPFI/PPP方式は，EU（欧州連合）全体に拡がっている。こうして完全に福祉国家は姿を消し，福祉社会へと転換したといえる。

5. 経済学における協同組合論の系譜

(1) スミスの描く人間像

　イギリス産業革命期（1760〜1830）の初期に登場した経済学の父，アダム・スミス（1723〜90）が描いた人間像は何であったのか。アダム・スミスは『道徳情操論』〔1759〕と『国富論』〔1776〕によって人間の経済行為は単純な利潤追求ではなく，人々の同感・共感（sympathy）という感情に支えられているとした。つまり，自分の行為を反省し，相手の立場を是認したり，否認したりすることによって，利己心の暴走を抑制できると考えていた。スミスはこういっている。「人間社会のすべての成員はお互いに助力を必要とする。同様に，お互

いに危害を加えられる危機にさらされている。必要欠くべからざる助力を，相互に愛情・友情・尊敬などに基づいて支えあう社会は，繁栄し幸福である。」スミスは，同感に支えられた私益追求は，結果的に公益になるとしたが，彼の思想には，倫理に裏づけられた自由競争と，今日でいう協同主義がかたく結びついていた。

(2) 協同組合運動の始まり

　産業革命がその全貌を現した1830年代に，ロバート・オウエン（1771～1858）は綿紡績業での輝かしい成功を足がかりに，幅広い社会改革運動に乗り出していた。オウエンは後に，「協同組合運動の父」とか「イギリス社会主義の父」等と称せられたが，晩年は極めて不遇であった。スミスが幸福な一生を送ったのとは対照的に，オウエンはすべての既存の宗教批判をしたことにより，支配者階級から強い拒絶にあった。しかし，労働者階級によって彼の所説と実践活動が受け入れられ，多くの信奉者が彼の信念を支持した。世界最初の協同組合であるロッチデール公正開拓者協同組合（1844年）もその1つである。世界に協同組合を普及させる雛形になった。

　オウエンが，かつて綿紡績工場を経営していたとき，経済的にも悲惨な労働者の生活をみて，その改善には良質で，まがい物の混じらない製品を，市価より安く販売することが先決であると判断した。これが，協同組合精神として今日も，世界で連綿として引き継がれている。彼を，協同組合運動の父と呼ぶのは当然である。もう1つ，現在にまで生きているオウエンの思想を挙げると，エコマネーの原型である労働銀行券がある。正式には，労働交換所（1832年）といわれている。その設立主旨は，生産者も労働者も，中間商人に搾取されないようにするためには，生産物の交換の標準として労働時間を基準にする。その新しい労働価値の標章には，労働時間を表す紙幣を用ればよい，とした。アイデアはよかったがその2年後，人間労働が各人様々にその質を異にしており，それを労働時間のみで一律化したため，労働交換所は姿を消した。しかし，労働者が搾取されないために今日，その試みは，ワーカーズ・コーポラティブ（労働者協同組合）として成功している。その典型例は，第2次世界大戦後に起

業したスペインのモン・ドラゴン協同組合である。労働者が，資本を支配するというオウエンの夢が実現した。

(3) 非営利組織の課題

　ロバート・オウエンと同時代人であるジョン・スチュアート・ミル（1806～1873）は，オウエンの講演を直接，聞いている。オウエンの主張が，ミルの経済学に反映された。ミルの『経済学原理』〔1848〕は，古典派経済学の統合者としての地位を与えられているが，第4編第7章は「労働者階級の将来の見通しについて」である。そこでミルは，強い人間的敬愛と，利害を度外視した献身とに満ちた社会形態の中には，自然的に魅力を感じさせる何ものかが存在するとした。さらに，近い将来，協同組合の原理によって1つの社会変革にたどりつく。社会変革の途とは，個人の自由と独立と集団的（協同的）生産の道徳的，知的，経済的な利益を兼ね備え，民主的精神がいだく最善の抱負を現実化する途である。ミルは，協同組合主義に社会変革の役割を期待した。

　アルフレッド・マーシャル（1842～1924）は新古典派経済学の創始者とされるが，『経済学原理』〔1890〕で協同組合への評価を述べている。また，イギリス協同組合協議会の会長を務めており，実践活動にも関心を寄せていた。マーシャルが協同組合に期待した理由は，大規模株式会社や国営企業において，経営リスクの負担者である株主や納税者が，諸々の情報を十分に把握していないことを指摘している。協同組合企業は従業員が同時に企業の所有者であり，絶えず経営チェックが可能である。経営執行部の公正，有能さについても，内部からの批判が可能であるとした。そして，「今後，協同主義の真の原理についての知識が普及し一般の教育も進んでいくにつれ，協同組合員が日一日と数多く事業経営という複雑な課題にとりくむのにふさわしいものになっていくことを期待したい」と述べている。これは，非営利組織の課題であろう。

(4)「政策連携」の経済学へ

　アルフレッド・マーシャルは前述のように，大規模株式会社や国営企業の経営上の問題点を指摘した。これを矯正するものと期待した協同組合企業にも，

経営能力に問題ありとした。

ここでは国営企業の非効率性を是正するには，民間の効率経営手法を導入する手段として，NPM（New Public Management）が注目されるに至った。PFIやPFI/PPPがそれである。NPMの具体的内容は政策連携（上山信一氏の造語）ともいえるが，次のような内容である。政策連携は，近代官僚制と議会制民主主義のもたらした硬直性に対する1つの答えであり，国家の事業をこれら硬直性の桎梏から開放させて，再編成することを意味する。これまで政府の同一部門として扱われてきた，政策立案部門や執行部門をそれぞれ分離させて，後者をエージェンシー制（独立行政法人）として独立させる。すなわち後者は，執行原理と目標管理の手法で律するものである。

ここで重要なのは，執行原理と目標管理という純民間経営手法が採用されていることである。エージェンシー制は，公的な社会問題の被害者を課題解決の最大の当事者に転換させることでもあり，民間部門（執行部門）の視点から公的部門（政策立案部門）とリンクさせ，資金の流れ方（税金と寄付金）をこれにそって変えることが必要になる。近代官僚制と議会制民主主義のもとで決定されてきた資金の流れ（歳入と歳出の一本化）から，税金と寄付金を噛み合わせた複線にした資金の流れが不可欠である。「政策連携」とは，社会問題の解決を図るために，公的枠組みを維持しつつ，民間部門に効率的なサービス生産を委ねることである。

ミルやマーシャルの強調した協同組合論は，NPM論として新たな展開を見せ始めている。つまり，公的枠組みを守りつつ，民間の創意工夫を生かした効率的経営によって，公的経営に革新を持ち込んだからである。

6. NPO非営利団体の社会的責任（CSR）について

NPOの役割とは，住民自らが主導する内生的発展という概念で捉えられている。NPOは本来，社会的責任を果たす役割を課されている。つまり，内生的発展をはかることで，工業化による近代化とは異なるものだ。宗教・歴史・

文化・地域の生態系などの違いを尊重して，多様な価値観で行う，多様な社会発展と理解されている。したがって，経済の論理に代わり，社会（市民）の原理で行うものである。NPOに工業化の組織原理を持ち込んではならない。これが鉄則である。

NPOの原点は，市民社会である。市民として平等な精神から出発している。これは，欧米社会の市民社会がモデルだ。日本のように1945年の敗戦後，政治や社会の民主化とともに始まった市民社会では，まだ70年余の歴史しかない。それだけに，内生的発展という意味が十分に理解されているとは言いがたい。

内生的発展は，具体的に次のような活動分野が想定されている。

① 生活基盤整備
② コミュニティを中心とした地域づくり
③ 人間の潜在的能力を伸ばす啓蒙活動

いずれも住民参加を軸にしたものである。

NPO法は，1998年10月に施行されてから18年経ち，すっかり地域活動として定着している。ただ，「内生的発展」＝「社会の原理」という視点から振り返ったとき，理想に達するまでにはかなりの時間が必要だ。それは，日本社会が経済の論理で発展してきた面が強い結果である。未だに，NPO組織に企業経営のピラミッド組織を持ち込んでいる向きが多い。この点が，日本のNPO発展のブレーキになっている。NPO組織は，円環状組織であって，その役割分担において上下関係は存在しない。

実は，日本でNPO活動を積極的に行っている人々でも，善意だけがあればそれでNPO活動が可能であると誤解している向きがかなりある。これでは，永続的なNPO活動は不可能である。善意は当然必要としても，多くのボランティアが気持ちよく参加できる。そういう組織づくりが不可欠である。ボランティアがいなくなったら，そのNPO活動は継続不可能になる。この点が，日本のNPO活動では最も弱点になっている。

NPO運営に，企業経営のピラミッド組織を持ち込み上意下達を行うところが跡を絶たないのは，「内生的発展」＝「社会の原理」を理解していない結果で

あろう。ボランティアは，気持ちよく活動することに喜びを感じるもので，NPOでわざわざ命令されるような上下関係を好むものではない。NPOを組織して，一国一城の主になったような誤解は，ぜひとも避けなければならない。そうでないと，ボランティアが集まらず，NPOはいずれ空中分解することになる。

　企業の社会的責任（Corporate Social Responsibility，略称：CSR）とは，企業が倫理的観点から事業活動を通じて，自主的（ボランタリー）に社会へ貢献する責任のことである。この場合，企業は企業市民として活動するから，NPO活動の「内生的発展」＝「社会の原理」と理念的に一致する。両者に理念上の齟齬は来さない。NPOは，企業のCSRの受け皿，ないし共同体となって活動が可能である。これを実現できれば，地方自治体が財政面で助かることは確かである。

　企業がCSR活動で取り組んでいる場合，NPOはいかなる機能を発揮すべきか。活動のノウハウ提供，ボランティア募集など多方面に及ぶ。NPOと企業のCSRがコラボできれば，これが最強の組み合わせとなろう。

〔注〕
1)　NPOはnonprofit organizationの略で，非営利組織を意味する。
2)　富沢［1997］18頁。
3)　Salamon［1992］訳書，22頁。
4)　川口・富沢編［1999］168頁。
5)　Pestoff［1998］訳書，29頁。
6)　藤田［1999］140頁。

〔主要参考文献〕
　岡部一明［2000］『社会変革NPO』お茶の水書房。
　勝又壽良・岸真清［2004］『NGO・NPOと社会開発』同文舘出版。
　川口清史・富沢賢治編［1999］『福祉社会と非営利・協同セクター』日本経済評論社。
　上山信一［2002］『「政策連携」の時代』日本評論社。
　川口清史［1999］『ヨーロッパの福祉ミックスと非営利・協同組織』大月書店。
　坂本文武［2004］『NPO経営』日本経済新聞社。
　富沢賢治［1997］「新しい社会経済システムを求めて」，富沢賢治・川口清史編『非営利・協同セクターの理論と現実』日本経済評論社。
　藤田暁男［1999］「福祉の非営利組織における利用者とスタッフの組織問題」，川口清史・富沢賢治編『福祉社会と非営利・協同セクター』日本経済評論社。

宮瀬睦夫［1962］『ロバート・オウエン』誠信書房。
宮本憲一［1998］『公共政策のすすめ』有斐閣。
保母武彦［1996］『内発的発展論』岩波書店。
Pestoff, V. A. [1998] *Beyond the Market and State.*（藤田暁男ほか訳［2000］『福祉社会と市民民主主義』日本経済評論社。）
Salamon, L. M. [1992] *America's Nonprofit Sector.*（入山映訳［1994］『米国の「非営利セクター」入門』ダイヤモンド社。）

（勝又　壽良）

第13章

これからの福祉マネジメントの構築

　わが国の社会保障・福祉サービスは，戦後の焦土と化した混乱の中で，緊急に必要とされ，伝染病や結核の予防等，公衆衛生の対応から始まった。70年をかけ，国民の医療・年金・福祉・介護・住まい等の基本的生活を守るネットワーキングの枠組みは一応できたといえる。しかし，子供・子育ての問題，非正規社員の急増，介護離職者や無年金者，自己負担が払えず医療を受けられない人や生活保護世帯の増加（50％高齢者）等，解決すべき問題が山積している。

1. 未来の福祉ビジョン

　北ヨーロッパの福祉国家では，福祉は，幼児から高齢者ケアまで，手厚いサービスが提供されている。これら高福祉を支えるのは，国民の高負担である。その主な財源である消費税は 20 ～ 25％と，わが国の消費税を大きく上回る課税であるが，彼らは，高福祉のサービスを受けるためやむを得ない負担であると納得している。社会保障制度の役割と重要性を全面的に理解しているといえる。

　一方，わが国は，社会保障制度が障害をもつ人・高齢者・若い人・子供すべての人にとり重要な問題であることを継続してPRすべきである。そして，国民は，社会保障制度の年金・医療・福祉・介護等の問題について関心を持ち，その相互依存の仕組みを理解し，自助，共助，互助，公助で，みんなで支えあうコミユニテイづくりに参加意欲を持つことが重要である。

無年金者を救済するため，2015年特別措置が取られたが，この制度によって救済された人は，一部の人にとどまった。

わが国は，このまま低福祉，低負担の道は歩めない。中福祉と高福祉，どの程度の福祉を選ぶのであろうか。いずれにしても，財政が関連してくる。

2. 社会保障制度と財政問題

社会保障制度の運営には収入（消費税，保険料・自己負担）問題は，重要な問題になろう。しかも主たる財源である消費税のアップは，高齢者，多子家庭にとって重い負担になる。社会保障制度の確立のためには，長期の安定した財源をどのように，どこから求めるかを明確にすべきである。

保険料の納付状況は，加入者の社会保障制度への信頼度に依存している，親が要介護になったとき，介護を受けられないとか，働くために，保育，幼稚園に入園できない等，支援が得られない人が増えれば，社会保障に関心を持ってその役割を信頼する人は減っていく。その結果，セーフティネットの仕組みは崩れ，保険料の未納が増え，保険財政は資金不足となる。このように医療・介護・福祉等のサービスの低下は，国民の信頼度の低下という"負の連鎖"をもたらしている。我々は医療・福祉を学び，医療福祉に携わるものは，社会保障制度・福祉サービスを守らなければならない。

3. 社会保障制度の戦略的組織とシステムの見直し

現在の恒久的財源が十分確保できない状況で，社会保障制度を円滑に展開するためには，次の戦略的制度・システムの展開が考えられる。

サービス提供の効率的経営組織をつくる医療，年金，介護，福祉の諸サービスの総合的質の向上，サービス提供コストの削減・合理化が必須である。最も重要なことは，利用者本位の医療・福祉の成果を上げることである。すでに第

4章，12章でも説明したように，①公的機関の提供するサービス，②公設民営（公的機関が施設を所有し，民間が経営を行うハイブリッド／混合型），③民間機関が国の認可を受け年金，医療，高齢者福祉等を経営し提供する等いろいろな経営組織形態で公的事業分野への参入が進んでいる。

わが国の医療・年金・介護は社会保険方式で，運営者主体の保険者は国，共済組合，健康保険組合，市町村等の公的機関である。また，7万の福祉施設も福祉法人等の公的機関により運営されている。

民間サービスの目標管理（MBO）の効率経営・成果管理，創造的経営と顧客志向経営，品質保証等の優れた点を取り入れた新しい企業経営体にNPM（新公共経営），PFI（民間資本導入）[1]等がある。PFIは，1999年にわが国では法制化された。しかし，先進国に比して未だPFI事業は少数である。

4. 医療費，医療制度の将来問題について

医療・年金・介護の給付は，急激な増勢を続け，近く150兆円になると予測される。医療は，給付金額も一番大きく，その50％は高齢者の医療である。したがって，75歳以上を分離して，後期高齢者医療保険制度がスタートした。しかし高齢者保険の切り離しは，世界に例が少ない。

高齢者を切り離さない，先進諸国の例を参考に，医療保険の経営を考えたい。

(1) 医療は社会保険方式でなく公費負担方式（税方式）にすべきという考え

英国の国民保健サービス制度（NHS）や米国のメディケイド（公的扶助）等が，公費で行っている例である。

わが国の現在の社会保険方式は，負担と給付の関係は明確で，透明性が高いといわれている。また強制加入が原則で，リスクの高いものが排除されることはない。社会保険方式は一定の規模で，老齢や疾病のリスクに備える年金保険，医療保険，雇用保険，労働者災害補償保険等の制度が多くの国でも採用されている。

保険の原理は給付と負担のバランスであるが，現実のわが国の健康保険制度はバランスしていない。保険料の収入不足で公費（税）の繰入れは，約40％と多額である。税は一般財源を組み入れるが，税については，所得税，相続税，消費税，法人税等，多様な形態がある。2012年から進められている税の一体改革では，消費税を社会保障・福祉の財源に充当することが決まっている。現在，税方式は公的扶助，社会福祉の制度に用いられている。公的扶助は生活保護等，国民の最終的安全網（セーフティネット）と呼ばれることもある。これは所得の余裕のある者から少ない者への資源の再分配でもある。

社会保障制度は，資源給付の仕組みであり，また再分配の仕組みでもある。すなわち，所得・支払い能力に応じて負担額を決めることで，再分配機能の責務を果たすことができる。所得税の制度では，所得に応じて税率が決められる累進税率である。社会保険制度でも，所得に応じて保険料が決められる応能負担主義である。税金では，一定の所得以下では，"控除"の仕組みが設けられていて，扶養家族が多い人は世帯の生活費を考慮して税金を減額する制度を設けている。控除は直接の福祉給付ではないが，再分配の機能を行っているといえる。"給付付き税額控除制度"を採用している国もある。これは，"負の所得税"の考えである。課税最低限以下の所得しかない人には，控除だけでは，支援ができないことから税の仕組みの中で給付を行うのである。

75歳以上の高齢者は，疾病のリスクが高く，保険の原理を適用することは難しい。したがって，医療は公費（税）で賄い，医療・年金（社会保険）・介護を含めた社会保障全体のビジョンを考えるべきであるとするのが公費（税）方式の理論である。

(2) 退職した被用者年金受領者のための健康保険（退職者健保）

長年勤めた会社・公的機関等の健康保険組合が，老後の支援をすべきという考えがある。通称"突き抜け方式"という。現状，会社員，公務員は60～65歳で退職して，多くの人は，市町村の国民健康保険に加入する。在職勤務中は，民間企業関係の健康保険組合，共済組合に加入していたが，退職と同時に組合員資格を喪失，市町村の国民健康保険に移籍せざるを得ないのである。

高齢者の80％が国民健康組合に加入している。保険の原理は，特定の集団（高齢・男性・女性）に偏よることは認めていないから，高齢者の集団の保険は保険に非適合であるといえる。退職者健保は，長年勤務の非正規社員の退職者も加入できる制度にして，加入者を増やすこともできる。退職後も，"被用者年金受給者のための健康保険"すなわち特定の組織の職員が，その退職者の老後の支援をするシステムで円滑な経営規模の大きさがあれば，保険の原理は成立する。保険制度は，必要な給付費用や事務管理費用等の必要経費を加入者全員が保険料を払って，保険の原理でバランスがとれることが重要である。特定のある組合の加入者を，同一職場でなくとも職種別・職務別で編成，受給資格の就業年数を10年～15年程度にすれば，ほとんどの職業に適用できる。わが国は，年金受給資格は25年以上と先進国の例と比較すると長く，勤続期間が未達で無年金になった人が多かった。

老後の生活を，1つの年金で賄うためには，所得補償率を現役勤労者の所得の50～60％が必要といわれる。リスク分散のため，1つの年金だけよりも確定拠出年金等にも並行して加入することも重要である。加入した個人の責任と努力で，運用益を上げることができる。

(3) 民間型医療保険の活用：民間医療保険が主の米国の事例

米国では，2010年にオバマ大統領が，低・中所得者の公的医療保険加入を義務づける法律（The Patient Protection and Affordable Care Act ; PPACA）に署名した。保険料を強制徴収することに強い反対があったが，14年法案が議会を通過した。いずれにしても，医療は民間が主である。

米国は民間健康保険機構（HMO）が医療経営の中心的役割を持ち，病院，医師，雇用主と連携，医療の需要と供給を厳しく管理するマネジドケアで医療費の膨張を抑制し，しかも医療情報を活用し，良質サービスで効率を上げている。その管理技術は医療関係者が質の向上・生産性向上に協力する仕組みであり，実績を上げてきた。65歳以上には，米国の医療保険（メデイケア）が適用されている。

HMOに加盟している保険会社は約770社にのぼり，なかでも，アルミニュ

ウムのカイザー，飛行機のボーイング，GE，大手の生命・損害保険等，主に大手企業が経営に参画している。国民のHMO加入率は約40％であるが，2000年以降の加入者数は伸びていない。その理由としては，以下にあげるようにあまりに厳しい医療費削減の施策を行ってきたことにある。

① 日帰り手術に重点。早朝手術して深夜帰る日帰り手術を実施する。
② 家庭医に希望しても専門病院を簡単に紹介しない。
③ 過去の病歴によって診療を拒否する。
④ 遠隔地の医療費の安い医療機関を指定する。

HMOは，①疾病予防のため，各種のプログラムを開発，②医療費抑制システム，③効果的給付システム（医療機関は指定される，家庭医を登録して初診を受けることが条件），③診療ガイドライン，診療管理システム・医薬品フォーミュラ[2]の研究開発で医療費合理化[3]で実績をあげている。保険者は，厳しい競争の中，経済性を維持して加入者の満足度（CS）を高めるための政策を，地域社会・医師会・企業と連携して推進する。日本は，検診は非保険診療で自己負担であるが，HMOは各種の検診をサービスする。

包括医療，プライマリ・ケアの考えは，1978年WHOユニセフの共催のプライマリヘルスの会議で採択されたアルマアタ宣言で，保健について住民の自主的参加が必須と強調されている。欧米の医療システムは，プライマリケア医療を担う家庭医（Family Physician）を事前に登録する。家庭医の受診が条件で，病院や専門医の再診を受けられるが，家庭医の紹介が必修である。わが国では，家庭医（かかりつけ医・厚労省）は計画的に養成されてこなかったので，地域連携とか地域包括ケアは，容易に受け入れられない。

米国では，医師の約3分の1が，プライマリ・ケアの家庭医であり，各地で家庭医と専門医，病院の効果的なネットワーキングをすることができるといわれている。

包括医療（comprehensive medicine）は，保健から専門医療，地域医療，救急医療，周産期医療等を含む広義の住民中心の未来志向の医療である。

HMOの事務管理費は10％以下である。わが国の医療機関，市町村，社会保

険事務所等の保険担当者の人件費，コンピュータの経費等を総合すると膨大な事務費である。保険料の未納のため，相談したり通知したりと，市町村の事務負担は大きい。

5. 社会保障と税の一体改革について

地域包括ケアの必要性を強調しているが，次のような課題が指摘される。
① 全ての新事業計画，改革計画が現状の医療・福祉資源，経営諸条件を基に立案されている。現状を刷新しつつ改善，改革を進める戦略の策定が必要である。
② 生産性の向上についての明確なビジョンを示す。

看護・介護の労働生産性は，一般産業と比較すると約50〜60％である。仕事の管理技術，生産性向上への意識改革・教育等の検討が必要とされる。

具体的な労働生産性，資本生産性，設備生産性の向上の方針が必要である。在宅ケアでは設備もかさむ。部分的な経営効率にとどまらず，資本コストや設備コスト等も検討を要する。在宅ケア技術，生産性向上の技法の開発，導入が必須である。

PFI（公設民営）が法制化されて，民間資金の調達のパイプは太くなった。しかし，病院の設備を見ると，診療・手術等の施設よりも医療に無関係の立体駐車ビル，設備投資の大きい大型のエスカレーターや保険事務・計算室等，いずれも付加価値を生まない設備への投資が増加している。

医療資源の偏在の是正，活用を行うことも重要である。高価な診断装置等，欧米では，365日，深夜までフルに活用，土・日は検診に貸して有効活用され，さらに，大型のMRI, CTがトレーラーに搭載され出張診療がなされている。わが国では，土・日曜（104日）夜間に利用しない例もあり，医療の成果測定を適正に活用することが必須である。

(1) 地域包括ケアの推進役・家庭医の確保

　住民の継続的健康を担う家庭医制度の確立が必要であるが、わが国には未だ家庭医制度がないので、そのための人材確保が求められる。この制度は地域住民の医療・健康相談等、包括ケアの重要な役割を果たすものと思われる。現に、英国やドイツの例をみても地域の医療・介護のネット治療、救急医療（周産期医療、洋上、高速、山岳）等の需要が急増している。経験豊かな家庭医が中心となり、大きな役割を果たしている。予防医療の需要伸長、高度先進医療（PET陽子線治療、ロボット手術・治療等）、生殖医療、ストレス治療の心療内科、がん治療と緩和ケア等の新領域の医師、医療技師の確保が重要である。

　なお、高度情報化社会では大都市圏に社会経済が偏在するので、医療の在り方に偏りがみられる。したがって、福祉専門職・専門看護師、医療技術者・社会福祉士（ソーシャルワーカー）[4]等の専門職技師の養成が緊急要す。

(2) 　診療報酬の決め方の刷新（日本式固定定額制、人頭制）

　日本の医療報酬は、原則、出来高制で、診療の評価を手術・注射・検査の回数、医薬の数量で決めている。大病院は、DRG[5]固定定額制（まるめ）の報酬モデルを1998年に導入の準備を始めた。さらに主要病院は、日本式固定定額制DPC[6]の導入を検討している。将来、家庭医としての受け持ち住民登録数（契約住民数）を参考に決める人頭制（Capitation）が検討されるであろう。

　英国・米国等[7]では、医療保険制度は、保険者が医療制度の中核的役割を担うものであり、保険者が良質で効率的医療の戦略展開を強化すべきだとしている。

　英国の高所得者向け自由診療の医療制度は、NHS（国民健康サービス制度）と併存しているが、NHSが、大規模な組織となり官僚化し、治療のプロセスが停滞していると懸念される。しかし、医療の経済的収支面では、バランスを取り戻している点が注目される。わが国でも、最先端のがん治療や美容外科等、保険を適用しない自由診療が増えることも予想される。

(3) 医療保険制度の組織の強化：保険者機能の適正化

保険者は主に，市町村である。保険者がリーダーシップを発揮して，保険活動を進めるために保険者を適正規模に統合すべきである。市町村の広域連合は，将来，行政単位の府県を超える広域連合も考えられる。

(4) 高度先進技術で健康管理

職域健康診断は，形式的な定例業務になっていないか再検討を要する。高度先端技術を適用する健康診断を継続実施して，検診の成果を活用した早期発見・治療で健康管理が要望されている。

6. 社会保障と再分配機能
―格差の解消に向けて―

社会保障・社会福祉の制度は，再分配の機能を持つといわれている。国民負担率[8]で示される再分配機能の高さは，福祉国家の充実度に関する重要な尺度として活用されている。

国民負担率に併せて，国の財政赤字を調整する潜在的負担率で国際比較を行うべきである。

格差を表す指標は，ジニ係数（0～1の間で1に近づくほど所得格差が大きくなる指標）で表される。ジニ係数の国際比較資料[9]では，わが国は先進国では，米国，英国に続いて格差があることが分かる。

ジニ係数の統計分析は，年齢階層別に行われていて，高齢者の格差パターンは若年層，壮年層の格差パターンと類似している。高齢者は概ね，0.3前後で安定している。若年層では0.3～0.33，壮年層0.28～0.32，すなわち高齢者の所得再分配後の格差が，他の年齢層と概ね同じような水準であるといえる。そして，若い人と高齢者，換言すれば，世代間再分配は，比較的スムースに行われているといえる[10]。

社会保障の問題は，給付と負担の関係の評価が大切である。再分配の問題も分り易く通常，①垂直的再分配，②水平的再分配，③世代間再分配の3類型に

分類される。

　垂直的再分配は，所得階層の上下における再分配で高所得者からより多くを徴収して，低所得者に対し福祉サービスや生活保護等を給付する再分配制度である。

　水平的再分配とは，同じ集団・社会の中で，横の関係で行われる再分配である。健康人から病人への再分配である医療，雇用保険等が典型的な例である。

　世代間再分配は，異なる世代間の再分配である。一般に，働く世代から退職した高齢者への再分配である。賦課方式の公的年金（わが国の公的年金等），高齢者医療保険制度が代表的制度といえる。

　ジニ係数の統計をみると，高齢者の所得再分配後の所得格差は 0.3 と比較的安定していると推定できるが，現実は，バブル経済の破綻や米国リーマン投資銀行破綻等の問題がいまだ影響しているといえる。生活保護を受給している高齢世帯は，83 万世帯（2015 年）で 65 歳以上の人口の 2.7% であり，社会保障制度・福祉はいかにあるべきか，常に検討が必要である。

　社会保障制度の構築に向けて，本書では何をどのように進めるべきか多面的なアプローチを試みてきた。自立した生活を支援するサービスを確保するためには，社会連帯および自己選択，自己決定，自己責任をベースにした契約の考え方が必要であると述べてきた。そして，高齢者の福祉の問題は，国を挙げて取り組むべき課題が多いことも事実である。

　例えば，高齢者の健康は，青年期の生活で作られるといわれている。慢性疾患等，青年期のライフスタイルが原因となり加齢で発症するケースが多い。国民が，将来の安心で安定した生活のため今，実践すべきことがある。しかし，街を歩いていても，高齢者が要望しているものは極めて少ない。例えば，医療食（低脂肪・低蛋白・減塩，抗アレルギー）を提供するレストランは少ない。さらに，畳で椅子がない店も多い。高齢者が体力を維持し，楽しく世に貢献できるようノーマライゼーションの要望に応えるため，外国企業を含め多様な経営主体の参入を求めたい。情報技術と創造性を生かし，高質で高効率のサービスを実現することが，信頼と納得をうることになる。情報開示を実践して，公平に適正に費用を分担する事が，福祉マネジメントの成功のカギといえる。

〔注〕
1) NPM（新公共経営）は，New Public Management，PFI（民間資本導入による公設民営）は，Private Financial Initiative の略称である。
2) 保険料は，月額，2万円〜12万円程度。家族の高齢者扶養，指定外の病院利用，休日救急等の特別オプションは，基本保険料に加算される。
3) 医薬品の種類は，わが国の3分の1で平均入院期間4日〜7日。
4) 米国のジョンホプキンスと並び，歴史の古いマサチューセッツ総合病院では，看護師とほぼ同数のソーシャル・ワーカーを配置している。
5) DRG は Diagnosis Related Groupes の略。米国が，急騰する医療費の抑制を目的に，1983年，65歳以上を対象の"高齢者医療保険メデイケア"を創設，パートA（病院料金），出来高報酬支払制を改めて疾病群別包括固定定額制を導入した。その結果，急増していた医療費は沈静化，しかも，医療の質，アウトカムまで注目されるようになった。パートB（医師技術報酬）についても，92年から適正化が始まった。疾病群とは，約1万の診断名を器官別に23の基本疾病群（例，循環器系，消化器系，内分泌系等に疾病をまとめた）に分け，主な診断名，主な手術で分類し467群にまとめている。
    それまでは，医師が高度の技術，聖職者としての倫理感をもって診療する職業的自由主義（professional freedom）を認め，医師の自由な診療に基づく，出来高報酬制（FFS: Fee For Service）を認めて請求分を（制限無く）支払ってきた。米国DRG方式報酬は，続いてドイツ，フランスの医療保険制度に導入された。
6) DPC（日本版DRG）。わが国も，長年，出来高報酬支払い制をとってきた。将来，本格的に，病院料金（パートA）と医師技術料（パートB）をまとめて，DPC（日本版DRG）として，固定定額支払い制を導入する準備中である。同時に，医療費の削減にとどまらず医療の質の向上，診療内容のバラツキの是正等の効果も期待されるので画期的なことである。包括できる診療費は，次のごとく当面，医療費の約半分が対象である。
    ▶包括［定額化］，まるめられる診療費：投薬，注射，画像診断，看護料，検査料等。
    ▶出来高で算定の費目：手術，麻酔，リハビリ，診断料，初診料，指導料，管理費等。
    （例）ある病名の注射・投薬は5万円と定額となれば，仮に5万円を超えれば，病院の負担となる。
    DPCを導入するため，準備のデータ収集に約4,000病院が参加したが，次のごとき問題が指摘された。同一病名であるが，病院により治療方法が大きく異なる。すなわち，医療技術の選択肢が多いといえる。また医療のアウトカムは，療養環境が大きく影響することが分かった。栄養サポートチーム，点滴，輸血，リハビリ等，療養・看護技術の調整が必要である。DPC導入の調査で入院日数，診療行為別の原価・診療単価のバラツキが大と分った。これらのバラツキの原因調査と是正が，今後の課題である。当面，高齢者医療費の抑制が必要であり，固定定額制を拡大・適用することが考えられるが，DPC準備病院の全国データから見ると，高齢者医療を固定定額制にしても，その施策だけでは医療費抑制の効果は限定的である。
7) プライマリ・ケアを重視，地域連携ネットワーキング，セカンド・オピニオン制度，成果の適正評価制度，医師の生涯研修等，良質サービスを目指す日本でも，すでに，医師のプライマリ・ケアの生涯研修は始まっている。
8) 国民負担率の国際比較（次頁の表参照）。
    ① 国民負担率＝租税負担率＋社会保障負担率
    ② 潜在的な国民負担率＝国民負担率＋財政赤字対国民所得比

(単位:%)

	日本	米国	英国	独国	仏国	スウェーデン
② 潜在的な国民負担率	51.2	42.5	60.0	57.2	70.3	63.9
① 国民負担率	39.9	30.3	45.8	53.2	60.1	62.5
財政赤字対国民所得	11.4	12.2	14.2	4.1	10.2	1.3

(資料)『平成24年度 厚生労働白書』より。

9) OECD(2014年)より。
10) 厚生労働省『高齢者白書』2012年,131頁より。

〔参考文献〕

堤 修三[2007]『社会保障改革の立法政策的批判』社会保険研究所,2007年。
廣井良典[1999]『日本の社会保障』岩波書店,1999年。
廣井良典[2006]『持続可能な福祉社会:もう一つの日本』ちくま書房,2006年。
渡辺孝雄[1998]『在宅ケアの基礎と実践』ミクス社,1998年。
渡辺孝雄[2012]『医療福祉サービスの経営戦略 Ⅱ版』じほう,2012年。
Managed Care Digest Series® 〈https://www.managedcaredigest.com/〉
HMO-PPO Digest |2015 - Managed Care Digest Series
　〈https://managedcaredigest.com/pdf/HMO-PPO.pdf〉

(渡辺 孝雄)

Index

和文索引

あ行 ☆

IT 情報担当役員　66
IT の情報漏えい　69
アウトソーシング　56
赤字国債　11
アクセシブルデザイン　116, 126
アセスメント　46
アセスメントシート　174
アソシエーション　197
アダム・スミス　22, 205
新しい価値の創造　191
新しい品質項目　166
アトリュウム　106
アフガニスタン戦争　201
あやしい食品や添加物　83
新たな絆のネットワーク　94
αリノレン酸　85
アルマアタ宣言（プライマリ・ケア重視）　218
アレルギー性疾患　120
アレルゲン対策　120
安心安全の欲求　30
安心した幸福な生活　18
安全性　154
アンチエイジング　75, 77, 80, 85
　　──のための食習慣　82
暗黙知　29, 32, 192

生きがい　108
行き届いたアメニティ　106
医業外収益　145
医業管理費　144, 145, 146, 147
医業収益　144
医業損益計算　144
医業費用　144, 146
医業利益　144
イギリス協同組合協議会　207
育児・保育　9
育児問題　11

いざなぎ景気　11
意識の向上　132
医師の生涯研修　223
遺族基礎年金　18
委託費　144, 151
1950 年勧告　4
1970 年代モデル　16
一時金型　125
一次判定　35
一価不飽和脂肪酸　85
一般開業医　67, 69
一般的なサービス　171
イノベーション　32, 66, 160, 161, 168, 191
意味連関　182
イメージアップ　48
医薬品フォーミラ　218
医療・介護分野の不動産投資信託　72
医療介護費用　65
医療機関同士の連携　166
医療機関と福祉施設で協働　129
医療ケア　99, 118
医療原価　144, 145, 147, 155
医療行為　42
医療コスト　143
医療サービス　4, 67, 107, 148, 149
医療資源の偏在　219
医療事故　161
医療食　222
医療制度改革の病床再編成　99
医療制度の将来問題　215
医療外付型　43
医療ツーリズム　122
医療と介護のケア融合　169
医療内包型　43
医療ニーズ　42, 176
医療のシステム化　20
医療の重点施策　17
医療の成果測定　219
医療費　45, 143

医療費急増　11
医療費合理化　218
医療法
　　第1次改正——　12
　　第2次——　12
　　第3次——　13
　　第4次——　13
　　第5次改正——　14
　　　　——第7条　148
医療法人　63
医療保険　6
医療保険制度の組織　221
医療保険適用　117
医療モール　72
医療療養と介護療養　99
医療療養病床　63
胃ろう　119
因果関係のある疾病　78
飲酒　79
インスリン自己注射　119
インスリンの持続投与　119
インスリンポンプ　119
インディケータ　164, 165
インテリジェント・ワーク　161, 167, 193
院内感染　166
インフラストラクチャー　130, 131

受け持ち住民登録数　220
運営原則　198
運営推進会議　175
運営の概念　71

英・米の社会保障　19
英国NHS　22, 66, 67, 68, 70, 215, 223
英国厚生省　69
英国にみる医療・福祉事業の成功例　66
英国の国民保健サービス制度　215
HMO加入率　218
栄養機能食品　122
営利企業　48
営利主義　48
営利優先　48
エージェンシー制　208
笑顔・うなずき　168
エキサイティング・アビリティ　185
エキスパートオピニオン法　156
エコマネー　203, 204, 206
SAP療法　119
NHSの5ヵ年計画　68

NHSプラン　20
NPO法　195
NPO法人　48, 202
n-3系油脂　85
エビデンス　154
MRI検査機器をリース　152
MRSAに感染　166
MDS-H方式　174, 179
遠隔医療サービス　66, 69, 123
遠隔ケア　66
遠隔診療　66
円環状組織　209
園芸療法　85
嚥下訓練対応　170
嚥下能力　80, 121
炎症性疾病　78
エンゼルプラン　13
エンディング思想　77

オイル・ショック　11
応益主義　7, 14
オウエン・ロバート　206
　　——の思想　206
欧州連合　205
応能（負担）主義　14, 15, 216
OECD諸国平均　67
大きな政府　19, 20
オーバータイム　201
汚染が疑われる生鮮食料品　83
オバマ大統領　217
オブライエン（V. O'Brien）　26
恩給　5, 6

　　　　　か　行――――――――☆
会計監査　155
会計基準　155
会計資料の正確性と信頼性　155
介護機器　115
介護給付　6, 39
介護給付分科会（厚労省）　43
介護金庫　52
外国人介護人材の活用　48
外国人技能実習制度　52
介護
　　——に関する施策　107
　　——の総費用　50
　　——の普遍化　35
　　——抑制策　43
介護ケア　107

介護現場　176
介護サービス　7, 35, 202
　　――の質　68
介護サービス契約　46
介護サービス事業者　48
介護サービス受給者数　50
介護サービス情報の公示　102
介護サービス特定施設入居者生活介護　100
介護士　167
介護支援専門員　44, 45, 172, 174
介護支援専門員実務研修受講試験　46
介護施設事業　62
介護施設等における事故　161
介護従事者の確保難　48
介護状況の把握　96
介護職員処遇改善加算　47
介護職員の不足　46
介護職場　47
介護人材の確保　46, 52
介護総費用　50
介護付き有料老人ホーム　41, 101
介護度　45, 107
介護度（看護度）を5段階にクラス分類　107
介護認定　37
介護認定審査会　35
介護認定度　45
介護ビジネス　48
介護費用　45, 62
介護福祉士　44, 46
　　――の登録者数　47
介護報酬　37, 45, 47
介護報酬改定の改定率　39
介護保険　6, 13, 15, 62, 65, 124
介護保険外サービス　126, 127
介護保険サービス　45, 50, 51
介護保険事業　50, 52
介護保険制度　8, 15, 35, 37, 56
　　――の持続可能性　50
　　――の問題点　44
　　――改正　38, 40, 41
介護保険法　13, 63, 65
　　――改正　14, 15, 37, 42
介護保険料　7, 36, 49
介護予防　14
　　――福祉用具　94
介護離職者　213
介護療養型医療施設　43, 62, 63, 64, 99
介護療養型老人保健施設　99
介護療養病床　63

介護老人福祉施設　42, 64, 98
介護老人保健施設　64, 98
介護労働実態調査　46
介護ロボット　48
快適な環境　106
外発的動機づけ　132
外部委託　56
回復させる力　81
外部サービス利用型特定施設入居者生活介護　97
開放性と自立性　198
改良版PF2　73
化学的要因　79
かかりつけ医　218
格差の解消　221
格差の拡大　11
喀痰吸引　42
確定給付制度　111
確定拠出年金　112
　　――401k　111
　　――制度　110, 111
加算　37, 45
過酸化脂質　77
過酸化変性　78
過剰なアルコール摂取　81
家族介護　9, 21
家族等に対する給付　37
家族の生活の自由度　175
価値感
　全職員の――　161
　多様な――　209
　　――の多様化　199
　　――の養成　192
価値分析　95
活性酸素　77
家庭医　67, 220
家庭医登録の契約住民数　220
家庭内の人材活用　48
稼働率　50
加入者の満足度　218
ガバナンス　59, 161, 164, 167, 175
株式市場の大暴落　12
借入金　153
ガルブレイス, J. K.　20, 22
加齢への先入観　3
カロテノイド　84, 88
がん　83
　　――の転移　78
　　――の発生要因とプロセス　79

228

肝がん　81
環境問題　55
「関係の質」　130
関係の包括性　130
還元検査証票　80
看護（職）　107, 176
看護師でケアマネジャー　182
看護小規模多機能型居宅介護　15, 24, 43, 169
　──事業　172, 173
　──事業所　175, 176
看護必要度　14, 163, 169
冠疾患集中治療室（CCU）　127
患者サービス向上　154
患者情報の安全性　69
患者情報のハッキング　66
患者負担　17
患者へ情報提供　14
患者別日別コスト　155
間接費の配賦　155
完全競争　20
感染症　82
感染する国際感染症　82
完全物価スライド制　12
カンファレンス　175, 184
管理栄養士　75
管理会計　155
管理会計的処理　146
眼力　192
管理部門　146
官僚化　204

危害要因分析重要管理点　112
危機感　3
企業文化　26
規制強化　65
帰属の欲求　30
基礎年金　12, 18, 111
　──国庫率　110
喫煙　80
機能訓練　115
　──型デイサービス　41
機能性表示食品　122
機能分化　12, 13, 14
規模の利益　48, 50
基本診療料　45
基本調査項目　36
基本報酬　37, 45
キャメロン首相　67
キャリア開発計画　182

キャリア形成の支援　16
キャリアパス制度　47
救急医療　119, 218, 220
救急ワークステーション　119
QC運動の基本　160
QCサークル活動　58
QCの大会　160
90歳代を生きる　3
急性期病棟・病院の生き残り戦略　169
救貧的福祉活動　11
給付付き税額控除制度　216
給付費　62
給与比　177
共感のマネジメント・サイクル　187
共済組合　216
共済組織　197
共済年金　111
共助　177
強制加入　6, 215
行政評価システム　56
強制保険　35
業績評価　26, 150, 155
協働　202
　──に向けての行動計画を開発　131
協働感　189
協同組合　197, 198
　──企業　207
　──主義　207
共同生活住宅　96
共同生産　203
共同募金　61
業務改善　150
業務フロー　146
業務プロセス　156
虚血性心疾患　78
居住費　43
拠出が最も大きいサービス　42
居宅介護支援　46
居宅介護支援事業所　173
居宅サービス　37, 48, 49, 63
　──事業　62
　──事業所　177, 178
居宅療養管理指導事業所　173
緊急通報システム　96
金融商品販売法　163

空洞化　15
クーリング・オフ制度　102
クオリティー・インディケータ　164

具体的な目標　188
クックチルシステム　122, 128
国・自治体　9
国の過度の介入　19
国の社会保障費財源　64
区分支給限度基準額　35
グループホーム　24, 64
グローバル化　15, 55, 56

ケア・スキルの向上　164
ケア・トラスト　69
ケア・プラン　99
ケア・マネジャー資格者　68
ケアギバー　167
ケア
　――する職員数　162
　――の一体化　70
　――の継続性　170
　――の行動基準　165
　――の高い品質　181
　――の領域 30　179
　――のレベルを設定　165
ケアハウス　64, 97, 100
　最も注目される――　97
ケアプラン　37, 45, 46, 64
　――の修正　174
　――の立案　36
ケアマネジメント　172
ケアマネジメント実践記録様式　179
ケアマネジャー（ケアマネ）　37, 44, 45, 64, 75, 174
　――の質　46
ケアミックスのD病院　179
経営意思決定　155
経営環境への適応行動　27
経営効率　219
経営資源の投入　148
経営主体の参入　222
経営スタイルのチェック　162
経営戦略　24
　――のブレイクダウン　162
経営方針　155
経営理念　29, 162, 164
経管栄養　42
経験重視型の対応　129
経験年数　29
経口栄養　42
『経済学原理』　207
経済の論理　209

経済連携協定　48
形式知　32, 192
経常損益計算　144
傾聴　24, 28, 32
経腸栄養　119
軽度者への移行　50
経鼻経管栄養　119
軽費老人ホーム　97
景品法　163
契約　8, 36
契約の解除　102
ケインズ　19, 20, 21
　――の『一般理論』　199
ケインズ主義　19
ゲート・キーパー　67
結核予防法　10
現役勤労者の所得　217
原価計算　143, 145, 155
原価計算担当者　156
原価構成と販売価格　144
原価構造　150, 151
現金給付　6, 36, 48, 125
権限と責任の明確化　56
権限の委譲　24, 56
　指定――　46
健康アレルギー対応住宅　120
健康意識向上　3
健康住宅　120
健康増進　202
健康増進法　13, 122
健康配慮型先進国　67
健康保険組合　216
健康保険制度　216
検査機器　150, 153
検査件数　152
検査別に等価係数　155
減算措置　37
健常者型（タイプ）有料老人ホーム　65, 101
検診は非保険診療　218
現場観察　163
現場力　185
現物給付　6, 7, 35, 36
憲法 25 条　5, 10

コア・コンピタンス経営　164
広域連合　35
公益財団法人テクノエイド協会　116
公益の増進　195
高額療養費制度　8, 12

抗加齢活動　75
後期高齢者　65, 169
後期高齢者医療保険制度　14, 215
公共福祉の内在制約説　35
口腔ケア　80
合計特殊出生率　21
広告PRの規制緩和　13
抗酸化栄養素　84
抗酸化物質　77, 87, 91
高質で高効率のサービス　222
公衆衛生　5, 6, 7, 9, 10
公助　177
控除　216
公正人事　4
厚生年金　111
厚生年金基金　111
厚生年金保険　111
厚生年金保険法　10
厚生年金保険料　14
厚生年金を適用　110
公設民営　219
酵素　84, 91
公的サービス　177
公的事業分野　215
公的賃貸住宅の整備　96
公的年金（制度）　17, 109, 111
公的扶助　6, 7, 9, 216
公的保険　125
行動科学　95
行動基準　28, 164
行動規範　27
行動計画　134
行動経済学　134
行動で支援　29
高度看護ナーシングホーム　104
高度看護ホーム　104
高度成長　11
　　──の柱　15
高度先進医療　220
高度先進技術で健康管理　221
光熱水費　145
公費（税）方式の理論　216
公費による税方式　36
公費負担　16
公費負担方式（税方式）　215
高福祉　213
高福祉・高負担　8, 9, 20
効率化　10
交流の場　184

効力の停止処分　49
高齢化　18
高齢化社会　11
高齢化率　172
高齢者　7
　　──の居住の安全確保に関する法律　96
　　──の孤立化　93
　　──の住い　93
　　──の生活経済　108
　　──の持てるパワー　4
高齢者・障害者の生活を保護する制度　13
高齢者医療確保法　14
高齢者医療保険制度　6, 7, 8, 222
高齢者円滑入居賃貸住宅　96
高齢社会対策基本法　13
高齢者虐待防止法　14
高齢者施設　104
高齢者人口　65
高齢者（専用）住宅　96
　　世話付──　96
高齢者福祉　11
高齢者福祉施設　97
高齢者保健福祉計画（ゴールドプラン）　12
高齢者保健福祉推進10ヵ年戦略（ゴールドプラン21）　12
高齢者向け施設の種類　95
高齢者向け有料賃貸住宅　96
高齢世帯　9, 16
コーチング・スキル　28
コーディネーター　25
顧客満足　168
国営企業　207, 208
国語に関する世論調査　123
国際規格　117
国際競争力　9
国際疾病コード　163
国際障害分類　126
国際生活機能分類　115
国際的クルーズ　123
国際病院評価機構　163
国際標準化機構　115, 163
国際品質システム審査機関　58
『国富論』　205
国民
　　──の幸福追求権　10
　　──の高負担　213
　　──の最終的安全網　216
　　──の社会的権利　5
国民医療費　11, 84, 143

231

国民皆年金制度　9
国民皆保険　9
国民健康サービス制度　220
国民健康保険　216
国民主権　5, 10
国民所得　8
国民年金　14, 111
　——法　12, 110
国民負担率　8, 9, 21, 221, 223
国民保健制度（英 NHS）　66
国立医療技術評価機構 NICE　20
国連憲章第71条　195
個人情報保護に関する法律　14
個人的常識　192
個人目標　190
コスト　143, 145
コスト情報　147, 148, 150, 152, 154, 155
コスト測定　145, 146
コストデータ　147, 155
子育て，子供支援に関する2法案　14
子育て関連　17
誇大広告の禁止　57
国家安全標準規格　108
国家財政　199
国家扶助　5
固定資産税　145, 146
固定定額支払い制　223
固定定額制（まるめ）の報酬モデル　220
固定費　152, 153
子供，子育て支援関連の3法案　16
コミュニティ　4, 204
　——を中心とした地域　209
コミュニティ型　104
コミュニティづくり　213
コミュニティ能力　130
コムスン　14
雇用安定　5
雇用機会拡充　196
雇用政策　6
雇用保険　6, 215, 222
コラボレーション　202
困窮した人　4
コンソーシアム　23
コンピテンシー　140
コンプライアンス　60, 71

――――さ 行―――――☆

サービス
　——の向上　185
　——の質　52
　——の質の向上　10, 58
サービス格差　45
サービス受給　49
サービス担当者会議　174
サービス付き高齢者住宅　96
サービス付き高齢者賃貸住宅　72
サービス付き高齢者向け住宅　41, 100
サービス付き高齢者向け住宅事業　13
サービス提供の効率的経営組織　214
サービス利用契約書　163
財源の確保策　50
財源不足　49
採算計画　153, 154
採算性　152
再就職推進　47
在職老齢年金の見直し　14
財政赤字対国民所得比　223
財政政策　11
財政の規律性　36
財政逼迫　75
財政負担　65
在宅介護　48
在宅介護サービス　201
在宅ケア　7, 12, 219
在宅経静脈栄養法（HPN）　119
在宅血液透析（HDD）　118
在宅高齢者の QOL　179
在宅サービス　7, 8, 45
在宅酸素療法（HOT）　118
在宅酸素療法用機器　118
在宅療養支援診療所　173
最低限の生活保障　5
最低賃金制　5
サイバー犯罪　56
再分配の機能　216, 221
財務会計　145, 146, 155
財務規律の強化　59
財務諸表の開示　58
作業時間とコスト　156
作業療法士　95
サッチャー政権　19, 21, 22, 205
左脳　193
サプリメント　77, 85
差別化　41
サラモン（L. M. Salamon）　197
参加意欲　3
産休期間中の保険料　18
産業技術総合開発機構 HP　128

産業の空洞化　9
3K　60, 73
3C　11
サンシティ　104, 113
暫定ケアプラン　174
残余モデル　199

CE マーキング　117
CE マーク　128
GP 協同組合　67
シェアハウス　96
J リート市場　72
ジェロントロジー　4
支援費支給の申請　61
支援費制度　61
紫外線　82
自覚症状　91
自我の欲求　30
時間管理　28
支給開始年齢の見直し　14
事業運営の透明性　59
事業計画　153, 154
事業所の大規模化　51
事業の核（コア）　164
事業の透明性　58
事業倫理　27
資金計画　150, 153, 154
資金調達　103
仕組み〈目標，制度，指導・指示等〉　28, 29
資源の動員・分配　27
資源の配分　19
思考回路　27
自己ケアのアプリ・ソフトウェア　66
自己決定　66, 222
自己血糖測定　119
自己実現　30
自己責任　222
自己穿刺　118
自己選択　222
自己統制　189
自己評価　189
自己負担　6, 8, 35, 37, 45
自己負担額　62
自己負担分の費用補填　125
自助，互助，共助，公助　6, 177, 213
市場競争　71
　——原理　56, 59
市場主義　19, 20
市場分析　25

市場メカニズム　19
自助社会　91
自助努力と自己責任　19
施設ケアの居住費の負担　14
施設サービス　7, 8, 37, 49
施設中心のケア　170
施設類型　43
自然素材　120
持続可能な社会保障制度　18
持続グルコース測定　119
持続的な投資　138
市町村の任意事業　44
6Σ（シックス・シグマ）　159, 167
シックハウス症候群　120
執行原理　208
実損補償型　125
質の向上　154
質の高い総合サービス　105
疾病金庫　36, 37, 52
疾病群別包括固定定額制（DRG）　223
私的契約　99
私的年金　111
児童委員　61
指導内容　29
児童福祉　7, 8
　——法　10, 56
自動腹膜透析（CAPD）　118
自動翻訳　118
ジニ係数　221
自発的　161
自費サービス　126
脂肪肝　81
資本強化　51
資本コスト　219
資本生産性　219
シミュレーション　145
市民参加　204
市民社会　199
市民の社会参加や連帯　200
市民民主主義　199, 200, 204
事務管理費　218
社会（市民）の原理　209, 210
社会経済　10
　——のグローバル化　20
社会参加　41
社会的ケア統合　68
社会的経済セクター　197, 198, 200
社会的孤立　93, 94
社会的資本　204

社会的責任　25, 27, 71, 152, 161, 164, 175, 195, 208, 210
社会的地位　162
社会的入院　11, 43
社会的認知度　162
社会的評価が低い　47
社会と経済の仕組み・慣行の刷新　3
社会福祉　5, 6, 7, 221
　　——の共通基盤制度　56
　　——の再編成　12
社会福祉基礎構造改革　13, 56
社会福祉協議会　61, 94
社会福祉事業　62, 65, 71
　　——の充実・活性化　58
社会福祉事業法　10, 13, 56, 57
社会福祉施設職員等退職手当共済（法）制度　56, 60
社会福祉制度の構築　57
社会福祉法　13, 56, 57, 61
社会福祉法人　42, 43, 58, 59, 62
社会福祉法人制度の改革　59
社会変革の途　207
社会保険　5, 6, 109
社会保険制度　7
社会保険方式　36, 110, 215
社会保障　6, 8, 10, 18, 221
　　全世代型の——　16
　　——と税の一体改革　15, 16, 50, 111
　　——の財源確保　16
　　——の抑制策　43
社会保障国民会議　16
社会保障制度　4, 5, 6, 9, 10, 12, 13, 14, 36, 175, 213, 214
社会保障制度改革推進法　10, 14, 16
社会保障制度審議会　5, 21
社会保障全体のビジョン　216
社会保障費　40, 143
社会保障負担　9
　　——率　21, 223
社会連帯　5, 222
ジャグジー用プール　106
秀逸なケア　159
収益率の向上　177
宗教・政治の活動を禁止　196
就業規則　29
自由裁量権　63, 193
周産期医療　218, 220
収支相等の法則　125
収支差率　177
従事者数の推移　47

重症介護　75
重症心身障害児の多機能型事業所　173
住所地特例　41, 52
終身雇用　15
自由診療　220
住生活基本法　14
住宅改修・介護予防住宅改修　94
住宅改修等の支援サービス　94
住宅型有料老人ホーム　41, 100, 101
住宅金融支援機構のリフォーム融資　95
住宅政策　6
住宅用火災報知器　121
　　——の設置率　128
重度者の受け入れ　41
重度心身障害者　174
周辺サービス業者と連携　25
周辺領域事業　65
重要事項（について）説明書　102, 163
受給サービス　45
主治医意見書　35, 36
出生率　11
出張診療　219
受動型老人　75
受動喫煙　13, 78, 80
主任介護支援専門員　46
主要ミネラル　90
シュレー（E. S. Schleh）　188, 193
循環器専用　119
上意下達　197
省エネルギー　95
障害者　7
　　——の基準該当の生活介護　173
　　——の雇用の促進　15
障害者（児）生活支援事業　58
障害者基本法　13, 55
障害者虐待防止法　15
障害者自立支援法　14
障害者総合支援法　15
障害者福祉サービス　61
障害者福祉サービス提供者　61
障害者プラン　13, 73
生涯未婚率　93
消化性潰瘍　78
小学校区　202
小規模・介護専用型の特定施設　171
小規模事業　65
小規模組織　23, 24
小規模多機能型居宅介護　24, 43, 171, 178
小規模通所授産施設　58

小規模特別養護老人ホーム　171
小規模なサテライト型の特養　42
衝撃吸収フロア　121
少子化　10, 11, 16
少子化対策　17
少子高齢化　93
消費者契約法　13, 65, 102
消費者の知る権利　71
消費税　9, 12, 14, 15, 16, 111, 213
消費税増収　16
消費税率　16
情報開示　65, 71, 102, 163, 175
情報開発　130
情報交換　130
情報システム部門　146
情報通信技術　125
情報提供体制　58
情報を発信　25
剰余金割戻し　197
ショートスティ　64
初期償却の制度　102
職員の自由度　178
職員配置　14
処遇　177, 184
食塩　83
職業的自由主義　223
職人（大工・料理人・伝統工芸）　193
職人集団　29
職場活動の改善・活性化　27, 28, 186
職場の風土　188
職場マネジメント　186
食費　43
食品衛生法　122
植物療法　85
職務権限規程　29
職務権限の明確化　187
職務分担　187
女性職員　47
所得移転効果　11
所得格差　20
所得水準　199
所得代替率　110
所得補償率　217
書面交付義務づけ　57
ジョンホプキンス　223
自立・自律　75
自立・自助　36
自立経営　202
自立支援　40

自立生活　76
視力低下　124
新エネルギー・産業技術総合開発機構　116
人件費の削減　47
新公共経営　55, 72, 215, 223
人口減少社会　3
人工肛門　119
人工呼吸器　118
人工知能　56, 66
人工透析センター　172
人工膀胱　119
人口流出地域　48
新古典派経済学　207
人材
　——の育成　184
　——の確保　47, 60
　——の活性化　28
人材育成への認識　3
人事評価規程　29
新自由主義的経済　21
心身障害者　115
　——対策基本法　13, 55
心身の機能低下　170
心身の状態をアセスメント　174
人生80歳時代　13
人生90歳時代　4, 75
新生児搬送　119
人生設計　3
身体拘束　170
身体障害者福祉　7, 8
　——法　10, 56
身体的ストレス　81
信託組織　69
診断するモデル　28
人的資源　28
人的資源管理　181, 182
　——の領域課題　185
人的資源評価　182
人頭制　220
新保守主義　19, 20
信頼関係　26, 167
信頼の共感　185
信頼の喪失　161
心理的なストレス　81
診療委任団体　67
診療ガイドライン　218
診療科別原価計算　146
診療科別損益のフィードバック　151
診療科別採算性　150

診療管理システム　218
診療材料　153
診療自由裁量権　63
診療の補助　169
診療報酬　143, 153, 169
診療報酬請求実務　179

垂直の再分配　221, 222
垂直統合モデル　43
水道水　83
水平の再分配　221, 222
水溶性　89
スウェーデン　8, 9
　――の保育協同組合　203
スーパーオキシド　87
スカベンジャー　91
優れた成果　27
スタッフの能力　29
ステークホルダー　175
ストラティジィ・アビリティ　185
ストレス　78, 81
ストレス治療の心療内科　220
スマイル，サムエル　91
　――の『自助論』　91
住み慣れた地域　17

成果主義の導入　184
生活援助　45
生活介護　12
生活基盤整備　209
生活経済　93
生活支援ロボット　117
生活習慣病　77, 202
生活上のインフラ　200, 201
生活単位　98
生活の事故　108
生活の質　73
生活保護（法）制度　7, 10, 11, 56, 163
生活保護世帯の増加　213
生活保護等を給付　222
生活保障の責任　5
生活リスクの管理　124
成果の適正評価制度　223
成果を見込めるサービス　10
政策連携　207
生産性　14
　――の向上　10, 48, 117, 160, 219
生産労働人口　11
生殖医療　220

精神障害者福祉　7, 8, 13
精神薄弱者福祉法　10
精神保健　13
精神保健法の改正　13
税制抜本改革法　16
製造間接費　143
製造原価　143, 144
製造直接費　143, 144
制度モデル　199
青年期のライフスタイル　222
成年後見制度　13, 56, 65, 163
税の一体改革　14, 216
政府（の）介入　19, 20
政府管掌保険　12
生物的要因　79
税方式　216
税法上の特典　198
生命保険　124
生理的欲求　30
セーフティネット　7, 125, 214, 216
世界保健機関　115, 126, 129
セカンド・オピニオン制度　223
セグメント　146
セグメント会計　147, 149
世代間再分配　221
積極型老人　75
積極的投資　177
摂食嚥下　175
セッティング・メニュー　105
設備生産性　219
設備のチェック　162
説明責任　56, 71, 155
セルフコントロール　30, 31
セルフメディケーション　78
ゼロ成長　11
全額負担　43
戦後の復興期　10
潜在的な介護福祉士　47
潜在的な国民負担　223
潜在的ニーズ　95
潜在的負担率　221
潜在能力　204
全社的品質管理　58
全人的心身状態　46
戦争犠牲者　5, 6
選択と集中　31
全面的協力　137
専門家プロフェッショナル　193
専門職の権限委譲　182

専門スタッフ　178
戦略　25
　　——の基礎となる根本原則　27

創意工夫　191, 208
総原価　143, 144
総合競争力　3
総合的品質経営　161, 162
総合マネジメント・カンファレンス　174
相談・支援サービス　8
贈与社会　204
組織原則　198
組織構造を設計　27
組織体間のリーダーシップ　23
組織の価値観を確立　26
組織の宝　161
組織風土　26, 28, 29, 31, 160
組織変容　131
組織目標　185, 190
咀嚼や嚥下の機能　121, 123
租税負担率　9, 21, 223
措置制度　8, 36, 57, 61
ソフト資源　27
損益改善目標　149
損益計算書原則　144
損益分岐点分析　152
損害保険　124

た　行

第1号被保険者　35, 44, 49, 50, 110
第一種社会福祉事業　62
大活字本　124
大気・水質汚染　79
待機児童解消プラン　17
大規模株式会社　207
第3号被保険者　110
第三者機関の育成　58
第三者機能評価　49, 73, 162, 163
第3の道　20
退職者健保　216
代替医療　91
第2号被保険者　35, 36, 49, 110
第2次臨時行政改革　19, 22
タイム・ダラー　203
タイムスタディ法　155
多価不飽和脂肪酸　85
多元的制度　109
多職種協働　129, 133, 136, 138
多能　182

多能化のサポート　182
タバコ　80
多部門による保健活動　137
WHO調査　80
多面的科学的研究　4
多様化（性）　4, 14, 18
多様な医療・福祉事業者の参入　55
多様な価値観　209
多様な事業主体の参入促進　58
多様な連携の強化　169
単一制度　109
団塊の世代　65
短期解約特例の返還金規程　102
短期入所生活介護　64, 178
短期入所生活介護事業所　173
短期入所の認可　174
短期入所療養介護　64
　　——事業所　173
短時間労働者への健康保険の適用　14
男女共同参画　196
単身世帯　93
担当者会議　46
担当者の育成　156

地域医療　218
地域医療計画　12
地域格差　45
地域ケア提供者　67
地域交流スペース　177
地域コミュニティ　16
地域支援事業　40, 41, 44
地域単位　202
地域のチームワーク　25
地域福祉　60
地域福祉活動　202
地域福祉計画　61
　　市町村——　61
地域福祉権利擁護制度　57
地域福祉サービス　203
　　——事業体　25
地域包括ケア　169, 218, 219, 220
地域包括ケアシステム　15, 17, 40, 170, 171, 179
地域包括ケア時代の品質保証　159
地域包括支援センター　172
地域包括支援ネットワーク　130
地域密着　196
地域密着型介護老人福祉施設入所者介護　24
地域密着型サービス　15, 23, 24, 37, 41, 42, 48, 49, 170, 171, 179

地域密着型特定施設入居者生活介護　24
地域連携　218
地域連携パス　70
小さな政府　19, 20, 21
チーフ・インフォメーション・オフィサー　66
チームワーク　31, 160, 189
知覚　161
知識・情報の支援　29
知識創造　192
『知識創造企業』　32, 193
知的障害者福祉　7, 8, 61
　──法　55, 56
地方自治体　202
地方自治法（改正）　56
地方分権推進法　56
地方分権推進枠組　60
中（・小）学校区域　25, 37, 176
中央社会福祉審議会　13
中央診療部門　147
中核（コア）　168
中間施設　104
中産階級　105
中重度者　45
中心静脈栄養法（TPN）　126
中診部門原価　144
中福祉と高福祉　214
聴覚ケア　117
超高齢化社会　3, 13
腸ろう　119
治療ガイドライン　20
賃金が安い　47
賃金引上げ　47, 177

通所介護　41, 178
　──事業所　173
通所リハビリテーション　178
　──事業所　173
通所系サービス　37
痛風・リウマチ　78
突き抜け方式　216
強い現場力　186
強い人間的敬愛　207

低・中所得者の公的医療保険加入　217
低価格競争　43
定額制　37, 63
定額保健　125
定期巡回・随時対応型訪問介護看護　23

提携　136
低福祉・低負担　19
定率制　36
データウェアハウス　155
データベース化　184
適格退職年金　111
　──等の企業年金　111
適正コスト情報　143, 156
出来高制　220
出来高での算定　223
出来高払い（制）　45, 63
出来高報酬（支払）制　223
デザイナーズ・フーズ　83, 86
テレビ電話　66
テレワーク　125
てんかんの発作　78
電子カルテ　155
電磁波　82
伝染病予防　10
転倒防止の確認　80
転倒や虐待の防止　164
デンマーク　13, 55

ドイツ介護金庫中央組織　37
ドイツの介護保険　36, 48
同一労働同一賃金の原則　4
統計学　167
統合ケア　67
投資資金の借入（調達）　103
投資対象　72
『道徳情操論』　205
糖尿病（DM）　78
動脈硬化　78
透明性　71, 215
特掲診療科　45
ドクターカー　119
ドクターヘリ（法）　119, 126
特定介護予防福祉用具　94
特定事業所集中減算　46
特定施設　52
特定施設入居者生活介護　65
　──事業者　100
　──施設　41
特定疾病　36, 52
特定非営利活動促進法　195
特定福祉用具　94
　──販売事業所　173
特定保健用食品　122, 128
特別区　35

特別養護老人ホーム　42, 63, 64, 98, 100
トクホ（特保）　128
独立行政法人（化）　56, 208
土光敏夫　5
トップダウン　189
都道府県地域福祉支援計画　61
ドラッカー（P. F. Drucker）　24
取組みのステップ　189

――――――― な 行 ―――――――☆

内生的発展　209, 210
内発的動機づけ　132, 133, 134
内部留保　43
中村哲　201
なじみの関係　172
なじみの職員　172, 173
ナレッジマネジメント　191, 192

2次医療圏全体のニーズ像　25
二次判定　35
21世紀型2025日本モデル　14, 16
日常生活自立度Ⅲ以上　42
日本医療評価機構　168
日本介護福祉会方式　179
日本看護協会　176
日本再興戦略　116
日本式固定定額制DPC　220
日本的雇用慣行　15
日本のNPO　197
日本訪問看護振興財団方式　179
入居一時金　102, 103
入居時の前払金　102
入所系サービス　37
尿管管理　119
人間的感性のマネジメント　94
人間的信頼　24, 200
人間の潜在的能力　209
人間の養育期と老齢期　200
人間らしさ　165
人間理解　187
認知症　42, 75
　　――の対応　41
　　――への取組指針　67
　　――やうつ病の対応　52
認知症カフェ　44, 177
認知症患者　68
認知症高齢者　169, 179
　　――グループホーム　98, 171
　　――対応型デイサービス　171

認知症サポーター　44
認知症施策推進5ヵ年計画（オレンジプラン）　43
認知症施策推進総合戦略（新オレンジプラン）　44
認知症実態　177
認知症者
認知症初期集中支援チーム　44
認知症専門医　44
認知症対応　175
認知症対応型共同生活　178
　　――介護　24, 64
認知症対応型通所介護　24
認知症対策　43
認知症地域支援推進員　44
認知症デイサービス　24

熱交換型換気扇　121
ネットワーク・パートナーシップ　130, 135
ネットワーク（化）　6, 136, 184
年金・老後生活資金の調達　76
年金改革法　110
年金型　125
年金関連2法案　14, 16
年金関連の一部改正　13
年金支給開始年齢　110
年金受給資格　217
年金の給付　14
年金保険　6
年功序列　15
年齢差別禁止法　4
年齢の引き下げ　50

脳血管疾患　121
脳梗塞　78
脳卒中の場合の医療連携体制　70
能力発揮　108
能力判定基準　29
ノーマライゼーション　13, 15, 5, 57, 61, 73, 104, 222
ノーマライゼーション7ヵ年戦略　13
野中郁次郎　32, 193
ノンステップバス　13

――――――― は 行 ―――――――☆

パーキンソン病　78
ハーシー（P. Hersey）　29
ハード資源　27
パートナーシップ　136

ハートビル法　163
ハーバル・メディスン　85
ハイエク, F. A.　19, 22
配賦基準　155
配賦係数　155
白内障　78
働く人のモラール　9
ハッキング犯罪　69
発生主義会計制度　56
バブル経済　12
　　──の破綻　222
ばらつき　167
バリアフリー　13, 73, 96
バルーンカテーテル　119, 174
販管費　143, 144

非営利（性）　148, 198
非営利組織　198
　　──の課題　207
非営利の社会的経済サービス　200
非公式部門　199
非効率　204
非市場経済　204
ビジネスのビジョン　26
ビジネスモデル　50
非正規社員（職員）　15, 16, 47, 213
ビタミン（類）　84, 87, 88
ビッグデータ　128
人〈メンバーの行動能力〉　27
人手不足　48
人としての成長　184
人々の同感・共感　205
独り暮らしの老人　9
ヒドロキシラジカル　87
被保険者　35, 45, 109
　　第1号──　35, 44, 49, 111
　　第2号──　35, 36, 49, 111
　　第3号──　111
肥満の減少　83
ヒューマン・アビリティ　185
ヒューマンサービス　94
病院会計準則　144, 145
病院原価計算　144
病院全体のビジョンに合致　150
病院入院　99
病院の医療施設（病床数）の規制　12
病院の基本方針や戦略　150
病院は診療・入院病棟の大拡張　11
評価・処遇　184

被用者　7
被用者年金受領者のための健康保険　216
被用者年金の一元化　14
被用者保険（勤労者）の一元化　110
標準報酬　14
病床稼働率　169
費用対効果　20
ピラミッド　209
微量ミネラル　90
品質管理（QC）　159, 161
品質向上（運動）　159, 160
品質保証（QA）　108, 160, 161, 162, 168
　　──の4層レベル　163
品質保証認証制度　162

フィットネス　124
風土病　201
フェイスシート　174, 179
フェルドシュタインの民間運営の年金理論　112
付加価値　153
　　──の高い組織行動　77
賦課方式の公的年金　222
不完全競争　20
複合型サービス　24, 43, 176
複合式サービス　101
複合的な取組み　48
福祉元年　10
福祉国家　199, 200, 204, 221
福祉サービス　8, 32, 57, 192, 200, 214
　　全国一律の──　199
　　──の質の向上　49
　　──の提供体制　58
福祉サービス事業　85
福祉施設（居宅介護）と医療機関の連携　166
福祉施設同士の連携　167
福祉社会　199
福祉住環境コーディネーター　95
福祉人材センター　60
福祉8法　12, 21
福祉分野における経営　71
福祉マネジメント　181, 185, 213, 222
福祉用具（法）　42, 94, 115
福祉用具情報システム　116
福祉用具貸与　41
　　──事業所　173
福祉6法　10
腹膜透析　118
不公正広告・販売等　13

父子家庭　18
不正行為　49
負担の公平化　14
物理的要因　79
不動産(投資)信託　72
負の所得税　216
負の連鎖　214
不平等の拡大　20
部分的な経営効率　219
不飽和脂肪酸　84, 85
部門コード　146
部門別原価計算　146, 147
プライバシー保護　71
プライマリ・ケア・トラスト　69
プライマリ・ケア　218
フランス　9
ブランチャード (K. H. Blanchard)　29
フランチャイズ　51
フリードマン (M. Friedman)　19, 21, 22
フリーラジカル　77, 78, 79, 80, 91
不良品　167
プリン体　121
ブレア英国元首相　20, 22, 67
ブレア労働党政権　205
ブレインストーミング　135
プロジェクトチーム　23
プロセス　138
プロセス確認　174
プロフェッショナルフリーダム　182
文化的社会　5

平均在院日数　169
平均寿命　9
平均余命　110
米国 MDS　46
米国国家安全標準　95
米国の ACO　69
米国の NPO　197
米国の医療保険（メディケア）　217
米国の高齢者施設　104
米国の内国歳入庁　198
米国のメディケイド（公的扶助）　215
米国民間健康保険機構　217
PET 陽子線治療　220
ベテラン専門職(員)　26, 28, 30, 192
ベテラン退職者　178
ベテランの集団　24
ペルオキシラジカル　87
ヘルスケア・リート　72

ヘルスコミュニケーション　129
ヘルスツーリズム　122
変化への動機　133
ベンチ・マーキング　56
変動費　152

保育園の不足　9
保育所　48
防火住宅　121
包括［定額化］　223
包括・連携一体化　67
包括医療　218
包括的自立支援プログラム　179
法規の学習や情報の収集　179
膀胱カテーテル　42
放射線　82
報酬比例方式　110
方針・目標　185
訪問・通所リハビリテーション　41
訪問介護　40, 41, 48, 178
　──ステーション　178
訪問介護事業（所）　173, 202
訪問看護　40, 41, 43
　──ステーション　173, 177
訪問系サービス　37
訪問調査　35, 36
訪問入浴介護事業所　173
訪問リハビリテーション事業所　173
法令遵守　60, 71
飽和脂肪酸　85
ポータビリティ　112
ポータブル型酸素濃縮器　118
ホームヘルパー　75
ボールディング, ケネス　55
保険医の療養担当規制　163
保健医療　6, 7
保険外サービスの拡大　50
保健機能食品　122, 128
保健師　44
保健師助産師看護師法　169
保険者　35
保険者機能の適正化　221
保健生活　78
保健請求　46
保険の原理　216, 217
保険薬局　123
保険料　6, 45, 110
　──の納付状況　214
　──の未納　214, 219

――を強制徴収　217
保険料格差　45
保険料支払　109
保険料負担　49
保険料未納者の増加　49
母子家庭　8
母子家庭福祉　7
母子福祉法　10
補助部門原価　144
ポストNPM　72
補聴器　117
補聴器装着率　117
ボディーランゲージ　168
ボトムアップ　161, 189
ホメオパシー　81
ボランティア　94, 196, 210
　――の労働環境　28
ポリフェノール（類）　84, 87
本部費配賦額　144

ま 行

マーシャル，アルフレッド　207, 208
マクロ経済スライド（制度）　13, 14, 110
　――による年金額自動調整　110
マサチューセッツ総合病院　223
マズロー，A.　30
マッキンゼーの7つの戦略（7S）　29, 31, 32
マネジドケア　217
マネジメントツール　155
マネジメントの質　27
マネジメントの特長　24
マネジメント論　23
慢性期病床を持つ療養型病院　63
慢性疾患　222
マンパワー確保　182

見える化　29, 32, 47, 159, 167, 192, 193
3つの能力領域　185
看取り介護の充実　42
ミネラル　84, 87
　――の種類　90
未病　91
ミル，ジョン・スチュアート　207
　――の『経済学原理』　207
民営化　48, 56, 205
民活　19
民間企業の参入　48
民間参入　36
民間資本導入　215

民間非営利部門　199
民間保険　124, 125
民生委員（法）　56, 61

無年金（者）　213, 217
　――を救済するため，2015年特別措置　214

メジャー保守党政権　205
滅菌消毒装置付き　106
メディカルサービス　37
メンバーの共感性　188

盲導犬訓練事業　58
モービルCCU　119
目標管理　162, 188, 190, 215
　――の手法で律する　208
　――の導入設計　189
モチベーション　132, 137
モニタリング訪問　174
モン・ドラゴン協同組合　207

や 行

夜間対応型訪問介護　171, 178
夜間対応型訪問看護　23
薬剤管理　175
薬剤師　75
薬事法の制約　85
役立つハーブ　85
薬理効果　85
役割分担　14

有料高齢者向け施設　99
有料老人ホーム　43, 64, 65, 72, 99, 100
　――の財務戦略　103
　――の資金調達　103
　――の中途退去者　104
有料老人ホーム経営のリスクマネジメント　103
油脂　78
ユニット　98
ユニットケア　98
ユニバーサルツーリズム　122
ユニバーサルデザイン　116, 123, 126
ユニバーサルデザインフード　121
ユマニチュード　165
油溶性　89
揺りかごから墓場まで　199

要介護1　42

要介護4・5　42
要介護高齢者の増加　12
要介護者　45, 115
　　——の増加　18
要介護度　35, 37
　　——の認定　64
要介護認定　35, 44
　　——の地域格差　44
要介護認定率　45
養護老人ホーム　97
要支援1・2　42
要保護児童　57
ヨーロッパの協同組合　198
良きチームワーク　184
予算化　154
予算管理や事業計画立案　148
欲求発展5段階説　30
予防・未病対策　75
予防医療　69, 220
予防給付　39
予防保険　12
401k年金　109, 111, 112

ら 行

ライフ・ワーク・バランス　4
ライフサイクル　3
ライフスタイル　14, 75, 79, 94, 105, 111
　　——の確立　76, 77
ランソムウエア感染　66
乱反射による幻覚　108

リーダーシップ　23, 25, 26, 27, 178, 189
リーダーシップの7つのステップ　26
リーダーシップの4スタイル　29
　　委託的——　30
　　教示的——　30
　　参加的——　30
　　説得的——　30
リーダーの必須条件　30
リーダーの要件　25
リーマン投資銀行の破綻　15, 222
利益配分　197, 198
利益非配分　198
利益率　177
利害関係者　175
理学療法士　95, 123
離職者　47
離職防止　48
離職率　47

離職理由　47
リスク管理　76
リスク選択　125
リスク分散　217
リスクマネジメント　29, 103
理念・倫理基準　163
リハビリテーション　4, 98
　　——のアウトカム　41
利用意向　45
量から質への転換　11
利用限度額　125
良質油脂類　84
利用者　26, 64
　　——の権利性　36
　　——の自発的参加　26
　　——のトラブルを防止・解決　26
　　——のニーズ　25, 164, 169
　　——の負担軽減　8
　　——への訪問　46
利用者負担　46
利用者保護制度　57
利用者本位の医療・福祉　214
利用者本位への対応　13
利用者満足度　162
利用制度　61
利用の負担軽減　6
療養環境　223
療養上の世話　169
療養病床　63
　　——を有する施設　43
　　——を有する診療所　43
臨床工学技士　123

累進負担　6

レーガン大統領　19, 21, 22
レジデンス型　104
連携　136, 137
連続携行腹膜透析（CAPD）　118

老健　64
老人医療の無料化　11
老人医療費　11
　　——の適正化　12
老人福祉（法）　7, 8, 10, 11, 12, 97
　　——の改正　102
老人訪問看護制度　12
老人保健施設　43, 63, 98
老人保健制度　14

老人保健法　8, 12
労働環境　26
労働慣習の改善　3
労働基準法　10
労働銀行券　206
労働交換所　206
労働コスト　9
労働者協同組合　206
労働者災害補償保険　6, 215
労働人口の減少　48
労働生産性　3, 16, 219
老年学　4, 95
　──研究　3

ローコスト　95
65歳以上の雇用者　108
ロッチデール公正開拓者協同組合　198, 206
ロボット介護機器　117
　──開発5ヵ年計画　116
ロボット技術を応用した福祉機器　116
ロボット手術　220
ロボットスーツHAL　117
ロボティックデバイス　126

　　　わ　行 ──────────☆
ワーカーズ・コーポラティブ　206

欧文索引

ACO　69
Affordable　72
AI　56, 66
alliance　136
alternative medicine　91
ANSI　95, 108
APD　118
Automated Peritoneal Dialysis　118

CAPD　118
Capitation　220
Care giver　167
Care Quality Commission　67
Career Development Program　182
CCG　67, 68
CCRC　104
CCU　127
CDP　182, 183, 193
CGM　119
CIO　66
Clinical Commissioning Group　67
clinical freedom　63
Coaching　32
coalition　137
comprehensive medicine　218
Continuing Care Retirement Community　112
Continuous Ambulatory Peritoneal Dialysis　118
Continuous Glucose Monitoring　119
CQC　67
CSR　25, 161, 167, 175, 205
CT　82, 219

DHA　85
Diversification　4
DNA　77, 79
DOH　69
DPC　172, 223
DRG　220, 223

EPA　48, 85
ES　183
EU　197, 205

Fee For Service　223
FFS　223
full collaboration　137

GDP　9, 15, 67
Globalization　55
GMC　73
GMP　163
GNP　10
GP　67, 69
GP Surgery　69

HACCP　101, 105, 122
Hazard Analysis Critical Control Point　112
HDD　118
HICH　68
HMO　217
HMV　118
Home mechanical Ventilation　118
Home Oxygen Therapy　118
HOT　118
HPN　119
HRM　181, 182

ICF　104, 115, 126
ICIDH　126
ICT　125
ICU　172
ISO　115, 116, 163
——13482　117, 128
——13485　117
——14000　58
——9000　58

JCI　163
JCQHC　168
JIS　163

large-print book   124

M&A   51
MBO   162, 188, 215
MCPS   68
MDK   37
MDS   163
MDS-HC   174
Minimum Data Set   46
MRI   219

NEDO   117, 126
network   136
New Public Management   55
NGO   195, 201
NHS   22, 67, 68, 70, 215, 220
NICE   22
NPM   55, 56, 58, 59, 60, 71, 72, 208, 215, 223
NPO   195, 197, 198, 201, 209
     日本の――   197
     米国の――   197

OECD   224
OFF・JT   183
OJT   183, 187
Operating Management   71
OT   95, 99
OUTPUT   149

PACS   68
partnership   136
PD   118
PEI   103, 223
Peritoneal Dialysis   118
PET   82
PFI   56, 72, 73, 103, 205, 208, 215, 219
PFI/PPP   204

PL   163
PPC   107
PPN   126
PPP   205, 208
professional freedom   223
Progressive Patent Care   107
PT   95, 99

QA   108, 160, 163, 168
QC   161
QI   164, 168
QOL   73, 124
Quality of Life   73

REIT   72

SG   163
SMART   135
SNH   104
SOD   87
ST   99
sympathy   205

TAIS   116
TECS   66
telehealth   66, 69
Total Quality Control   162
TPN   126
TQC   28, 162, 179, 184, 191, 192
TQM   58, 183

UD   126

Value Analysis   95

WHO   115, 126, 129
     ――・ICD-10   163

執筆者紹介 （章編成順，◎は編者，［　］内は担当章）

◎**渡辺孝雄**（わたなべ・たかお）［第1章，第6章，第13章］

　トータルサイエン経営研究所代表。元福岡医療福祉大教授。東海大学，広島国際大学，産業能率大学，看護協会，病院経営研究会，病院フォーラム（東京ガス，日米HMO研究会）の講師，さくら銀行総研コンサルタント部長［現日本総合研究所］を歴任。病院の黒字化戦略，病棟の情報システムの診断，成果管理と人事管理，看護部門の生産性向上，米国病院の経営調査，高齢者医療・福祉サービスのコンサルタント。政府委員として台湾の国民健康保険の創設指導，ならびにシンガポール政府の生産性向上コンサルタントを務めた。横浜市立大学商学部卒業，青山学院国際部米国経営大学院MBA交換プログラム研修，専門は，医療経済，病院経営；経営戦略の策定，生産性向上（人事と組織診断による黒字化戦略の策定）。主な著書として，『医療の生産性向上と組織』（診断と治療社，2006），『医療福祉サービスの経営戦略Ⅱ』（じほう社，1998），『在宅ケアの基礎と実践』（ミクス，現エグゼビア・ジャパン，1987），『病院経営と医療マーケティング』（生産性本部，2008），『福祉産業マネジメント（新版）』（編著，同文舘出版，2008）等。

◎**小島理市**（こじま・りいち）［第2章，第5章，第10章］

　アルケー・エートス研究所所長。株式会社M.C.T.顧問。横浜市立大学商学部経済学科卒業後，株式会社三興製作所（現・新興プランテック㈱），福神株式会社（現・アルフレッサ株式会社）を経て，アルケー・エートス・ネットを創設。産業能率大学経営情報学部兼任講師，産業能率大学ヘルスケア研究会顧問を歴任。東海大学伊勢原病院・信州大学附属病院・筑波大学附属病院・大阪医科大学附属病院，ほか自治体病院・民間病院にて講演，メディカル・マネジメント・アカデミア創設講演，医療法人茨城愛心会古河病院にて役職者研修等，多数の講演活動とコンサルタント活動を展開。主な著書に『生活習慣病と予防医療』（産能大テキスト，2005）『医療現場の目標管理』（産能大テキスト，2006），『競争に勝ち抜く医療マーケティング』（ぱる出版，2006）『福祉産業マネジメント（新版）』（編著，同文舘出版，2008），『病院マネジメントの栞』（自費出版，2013）等。

白井正樹（しらい・まさき）［第3章，第7章］

　東芝林間病院リハビリテーション科部長。社会福祉法人アドベンチスト福祉会評議員。社会医学技術学院理学療法学科卒業，産能大学経営情報学部経営情報学科卒業。理学療法士。国立療養所箱根病院附属リハビリテーション学院理学療法学科，社会医学技術学院理学療法学科，北里大学医療衛生学部リハビリテーション学科理学療法専攻にて非常勤講師を歴任。主な著書として，『身体動作の運動学』

（共訳，ナップ，1999），『理学療法MOOK9』（共著，三輪書店，2001），『バトラー神経モビライゼーション』（共訳，協同医書，2000），『カラーアトラス骨格系ランドマークの定義と触診法』（監訳，ナップ，2008）等。

森下正之（もりした・まさゆき）［第4章］
　医療シンクタンクNPO標準医療情報副理事長，兼社会医療法人若弘会監事。関西学院大学経済学部卒業，ハワイ州立大学経営大学院修了，全米ビジネス・スクールの「ベーター・ガンマー・シグマ」会員に選出される。ハワイ大学アジア・太平洋経営研究所助手兼務，メーカ（中近東・アフリカ及び北米駐在員7年経験），流通業でマーケティング，M＆A，国際契約等に従事，東海大学非常勤講師，広島国際大学教授兼大学院教授を経て現在に至る。国公立医療機関のPFI監査・審査委員を歴任，専門はファイナンス（医療機関・ヘルスケアリート対象），医療マーケティング，（企業・医療機関含む）法人組織経営意思決定論。主な著書は，『病院経営と医療マーケティング』（生産性本部，1987，＊医療マーケティング執筆），『国際ビジネス契約の実務』（生産性本部，1992），『医療・福祉PFIの進化発展（改訂増補版）』（フクロウ出版，2007）等。

蝦名玲子（えびな・りょうこ）［第8章］
　博士（保健学）／健康社会学者，グローバルヘルスコミュニケーションズ代表。ヘルスコミュニケーションスペシャリスト。日本公衆衛生学会認定専門家。ミシガン州立大学卒業後，同大学院にて修士号（コミュニケーション学），東京大学大学院医学系研究科にて博士号（保健学）を取得。国立医療・病院管理研究所（現・国立保健医療科学院），日本訪問看護振興財団，大阪府立健康科学センター（現・大阪がん循環器病予防センター）を経て現在に至る。クロアチアで旧ユーゴ紛争生存者のストレス対処能力SOCについての研究や戦争被災地支援を実施。国内では，小児がん患者や高齢者等を支える健康社会学研究に取り組んだ他，行政の地域保健関連事業のアドバイザー（宮崎県串間市や大分県等），医療保健福祉専門職教育（中央労働災害防止協会主催実務向上研修・日本医師会認定産業医制度指定研修会等），大学の講義（順天堂大学や大阪樟蔭女子大学等）という形で，官民学の各組織形態への講演やコンサルティングを実施。日本健康教育学会代議員，東京大学大学院医学系研究科客員研究員等も兼任。主な著書は『生き抜く力の育て方』（大修館書店，2016），『困難を乗り越える力』（PHP新書，2012），『折れない心をつくる3つの方法』（大和出版，2012），『ヘルスコミュニケーション』（ライフ出版社，2013）等。サイト http://ameblo.jp/dr-ebina/

渡辺明良（わたなべ・あきよし）［第9章］
　学校法人聖路加国際大学常任理事・法人事務局長。立教大学文学部卒業，産能大学大学院経営情報学研究科修了（MBA），聖路加国際病院入職後，医事課，人事

課マネジャー，経営企画室マネジャー，財務経理課マネジャー等を経て現在に至る。国際医療福祉大学非常勤講師，広島国際大学非常勤講師，日本大学大学院グローバルビジネス研究科非常勤講師，経済産業省医療経営人材育成事業ワーキンググループ委員，日本看護協会社会経済福祉委員会委員，厚生労働省保険医療専門審査員等を歴任。主な著書として，『医療福祉マネジメントの実践』（共著，日本図書刊行会，2004），『医療経営のバランスト・スコアカード』（共著，生産性出版，2004），『医療バランスト・スコアカード研究　経営編・実務編』（共著，生産性出版，2011），『病院管理』（共著，建帛社，2012），『実践病院原価計算（第2版）』（編著，医学書院，2014），『看護管理セカンドブック』（共著，学研メディカル秀潤社，2016）等。

山田豊美（やまだ・とよみ）［第10章〈ケーススタディ〉］
看護小規模多機能型居宅介護事業いわしぐも管理者。元医療法人社団藤和会厚木佐藤病院看護部長。社会医療法人三思会法人本部複合施設準備室室長を経て，現在に至る。神奈川県保健福祉大学実践教育センター管理者養成課程Ⅱ・Ⅲ卒業，産業能率大学マネジメント大学院修了（MBA）。保健師・看護師・介護支援専門員・認知症ケア専門士・認定看護管理者の各資格取得。

◎**服部　治**（はっとり・おさむ）［第11章］
金沢星稜大学名誉教授，松蔭大学特任教授，中国・黒河学院客員教授，東アジア多文化交流ネットワーク副理事長。中央大学法学部卒業後，社団法人近代的労使関係研究協会制度政策研究委員・理事，金沢経済大学教授（経済研究所長，経済学部長），金沢星稜大学大学院教授（校名改称）を経て現在に至る。主な著書として，『現代経営行動論』（晃洋書房，2005〈2005度・日本労働ペンクラブ賞受賞〉），『福祉産業マネジメント（新版）』（同文舘出版，2008），『海外日系企業の人材形成とCSR』（編著，同文舘出版，2016）等。

勝又壽良（かつまた・すみよし）［第12章］
連合通信社理事長。中央大学博士（経済学）。横浜市立大学商学部卒業後，東洋経済新報社編集局入社，『週刊東洋経済』編集長，取締役編集局長，主幹を経て退社。東海大学教養学部教授，教養学部長を経て現在に至る。主な著書として，『日本経済　バブルの逆襲』（自由国民社，1991），『日本企業の破壊的創造』（東洋経済新報社，1994），『戦後50年の日本経済』（東洋経済新報社，1995），『大企業体制の興亡』（東海大学出版会，1996），『メインバンク制の歴史的生成過程と戦後日本の企業成長』（東海大学出版会，2003），『火を噴く尖閣』（企業文化研究所，2010），『韓国経済　がけっぷち』（アイバス出版，2014），『中国経済　まっさかさま』（アイバス出版，2015），『韓国経済　阿鼻叫喚』（アイバス出版，2015），『日本経済入門の入門』（アイバス出版，2016）『サムスン崩壊』（宝島社，2016）。

平成28年12月10日　初版発行	《検印省略》略称：福祉サービス

医療・福祉サービスマネジメント

編著者	渡辺　孝雄 ⓒ服部　　治 小島　理市
発行者	中島　治久

発行所　同文舘出版株式会社
東京都千代田区神田神保町1-41　〒101-0051
電話　営業 (03)3294-1801　編集 (03)3294-1803
振替　00100-8-42935　http://www.dobunkan.co.jp

Printed in Japan 2016　　　印刷：萩原印刷
　　　　　　　　　　　　　製本：萩原印刷

ISBN 978-4-495-38771-6

JCOPY 〈出版者著作権管理機構　委託出版物〉
本書の無断複写は著作権法上での例外を除き禁じられています。複写される場合は，そのつど事前に，出版者著作権管理機構（電話 03-3513-6969, FAX 03-3513-6979, e-mail: info@jcopy.or.jp）の許諾を得てください。

〈Memorandum〉